STUDY OF LAWS AND REGULATIONS ON
SCIENTIFIC RESEARCH, PRODUCTION AND
PROCUREMENT IN NATIONAL DEFENSE

国防科研生产及国防采购法规制度研究

主　编　陈国玖　杨广华
副主编　祝　彬　王暖臣
　　　　陈　星　郭姣姣

北京理工大学出版社
BEIJING INSTITUTE OF TECHNOLOGY PRESS

版权专有　侵权必究

图书在版编目（CIP）数据

国防科研生产及国防采购法规制度研究/陈国玖，杨广华主编. —北京：北京理工大学出版社，2020.9
ISBN 978-7-5682-9100-2

Ⅰ.①国… Ⅱ.①陈…②杨… Ⅲ.①国防工业–工业企业管理–法规–研究–中国②国防工业–工业企业管理–法规–研究–国外　Ⅳ.①D922.292.4②D912.290.4

中国版本图书馆 CIP 数据核字（2020）第 185500 号

出版发行 /	北京理工大学出版社有限责任公司
社　　址 /	北京市海淀区中关村南大街 5 号
邮　　编 /	100081
电　　话 /	（010）68914775（总编室）
	（010）82562903（教材售后服务热线）
	（010）68948351（其他图书服务热线）
网　　址 /	http://www.bitpress.com.cn
经　　销 /	全国各地新华书店
印　　刷 /	保定市中画美凯印刷有限公司
开　　本 /	710 毫米×1000 毫米　1/16
印　　张 /	16.75
字　　数 /	238 千字
版　　次 /	2020 年 9 月第 1 版　2020 年 9 月第 1 次印刷
定　　价 /	68.00 元

责任编辑 /	孙　澍
文案编辑 /	孙　澍
责任校对 /	周瑞红
责任印制 /	李志强

图书出现印装质量问题，请拨打售后服务热线，本社负责调换

编 委 会

陈国玖	杨广华	祝 彬	王暖臣	陈 星
郭姣姣	郭 峰	刘志强	刘占峰	高 阳
张 瑜	王淑梅	卢慧玲	赵贺鹏	杨凤霞
贾 琳	徐 源	张 龙	刘耀雷	李 星
褚一邢	马 超	王 莹	齐 飞	孙启辉

序 一

当前，世界正处在国际体系加速变革和深度调整的关键时期，大国关系进入全方位角力新阶段，围绕权力和利益再分配的斗争十分激烈，我国安全和发展的国际环境更加复杂。基于当前复杂的国际安全形势，国防科技工业在国家安全的定位和作用日益凸显。

中华人民共和国成立 70 年来，我国国防科技工业逐步建成了基本完整、自主的科研生产体系。国防科技工业战线不断创新发展，涌现出一大批引领性的重大创新成果，填补了许多国际国内空白。如探月工程就是我国在国防科技工业领域取得的一项重大成就，充分体现了我国国防科技工业人敢于和善于自主创新的奋斗精神。2019 年 2 月，习近平在会见探月工程嫦娥四号任务参研参试人员代表时，充分肯定了他们攀登科技高峰的卓越功勋，同时强调，"伟大事业都基于创新。创新决定未来"，"唯有创新才能抢占先机"，"要深刻把握世界科技发展大势，弘扬科学精神，瞄准战略性、基础性、前沿性领域，坚持补齐短板、跟踪发展、超前布局，同步推进，努力实现关键核心技术重大突破，提升国家创新体系整体效能，不断增强科技实力和创新能力，努力在世界高技术领域占有重要一席之地"。

党的十八大以来，新一届领导集体高度重视国防科研生产体系建设，习近平总书记多次就新形势下我国国防和军事科研生产体系建设做出重要指示。在深入贯彻国家创新驱动发展战略的大背景下，推进国防和军事科研领域政策制度改革，对从法治角度促进支撑国防军队建设、推动科学技术进步、服务经济社会发展具有深远的作用。

《国防科研生产及国防采购法规制度研究》一书从历史发展观的角度，论述我国国防科技工业发展的历史沿革，国内外国防科研生产及国防采购法规制度体系建设现状和趋势，思维脉络清楚。针对何为"国防科研生产及国防采购"这个问题，本书用说词解字的方式，将新时代国防科研生产描述为"获取遂行作战任务所需的装备及相关服务的活动"，将新时代国防采购描述为"各级国家机关、事业单位和团体组织运用国防经费统一采购武器装备及其他军用物资、工程、服务的行为"。这个描述适应性非常广泛，有利于从大的范畴研究国防科研生产及国防采购法规制度，清晰的概念避免了混淆误导，有利于开展国防科研生产及国防采购活动。

最值得一提的是，本书努力以理论为指导，结合国防科研生产及国防采购活动实践，从"统"——把握立法修法总体要求，"改"——系统优化现行法规内容，"立"——加紧填补重点内容立法空白，"配"——持续加强配套法规建设四个方面阐述新时代国防科研生产及国防采购法规制度体系完善的思路。

相信《国防科研生产及国防采购法规制度研究》一书对未来我国国防科研生产及国防采购法规制度的制定和执行所进行的思考是有价值的，对读者而言，无论其是否了解该领域，本书都具有学习参考价值。

中国工程院院士栾恩杰

序 二

国防科技工业担负着为军队提供武器装备的重大使命。强军兴军是国防科技工业的立业之本，是广大国防科技工业工作者义不容辞的重大责任。2014年12月，习近平在全军装备工作会议上强调，"必须把装备建设放在国际战略格局和国家安全形势深刻变化的大背景下来认识和筹划，放在实现'两个一百年'奋斗目标、实现中华民族伟大复兴中国梦的历史进程中来认识和筹划，放在国防和军队现代化建设优先发展的战略位置来抓。当前和今后一个时期是我军装备建设的战略机遇期，也是实现跨越式发展的关键时期。一定要增强使命意识，抓住机遇，鼓足干劲，把装备建设搞得更好一些、更快一些"。

目前，中国特色军事变革取得重大进展，但机械化建设任务尚未全部完成，信息化水平亟待提高，军事安全面临技术突袭和技术代差被拉大的风险，军队现代化水平与国家安全需求相比差距还很大，与世界先进军事水平相比差距还很大。深化国防和军队改革是实现中国梦、强军梦的时代要求，是强军兴军的必由之路。

国防和军队改革，法治都可谓是先行者。习近平总书记强调，要坚持在法治轨道上积极稳妥推进国防和军队改革，充分发挥法治对改革的引领和规范作用，做到重大改革于法有据、改革与立法相协调，注重运用法规制度固化改革成果、在法治轨道上推进改革。

《国防科研生产及国防采购法规制度研究》一书的出版恰逢其时。本书从国防科技工业发展史、国防科研生产及国防采购的概念和范畴进行论述，以期知其然也知其所以然。本书以国防科研生产及国防采购现实问题为主要研究对象，在总结世界各国国防科研生产及国防采购法规制度经验的基础上进行凝练和拔高，在理论和实践相结合的基础上阐述了国防科研生产及国防采购法规制度体系的内涵。本书以国防科研生产及国防采购为主要研究内容，聚焦法规制度体系建设现实问题。其中，国防科研生产及国防采购的内涵、我国国防科技工业发展的历史沿革、国防科研生产及国防采购法规制度体系完善的思路均是本书的亮点。本书是军地双方团队协作的结晶，是矢志不渝的结果。本书内容充分体现了我国一线国防科技工业研究人员对国防科研生产及国防采购法规制度的最新思考，对国家制定国防科研生产及国防采购领域相关法规制度具有参考和借鉴意义。

在当今世界处于百年未有之大变局的浪潮中，本书的作者们以其敏感性、积极的态度和解放的思想，对国防科技工业发展历程和发展阶段做了至简的普及，对国防科研生产及国防采购法规制度体系完善思路和方向进行了前瞻性的探究，对中国国防科技工业事业进行了一次既深刻又开放的思考，是对中国如何更好地从法治建设角度谋求国防科研生产及国防采购更好更快发展的求索和建言。

在此，热烈祝贺《国防科研生产及国防采购法规制度研究》一书的出版，相信本书不仅对我国国防科研生产及国防采购的发展具有较高的参考价值，而且对我国国防科研生产及国防采购法规制度体系的制定和完善具有重要的推动作用。

中国工程院院士沈荣骏

前 言

十九大报告指出,坚持走中国特色强军之路,建设世界一流军队,全面推进国防和军队现代化建设。《中共中央关于全面深化改革若干重大问题的决定》提出,健全国防工业体系,完善国防科技协调创新体制,改革国防科研生产管理和武器装备采购体制机制,引导优势民营企业进入军品科研生产和维修领域。习近平提出,坚持自主创新,增强核心基础产品和国防关键技术自主可控能力,完善国防科技协同创新机制,促进武器装备体系化、信息化、自主化、实战化发展;坚持深化改革,积极推进国防科技工业体制改革,瞄准各方反映强烈的矛盾和问题,坚决拆壁垒、破坚冰、去门槛,破除制度藩篱和利益羁绊,营造公平竞争的政策环境;坚持优化体系,扩大军工开放,推动军品科研生产能力结构调整。中央关于国防和军队改革的新思路和新论断,对完善国防科研生产与国防采购法规制度体系提出了新要求。

当前,我国已基本形成以《国防法》为核心,由法律、行政法规、规章等多层级法规制度构成的国防科研生产及国防采购法规制度体系。通过制定和颁布《中国人民解放军装备条例》《武器装备科研生产许可管理条例》《中国人民解放军装备采购方式与程序管理规定》《中国人民解放军装备采购条例》等法规制度,构建起了国防科研生产及国防采购的基本遵循,一定程度上规范了国防科研生产及国防采购活动。但不可否认,现阶段的国防科研生产及国防采购的法规制度体系仍有待完善,特别是在新时代中国特色社会主义建设的大环境下,原有的部分法规制度仍需要进行一定的调整和改革。

本书力争涉及国防科研生产及国防采购众多方面。从国防科研生产及国防采购的基本概念及范畴入手，总结我国国防科研生产及国防采购法规制度建设特点，对标我国国防科研生产及国防采购工作规律，提出完善新时代国防科研生产及国防采购法规制度的思路。虽然受我们认知水平的限制，涉及国防科研生产及国防采购的方面依然不全、深度不够，并且由于统计口径不同，或者数据资料统计不全等原因，数据和资料的真实性难免有出入，但仍不失为一种认知，可供各位读者拓展思路之用。

本书拟通过与国防、军事领域的从业人士，以及军事爱好者共同探讨国防科研生产和国防采购法规制度的内涵和外延，分析国内外国防科研生产及国防采购法规制度的现状和经验，从而达到思路拓展、深入研究的目的。希望有志于国防、军事领域的朋友可以通过本书加深对国防科研生产及国防采购法规制度的了解，及时把握法规制度制定的规律和动向，为国防事业做出更大贡献。

"雄关漫道真如铁，而今迈步从头越。"国防科研生产及国防采购法规制度研究固然面临重重困难，但责任是重大的，前景是灿烂的。我们期待有更多研究者投入国防科研生产及国防采购研究领域，为奋力实现国防和军队现代化建设目标做出更大贡献！

国防科研生产及国防采购课题组　谨　识

目 录

第一章 概念及理论研究 ·· 1

  第一节 国防科研生产相关概念 ······································ 1

    一、国防科研生产 ··· 1

    二、国防科研生产法规制度 ···································· 12

  第二节 国防采购相关概念 ·· 16

    一、国防采购 ··· 16

    二、概念辨析 ··· 26

    三、国防采购法规制度 ·· 29

  第三节 相关理论基础 ·· 31

    一、军事代表制度 ·· 31

    二、全寿命周期管理理论 ······································ 33

    三、合约理论 ··· 37

    四、内部控制理论 ·· 39

第二章 国外国防科研生产及国防采购法规制度经验及启示 ················ 41

  第一节 组织管理经验和工作特点 ·································· 41

    一、美国 ··· 41

    二、俄罗斯 ··· 56

    三、欧盟 ··· 69

    四、日本 ··· 77

五、其他国家 ··· 87
　第二节　法规制度体系经验和特点 ·································· 101
　　　一、美国 ·· 101
　　　二、俄罗斯 ·· 134
　　　三、欧盟 ·· 141
　　　四、日本 ·· 146
　　　五、其他国家 ··· 152
　第三节　对我国的启示 ·· 161
　　　一、加强人员力量整合 ··· 161
　　　二、加大军工科研机构支持力度 ································· 161
　　　三、加强对中小企业的扶持 ····································· 162
　　　四、制定新法规与修订补充现有法规相结合 ······················· 162

第三章　我国国防科技工业发展历史沿革与继承 ······················ 163
　第一节　探索创建阶段 ·· 164
　　　一、初步创建国防科技工业管理体制及法规制度 ··················· 164
　　　二、特点分析 ·· 167
　第二节　自主发展阶段 ·· 170
　　　一、形成与计划经济相适应的管理体制及法规制度 ················· 170
　　　二、特点分析 ·· 174
　第三节　整顿转型阶段 ·· 176
　　　一、初步实现了计划经济向市场经济转型 ························· 176
　　　二、特点分析 ·· 188
　第四节　调整发展阶段 ·· 190
　　　一、初步建立与市场经济相适应的管理体制及法规制度 ············· 190
　　　二、特点分析 ·· 198
　第五节　改革完善阶段 ·· 199
　　　一、具有中国特色的国防科技工业改革体制及法规制度 ············· 199

二、特点分析 ………………………………………………………… 205
　第六节　认识与体会 …………………………………………………… 208

第四章　我国国防科研生产及国防采购法规制度概况 ………………… 211
　第一节　法规体系 ……………………………………………………… 211
　第二节　特点分析 ……………………………………………………… 220
　　一、坚持科技强军，国防科研法规制度体系初步形成 …………… 220
　　二、坚持科学发展理念，国防科研法制建设水平全面提升 ……… 222
　　三、国防科研法律与国家政策衔接性亟待提升 …………………… 223
　　四、不同科研生产及采购主体采用不同的标准 …………………… 224

第五章　新时代完善国防科研生产及国防采购法规制度体系的思路 … 225
　第一节　必要性和要求 ………………………………………………… 225
　　一、必要性 …………………………………………………………… 225
　　二、建设要求 ………………………………………………………… 232
　第二节　基本思路 ……………………………………………………… 235
　　一、指导思想 ………………………………………………………… 235
　　二、基本原则 ………………………………………………………… 236
　　三、总体考虑 ………………………………………………………… 237

参考文献 …………………………………………………………………… 241

第一章

概念及理论研究

第一节 国防科研生产相关概念

一、国防科研生产

1. 理论基础

1）国防

国防，又称国家防务。国家防御外来侵略和颠覆，捍卫国家主权、领土完整和安全的战略思想、政策和措施的总称。国防涉及政治、经济、军事、科技、文化、外交等各个方面。国防的强大依赖于综合国力的增强，并对国民经济建设起着保障、促进和制约作用。国防的性质依国家性质和政策的不同而异。我国加强国防的根本目的是保卫国家安全，维护国家利益，反对霸权主义，维护世界和平[①]。

2）科学技术

科学技术包括科学和技术两方面的内容。科学是反映自然界、社会、思维等的客观规律的知识体系，是在人们社会实践的基础上产生和发展的，是人类创造性思维和经验总结的精华。技术是人类在利用自然和改造自然的过程中积累起来，并在生产劳动中体现出来的经验和知识，技术具有自然属性，它延伸和扩展了人类的技能。二者既有密切联系，又有重要区别。科学提供物化的可能，技术提供

---

① 栾恩杰，汪亚卫. 国防科技名词大典（综合卷）[M]. 北京：航空工业出版社，兵器工业出版社，原子能出版社，2002.

物化的现实;科学是发现,技术是发明;科学是创造知识,技术是利用知识。

科学与技术之间的关系因历史时期而不同,从技术领先到科学领先发展,从技术与科学分离到科学与技术紧密结合[①],现代科技的发展更加使科学的基础研究与技术的应用开发之间的时间缩短,尤其系统科学的诞生,导致了自动化、计算机、通信技术从科技到产业化的迅速转化,而系统科学应用于生物医学又导致了系统生物学与合成生物学之间耦合,迅速实现了系统医学与系统生物工程的应用,从而导致个体化医学、转化医学与医疗工程化系统的生物医学与生物工业革命,使科学技术越来越凸显为社会经济发展的生产力。在现代社会中,科学与技术日益相互融合,科学的技术化和技术的科学化,是现代科学技术发展的特征。

科学技术的本质是发现或发明事物之间的联系,各种物质通过这种联系组成特定的系统来实现特定的功能。

3)科学技术研究

科学技术研究又分为科学研究、技术研究。其中,科学研究一般是指利用科研手段和装备,为了认识客观事物的内在本质和运动规律而进行的调查研究、试验、试制等一系列的活动,为创造发明新产品和新技术提供理论依据。科学研究的基本任务就是探索、认识未知。根据研究工作的目的、任务和方法不同,科学研究通常划分为以下几种类型:第一种,基础研究。是对新理论、新原理的探讨,目的在于发现新的科学领域,为新的技术发明和创造提供理论前提。第二种,应用研究。是把基础研究发现的新的理论应用于特定的目标的研究,它是基础研究的继续,目的在于为基础研究的成果开辟具体的应用途径,使之转化为实用技术。第三种,开发研究。又称发展研究,是把基础研究、应用研究应用于生产实践的研究,是科学转化为生产力的中心环节。基础研究、应用研究、开发研究是整个科学研究系统三个互相联系的环节,它们在一个国家、一个专业领域的科学研究体系中协调一致地发展。科学研究应具备一定的条件,如需要有一支合理的科技队伍,必要的科研经费,完善的科研技术装备,以及科技试验场所等。

---

① 王树松. 从近代科学技术发展历史辨析科学与技术的关系[J]. 高师理科学刊,2002,22(4):100-102.

技术研究是人们在科学研究的基础上，依据对自然规律的认识，探寻利用自然、改造自然的新原理、新手段和新方法的创造性活动。技术研究是把应用研究的成果直接用于生产实践的研究，是从基础研究到应用研究之后的用于盈利性的研究。搞基础研究需要企业和研究单位投入大量的研究经费和时间。现在国内很多研究机构热衷于搞技术开发研究，基础研究、应用研究搞得相对较少。

4）国防科学技术

国防科学技术是为国防服务的科学与技术的统称。主要包括国防科学技术基础理论研究，武器装备的预先研究，型号研制、试验和技术基础研究，生产、使用、维修技术，国防工程技术，军事系统工程等内容。国防科学技术现在已逐步发展成为一个相对独立的、完整的体系。按应用领域划分，有核技术（图1-1）、航天技术、航空技术、船舶技术、兵器技术、军用电子技术及军事工程技术等。从世界范围看，国防科学技术发展的重点已转向高技术。国防科学技术是构成军事实力的重要因素之一，是衡量国防现代化水平的显著标志。

图1-1　生产放射性同位素的回旋加速器

5）国防科技工业

国防科技工业，是指国家人民军工的国防工业、军事工业，是国家战略性高技术产业，涵盖核、航天、航空、兵器、船舶、电子六大行业和中国十大军工集团①。

国防科技工业已构建起覆盖核、航天、航空、船舶、兵器、军工电子和配套等行业的现代化完整工业体系,成为国防现代化的重要物质技术基础,成为武器装备研制生产的骨干力量,成为国家科技创新体系和先进制造业的重要组成部分,更成为经济社会发展和科技进步的重要推动力量。

6)国防科学技术研究

国防科学技术研究(简称国防科研),是对国防科学技术进行分析和探讨的活动,是国家科学技术的重要组成部分,是国防现代化建设的关键。国防科研包括常规武器、特种武器及其他军事技术装备等项目的研制和军事技术基础研究。国防科研项目研制的全部过程是从设想方案开始,经过预先研究、战术技术论证、研究设计、样机试制、试验定型到最后批准生产。其中预先研究是武器装备创新的基础和技术储备的源泉,是直接影响武器装备性能与研制周期的重要环节。

现代化的武器装备是先进科学技术的集中体现。国防科研须广泛地应用现代科技成果,它是以一般科学技术研究为基础的,如核能、火箭、微电子、高速大容量计算机、人工智能、光导纤维、强激光、红外、遥感、气动力等新技术,以及有关新材料、新工艺的发展,与国防科技的进步密切相关。因此,国防科研的发展水平主要取决于国家整个科学技术发展状况,并且受国家的社会政治制度、经济基础、管理水平等诸因素的制约。同时,由于武器装备发展的需要,国防科研具有科学技术密集、要求高、时间紧迫等特点和相对的优越条件,致使许多新的科学技术首先在军事方面发展起来,并起着先导作用。因此,国防科研的发展和国防科技成果的推广应用,必然对一般科学技术和国民经济的发展起着巨大的促进作用。

现代国防科学技术的发展突飞猛进,使武器和技术装备的威力、作用距离、精度、可靠性、机动性、突防能力和生存能力等都有显著提高,加快了武器装备的更新周期。这不仅引起战场条件的变化和军队组织结构的改变,而且导致了战略战术的变革。这种变革对武器装备的发展又提出了新要求,从而推动着国防科

---

① 从保国强军到强国富民——国防科技工业发展综述,中国政府网,2011.

研的不断前进。

第二次世界大战以来，许多国家重视并加强了军事科学技术研究。目前，少数工业发达、技术先进的国家进行军事科学技术研究的目的已不完全是为了本国国防的需要，在很大程度上是为武器装备的输出服务。超级大国进行军事科学技术研究活动的主要目的，则是为了争夺世界霸权，在军备竞赛中争取优势。

中华人民共和国成立后，为保卫社会主义建设，在独立自主、自力更生方针的指引下，积极发展国防科学技术事业，并重视引进和学习外国的先进技术，现已建立起适合中国国情的国防科研体系，培养锻炼了一支国防科研队伍。不仅自己研究设计出比较先进的常规武器装备，而且已成为拥有导弹、核武器和掌握空间技术的国家。

扩展阅读 1-1：国防科研要聚焦实战

"总书记在十九大报告中提到要聚焦实战，实战就是指未来的战争。"国防科技大学电子科学学院教授王飞雪在十九大新闻中心22日举行的集体采访上表示，国防科研一定要聚焦国家和军队的重大需求，聚焦实战。

全程参与北斗一号、二号和目前正在建设的北斗三号系统研制工作的王飞雪用自己的经历证明了聚焦实战的重要性。"大概是1995年，我们国家开始建设北斗系统。当时美国和俄罗斯已经建成各自的卫星导航系统，效果非常好，我们非常想建一个类似的系统。"他说，但彼时5年只能发6颗卫星的中国没有实力建一个由20多颗卫星组成的系统。

中国科学家创造性提出一种双星定位的原理，只要两颗卫星就可以对我国国土周边实现定位，而全新的方案也带来很多新问题。"其中有一个叫快速捕获的难题，之前有十年的攻关论证，一直没有解决。我和我的团队被这个难题吸引，最终用一些新的技术把它解决了。"王飞雪回忆，当时还是学生的他从很热门的人工智能专业转到这一极具挑战的面向实战的领域，"这一做就是二十年，如今我们已经可以做十几颗卫星的北斗二号系统，正在做三十多颗星、覆盖全球的北斗三号系统。"

结合这些经历，王飞雪认为，国防科研人员一定要将自己的兴趣爱好、梦想和追求与国家、军队的需求结合起来,要敢于创新,善于创新,并要依靠团队力量。"个人聪明才智也许能解决一两个小问题,但不能持续地真正聚焦实战中长期面临的诸多挑战,所以一定要依靠团队。我所在团队最初只有三个人,现在有三百多人,就是在面向实战中成长起来的。"王飞雪说。

他表示,十九大报告中他印象最深的是科技兴军。"这是我们的责任。"王飞雪说,北斗系统虽然取得较大进步,但毕竟起步晚,尚未实现全球覆盖,还有很长的路要走,即使到 2020 年实现全球覆盖,也不能歇口气,因为新的需求层出不穷。未来的万物互联、工业智能化都对更高的定位和时间精度提出要求,这给科技人员提出很大挑战。

空军航空兵某团团长刘锐则表示,作为一线战斗员,非常期盼军内外的科技工作者能够将最前沿的科学技术成果尽快转化和应用到武器和武器平台上,为将来打胜仗提供有效支撑。

习近平总书记在十九大报告中提到要聚焦实战,实战就是指未来的战争。而对于国防科研而言,也需要聚焦国家和军队的重大需求,聚焦实战。

扩展阅读 1-2:聚焦军事科研,我们应该如何做?

2018 年 5 月,习近平在视察军事科学院时强调,加快发展现代军事科学,努力建设高水平军事科研机构。习近平强调,军事科学研究具有很强的探索性,要把创新摆在更加突出的位置,做好战略谋划和顶层设计,加强军事理论创新、国防科技创新、军事科研工作组织模式创新,把军事科研创新的引擎全速发动起来。

习近平指出,要紧紧扭住战争和作战问题推进军事理论创新,构建具有我军特色、符合现代战争规律的先进作战理论体系,不断开辟当代中国马克思主义军事理论发展新境界。要打通从实践到理论、再从理论到实践的闭环回路,让军事理论研究植根实践沃土、接受实践检验,实现理论和实践良性互动。

习近平强调,要加快实施科技兴军战略,巩固和加强优势领域,加大新兴领域创新力度,加强战略性、前沿性、颠覆性技术孵化孕育。要坚持自主创新的战略基点,坚定不移加快自主创新步伐,尽早实现核心技术突破。要坚持聚焦实战,抓好科技创新成果转化运用,使科技创新更好为战斗力建设服务。

习近平指出,要推进军事科研领域政策制度改革,形成顺畅高效的运行机制,把创新活力充分激发出来。要深入研究理论和科技融合的内容、机制和手段,把理论和科技融合的路子走实走好。要坚持开门搞科研,加强协同创新,加强国际交流合作,推动形成军事科研工作大联合、大协作的生动局面。

习近平强调,要毫不动摇坚持党对军队绝对领导,认真落实全面从严治党要求,把各级党组织搞坚强,把党的领导贯穿军事科研工作各方面和全过程。要加强科研作风建设,加强科研经费管理,营造良好风气。各级要主动靠上去解决实际困难,把大家拧成一股绳,努力开创新时代军事科研工作新局面。

7)国防生产

国防生产是指制造军品的活动,主要包括武器装备和各种军需物资[①]。军民通用品在生产行业、技术指标、效用等方面没有特殊要求,与民品基本没有区别,完全可以通过交换而进入国防消费,这类产品的生产在理论上不属于国防生产的范畴。国防生产是社会生产中的一个特殊部分,它既不制造用于生产消费的生产资料,也不制造用于生活消费的消费资料,而是用于一种特殊的社会消费,所以,国防生产与民品生产具有不同的特点和规律。

扩展阅读1-3:我们会为国家的国防生产起很好的作用

2017年5月5日,我国具有完全自主知识产权的新一代大型喷气式客机——C919首飞成功!提到C919则不得不提它的名誉总设计师程不时(图1-2),他1951年毕业于清华大学航空工程系,是航空航天部有突出贡献的专家。在40多年的飞机设计生涯中,他负责过许多不同类型的飞机的总体设计,其中包括中国第一架喷气式飞机"歼教-1"、喷气式大型运输机"运-10"等。

1970年,代号为"708工程"的"运10"大飞机就已立项,并于1980年首飞成功。可惜由于后续资金缺乏,"运10"项目被搁置,许多航空人的国产大飞机逐梦之旅也因此被搁置。今年已经87岁的程不时,是新中国第一代飞机设计

---

① 武希志. 军事科学院硕士研究生系列教材:国防经济学教程[M]. 2版. 北京:军事科学出版社,2012.

师,中国第一家大型民用飞机"运10"副总设计师。尽管"运10"被搁置,但他心中的大飞机梦永不磨灭,他坚信中国有需要、也有能力自行研制大飞机,发展大飞机产业。

图 1-2 新中国第一代飞机设计师程不时

1980年9月26日清晨,程不时与他的同事从上海龙华机场附近的居住地坐车来到北郊的大场机场,当时太阳尚未升起,广阔的机场上,聚集了许多人。巨大的机库大门被推开,小甲虫似的牵引车从库内缓缓开出,在它身后5米,"运10"庞大的身躯逐渐显现出来,高大的机尾上喷上了巨大的五星红旗和红色的"Y-10"徽号。印象深刻的是,邻跑道的一侧,一群白发的老工人和一位老工程师坐着,那老工程师在大手术之后拒绝继续休养,要求尽快返回试制第一线,把从手术刀下夺回来的有限生命献给这架飞机。终于他熬到了这一天,执意要来亲自观看"运10"的首次飞行。

直到今天,程不时还无法平静地叙述参加"运10"试飞盛典时的感受。他说:"能亲自将依靠本国的力量创造出在当时算是我国有史以来最大飞机送上天空,真是一种难忘的体验。当时在胸中充盈的是一种使命感——我们会为国家的国防生产起很好的作用。"试飞机长王金大,带领着试飞机组登上了飞机。高速滑行后,"运10"昂起机头,在欢呼声中腾空而起直穿云霄。王金大胜利完成了试飞,驾驶着"运10"在机场轻盈地着陆,打开机翼上的减升板和发动机的反推力,如此巨大的飞机竟在很短的距离内停止了前冲。机组在锣鼓声和鲜花的簇拥下将飞机驶回出发地停机坪,在万众欢腾声中步下了舷梯。我私下问王金大试飞"运10"的感受,他悄悄对我说:"就像大个子打篮球一样。"意思就是,打篮球的运动员都是个子高大,动作却十分机动灵活。"运10"在空中就像篮球场上的运动员,这么大一架飞机,飞行起来却生龙活虎!

"运10"大飞机如图1-3所示。

图1-3 "运10"大飞机

2. 国防科研生产内涵界定

国防科研生产是指研究、发展、应用科学技术、武器装备、国防设施、满足军队和国防建设需要的活动[①]。作为一种创新性的社会活动,国防科学研究包括基础研究、应用研究和发展研究;武器装备研究包括预先研究、型号研制、试验与鉴定等方面;国防设施或军事设施建设包括国防仓库建设、军事基地建设、军用机场建设、军事港口建设、军事防御工事建设等设施建设。

扩展阅读1-4:新时代,我国国防科技与武器装备领域的新科技和新成就

近年来,随着综合国力的提升,中国国防科技领域取得了一系列重大成就,一大批由我国自主研发,高度信息化和集成化的新型武器装备陆续列装,并逐步形成了实战能力,使解放军武器装备建设步入了一个跨越式发展的阶段。那么就

---

① 姚怀生. 国防科研生产法律制度的理论探讨[J]. 法制与社会,2010(12):44-45.

让我们一起来回顾新时代,我国国防科技与武器装备领域的新科技和新成就。

2017年4月26日,中国首艘国产航母(图1-4)在中国船舶重工集团公司大连造船厂举行下水仪式。从2012年9月25日中国首艘航母辽宁舰服役到今天,经历了近5年的等待,终于迎来了有完全中国血统的国产航母正式下水,可以说圆了中国人近百年的航母梦。

图1-4 中国首艘国产航母

2017年6月055型驱逐舰(图1-5)正式下水,到2018年1月,055型驱逐舰已经开始安装调试设备了。从美国海军新型的DDG-1000到俄罗斯计划于2019年开工的"领袖级",发展大型驱逐舰已成为各国海军的新趋势。"导弹驱逐舰"这一舰种自诞生以来就因可执行防空、反导、反潜、反舰、对陆打击等最为多样化的任务,被誉为"海上多面手"。

图1-5 055型驱逐舰

2016年11月,中国国产"彩虹"-5无人机(图1-6)在中国国际航展上首次亮相，2017年9月中旬，"彩虹"-5无人机在西北戈壁成功进行导弹实弹打靶试验。

……

图1-6 中国国产"彩虹"-5无人机

在过去的几年里，武器装备科研生产水平不断提升。围绕着自主创新这一理念，"中国智慧"锻造了大国利器，而"中国创造"更是铸就了金戈铁马，走出了一条具有中国特色的武器装备现代化建设之路，为强军梦乃至强国梦的早日实现提供重要支撑。

3. 国防科研生产能力内涵界定

国防生产能力，即按年度计算生产武器装备等军用物资所能达到的最高产量，包括弹药、核武器、火炮、舰船、军用飞机、枪械、坦克、装甲车等的生产能力[1]。

国防科研生产能力是在一定条件下和一定时期内研制设计开发与生产武器装备的能力和国防科学技术的发展水平的统称，即国防生产能力和科研能力[2]。国防科研生产能力可分为3种情况：平时能力和战时能力、表现能力和实际能力、综合能力和单项能力，是在一定条件下和一定时期内生产武器装备最高数量的能力，也是在一定条件下和一定时期内为武器装备发展进行开发、研究所达到的最

---

[1] 傅全有. 中国军事大辞海[M]. 北京：线装书局，2010.
[2] 栾恩杰，汪亚卫. 国防科技名词大典（综合卷）[M]. 北京：航空工业出版社，兵器工业出版社，原子能出版社，2002.

高的专业技术水平的能力。

生产能力的核算，通常以年为时间单位，以具体产品的架、颗、艘、发、辆、门、支等为数量单位的生产能力，代表了最大批量生产和规模生产能力。其中核算检验实际生产能力，可以通过对研制生产过程中最短环节（控制环节）的核算为基础进行分析估算。科研能力的核算，一般测算方法是通过对主要的数字进行统计分析，例如投资额和强度、人均投资、手段设施建设、科学家人数、受教育制度、科研成果、产品本身技术含量等。实际能力的水平测算，只要通过对最关键部件的水平分析就可以测出。

综上所述，本书结合国防科研、国防生产、国防科研生产、国防科研生产能力的概念和内涵，研究总结出新时代国防科研生产的内涵，即：新时代国防科研生产是获取遂行作战任务所需的装备及相关服务的活动，主要包括从装备立项论证、方案论证、工程研制、定制、购置部署直至交付部队以后的技术保障服务等环节的活动。其中，技术保障服务主要是针对武器装备承包商为装备使用部门提供的技术培训、技术咨询、备品备件供应、现场维修服务以及返厂维修等技术性活动，不涉及装备交付部队以后日常的使用管理、日常维护维修等。

二、国防科研生产法规制度

1. 内涵

国防科研生产法规制度是指由国家制定或认可的，以《国防法》《国防动员法》和国家相关基本法为主干，由法律、法规和规章构成的，用以调整国防科学技术、武器装备、国防设施的研究、发展和应用活动过程中形成的各种社会关系的法律规范的总称。其具体制度大体包括国防科技管理法律制度、国防科研合同法律制度、国防技术监督法律制度、国防科技成果管理法律制度、国防专利法律制度、国防科研生产和军事订货法律制度等。

国防科研生产法制建设的性质，是由国防科研生产本身的性质决定的。国防科研生产的直接目的是为军队提供现代化的武器装备，是国防建设的重要组成部分[①]。

[①] 国防科工委办公厅政策研究室. 中国的国防科研生产法制建设 [J]. 中国法律年鉴, 1989.

同时，国防科研生产活动本身又是国家科技、经济活动的重要组成部分，具有国家科技、经济活动的一般性质。这就决定了国防科研生产法制建设必然具有国家一般法制建设和军事法制建设的双重性质。国防科研生产法制建设是国家整体法制建设的重要组成部分，国家制定的一般法律、法规，其基本原则和主要精神应当适用于国防科研生产。但是，由于国防科研生产具有自己的特殊性，因此还需要制定一些特殊的法律、法规或者在一般法律、法规中加上一些特殊的条文、条款。

国防科研生产法制建设的主要任务是：根据国家法制建设和军事法制建设的大环境，结合国防科研生产的实际情况，逐步建立和完善国防科研生产方面的法规体系，并加以贯彻实施，运用法律手段对国防科研生产进行管理，以保障国防科研生产任务的完成和国防科技体制改革的顺利进行。

2. 特点

国防科研生产法律制度涉及科研生产领域的行政关系、军事关系和民事关系，包括行政法律规范、军事法律规范和民事法律规范，具有行政法律属性、军事法律属性和民事法律属性[①]。国防科研生产法律制度的主要特点：立法主体多元、调整对象广泛、法律关系复杂。

① 立法主体多元。与国家立法体制相适应，国防科研生产法律制度的立法主体有全国人民代表大会及其常委会、国务院及各部门、地方各级人民政府、中央军事委员会及各总部、各大军区、各军兵种。立法层次有法律、法规、行政规章、地方性法规和规章，如全国人民代表大会及其常务委员会颁布的国防科研生产法律《国防法》及《国防动员法》，国务院和中央军事委员会联合制定的国防科研生产法规《武器装备科研生产许可管理条例》，国防科工委制定的《武器装备研制生产标准化工作规定》等。

② 调整对象广泛。国防科研生产法律制度调整的对象是国防科研生产领域的社会关系，跨国家和军队的各个部门，包括国防科学技术研究领域的社会关系、武器装备生产领域的社会关系和国防设施建设领域的社会关系。每个社会关系都

---

① 姚怀生. 国防科研生产法律制度的理论探讨 [J]. 法制与社会，2010（12）：44-45.

可以制定一部规范性的法律文件，如国防科研合同法律文件、国防科技管理法律文件、国防技术监督法律文件和国防知识产权法律文件等。这些社会关系可以按照不同的标准再细分，制定次级法律规范，如国防技术监督领域的社会关系可以细分为军用标准社会关系、军品质量社会关系和国防计量社会关系，相应可以制定军用标准法律规范、军品质量法律规范和国防计量法律规范。

③ 法律关系复杂。法律关系包括主体、客体和内容三个要素。国防科研生产法律关系的主体有国家机关、军事机关、自然人和公司企业法人。国家机关和军事机关是国防科研生产的组织管理主体，其主要职能是制定规划，下达任务，创制法律，监督检查，验收成果。自然人和企业法人是国防科研生产的具体实施主体，其主要职能是从事国防科学技术研究、武器装备生产和国防设施建设。国防科研生产法律关系的客体有技术成果、武器装备和国防设施。国防科研生产法律关系内容是指法律关系主体享有的权利和承担的义务。国家机关和军事机关的权利义务是相统一的，组织管理国防科研生产活动既是职权义是其义务。自然人、科研机构和法人有依照法律规定从事国防科研生产活动的权利，负有按时、按质、按量完成科研生产任务的义务，负有保守国防科研生产技术秘密的义务。

扩展阅读 1-5：军事科研创新的强大引擎，习主席说要这样点燃

科技强则国家强，科技兴则军队兴。党的十八大以来，习主席把科技创新作为大变革大转折时代图强进取、勠力复兴的重大战略抉择，把创新驱动作为军队建设的重要指导。推动科技兴军，必须紧紧扭住创新这个牛鼻子。"谁牵住了科技创新的牛鼻子，谁走好了科技创新这步先手棋，谁就能占领先机、赢得优势。"唯有以时不我待的紧迫感，加紧在一些战略必争领域形成独特优势，才能实现由"跟跑""并跑"向"并跑""领跑"的转变。

推进军事科研领域政策制度改革

要扎实推进政策制度改革，加快构建现代军事政策制度体系，坚决破除各方面体制机制弊端，坚定不移把改革进行到底。

——2018 年 3 月 12 日，习近平在出席解放军和武警部队代表团全体会议时强调

继续深化国防和军队改革,深化军官职业化制度、文职人员制度、兵役制度等重大政策制度改革,推进军事管理革命,完善和发展中国特色社会主义军事制度。树立科技是核心战斗力的思想,推进重大技术创新、自主创新,加强军事人才培养体系建设,建设创新型人民军队。

——2017年10月18日,习近平在中国共产党第十九次全国代表大会上的报告

扩展阅读 1-6:特朗普将签署启动国防生产法 美继续升级抗疫举措

"从某种意义上来说,我(现在)是战时总统。"美国总统特朗普在当地时间2020年3月18日的白宫新闻简报会上宣布,他将立即启动《国防生产法》(Defense Production Act,DPA),迅速增加美国国内生产口罩和医疗防护用品的产量,对抗新冠肺炎疫情蔓延。

特朗普表示,启动该法案有明确针对的目标:"我们需要相关的零部件、我们需要口罩、我们需要呼吸机。"

美国国防部前副助理部长麦克金(John McGinn)在接受第一财经记者采访时表示:"这项法案可以帮助特朗普政府获得更大的权力,确保私营企业加快紧急医疗用品和设备的生产和分配,让政府在国家紧急状态时有广泛的权力,要求生产商增加应对产品的生产规模。"

"特朗普政府迈出的一大步"

《国防生产法》由美国国会在1950年通过,该法案赋予美国总统权力以国家安全和其他理由,扩大关键材料或产品的工业生产规模。

麦克金在国防部时曾负责DPA项目的推进工作。"在对抗新冠病毒方面,动用DPA将是特朗普政府迈出的一大步。这样的决定绝非是短时间做出的,而是经过多个政府部门的协商之后才决定的。"麦克金说,"DPA项目的资金不仅可以用于相关政府订单的采购,还能够用于修建工业设施。比如,在当前,DPA的资金可以用于建设生产口罩和呼吸机的厂房设备和生产线,但是要动用这样的资金需要首先得到总统的亲自授权。"

同时，麦克金表示，在当前的疫情下，特朗普宣布启动 DPA 应该被理解为是一个经济决定。

麦克金认为，如果使用得当，DPA 将非常有效。"DPA 项目是通过国防优先和分配系统（Defense Priorities and Allocations System，DPAS）运作的，DPAS 其实是由美国商务部管理，很多政府部门都在使用这个系统，特别是国防部。"他解释说，"DPA 允许国防部将政府的订单'优先化'，私营企业进行生产时需要首先生产国防部规定的、对美国国家安全优先的产品。在当前状况下主要是口罩和呼吸机等医疗产品。"

麦克金举例说，以生产 N95 口罩的公司为例，假设该公司之前用 80% 的产能用于生产工业用口罩，20% 的产能生产医疗口罩，但如果现在国防部要求他们将 80% 的产能用于生产医疗口罩的话，这家公司就必须照做，因为这是目前的"国家优先"订单。

第二节 国防采购相关概念

一、国防采购

1. 理论基础

1）采购内涵

在现代社会中，社会分工高度精细化，生产高度社会化，人们已不可能完全依靠自给自足维持生活，很难想象，离开采购，社会秩序将是何种景象。从内涵角度理解，采购至少包含两个基本要素：一是"采"，即选择之意，从众多备选对象中择取所需；一是"购"，即通过商品交换的手段获取所需之物。从最一般的意义上理解，采购是一种从资源市场获取资源的过程，体现了商流概念和物流概念的重合①。

① 所谓采购，是从资源市场获取资源的过程。能够提供这些资源的供应

---

① 张婷婷. 浅析企业采购责任监督和过程管控［J］. 科技创新与应用，2013（1）：253.

商，形成了一个资源市场。为了从资源市场获取这些资源，必须通过采购的方式。也就是说，采购的基本功能，就是帮助人们从资源市场获取他们所需要的各种资源。

② 采购，既是一个商流过程，也是一个物流过程。采购的基本作用，就是将资源从资源市场的供应者手中转移到用户手中的过程。在这个过程中，要实现将资源的物质实体从供应商手中转移到用户手中，包括两个阶段。前者是一个商流过程，主要通过商品交易、等价交换来实现商品所有权的转移。后者是一个物流过程，主要通过运输、储存、包装、装卸、流通加工等手段来实现商品空间位置和时间位置的完整结合，缺一不可。只有这两个方面都完全实现了，采购过程才算完成。因此，采购过程实际上是商流过程与物流过程的统一。

③ 采购是一种经济活动[1]。在整个采购活动过程中，一方面，通过采购获取了资源，保证了企业正常生产的顺利进行，这是采购的效益；另一方面，在采购过程中，也会发生各种费用，这就是采购成本。我们要追求采购经济效益的最大化，就是不断降低采购成本，以最小的成本去获取最大的效益。而要做到这一点，关键的关键，就是要努力追求科学采购。科学采购是实现企业经济利益最大化的基本利润源泉。

2）采购形式

常见的采购形式分为战略采购（Sourcing）、日常采购（Procurement）、采购外包（Purchasing Out-services）三种形式。战略采购是指采购人员（commodity manager）根据企业的经营战略需求，制定和执行采购企业的物料获得的规划，通过内部客户需求分析，外部供应市场、竞争对手、供应基础等分析，在标杆比较的基础上设定物料的长短期的采购目标、达成目标所需的采购策略及行动计划，并通过行动的实施寻找到合适的供应资源，满足企业在成本、质量、时间、技术等方面的综合指标。日常采购，是采购人员根据确定的供应协议和条款，以及企业的物料需求时间计划，以采购订单的形式向供应方发出需求信息，并安排和跟踪整个物流过程，确保物料按时到达企业，以支持企业的正常运营的过程。采

---

[1] 王槐林. 采购管理与库存控制 [M]. 北京：中国物资出版社，2008.

购外包就是企业在聚力自身核心竞争力的同时，将全部或部分的采购业务活动外包给专业采购服务供应商，专业采购供应商可以通过自身更具专业的分析和市场信息捕捉能力，来辅助企业管理人员进行总体成本控制，降低采购环节在企业运作中的成本支出。采购外包由于涉及中小企业的利益，大部分中小企业不愿意将采购业务外包给其他的第三方采购机构，这给采购外包业的发展增加了不少的难度。采购外包有利于企业更加专注于自身的核心业务，专业的事交给专业的人做。采购外包对中小企业来说，可以降低采购成本，减少人员投入，减少固定投资，降低采购风险，提高采购效率。对于中小企业来讲，采购外包是降低成本的最佳方式。

3）采购流程（图1-7）

企业采购一般有比选、竞争性谈判和单一来源三种方式。

比选采购方式的主要流程：

- 采购人发出采购信息（采购公告或采购邀请书）及采购文件；
- 供应商按采购文件要求编制、递交应答文件；
- 采购人对供应商应答文件进行评审，并初步确定中选候选供应商（中选候选供应商数量少于递交应答文件供应商数量，具体数量视采购项目情况而定）；
- 采购人保留与中选候选供应商进一步谈判的权利；
- 采购人确定最终中选供应商，并向所有递交应答文件的供应商发出采购结果通知；
- 采购人与中选供应商签订采购合同。

竞争性谈判的主要程序：

- 采购人发出采购信息（采购公告或采购邀请书）及采购文件；
- 供应商按采购文件要求编制、递交初步应答文件；
- 采购人根据初步应答文件与所有递交应答文件的供应商进行一轮或多轮谈判，供应商根据采购人要求进行一轮或多轮应答；
- 采购人根据供应商最后一轮应答进行评审，并确定成交供应商；
- 采购人向所有递交应答文件的供应商发出采购结果通知；
- 采购人与成交供应商签订采购合同。

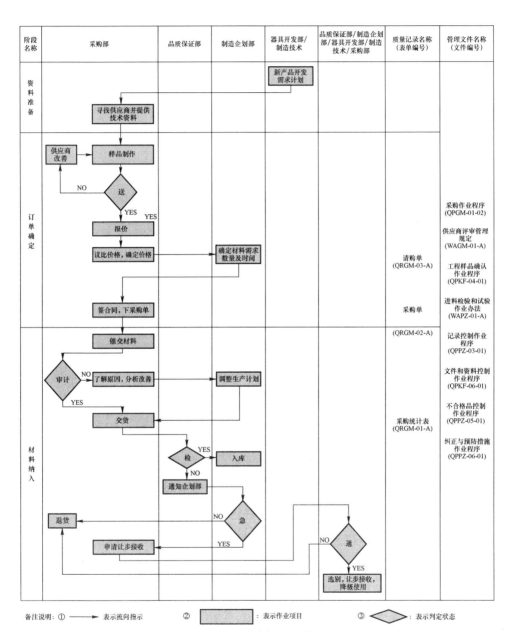

图1-7 采购的一般流程

2. 内涵界定

国防采购是指各级国家机关、事业单位和团体组织运用国防经费统一采购武器装备及其他军用物资、工程、服务的行为[①]，主要包括装备采购、物资采购、服务采购等。装备采购是指军队装备采购单位以合同方式有偿获取装备及相关数据、技术和服务的活动，是国防经济活动中军品交换的主要表现形式。武器装备的采购基本任务是使用装备购置费，根据中央军委批准的装备建设目标、方向、重点和体制系列，结合军工生产能力和经费预算，按照购置计划确定的型号和数量，以合理的价格购买到符合战术、技术指标、配套齐全和质量良好的装备，交付部队，并协助部队形成作战能力。

物资采购，是指采购成熟货架产品（军选民用），以及通用器材、配套设施等。服务采购，是指除货物和工程以外的其他采购，主要包括咨询服务采购、设计服务采购和数据服务采购等。

◎ 扩展阅读 1-7：以色列国防军采购"火力织工"系统

近年来，以色列国防军的信息化建设水平一直处于领先水平。为了应对多维战场挑战，进一步满足未来作战的需求，以色列国防研究与发展局（DDR&D）和以色列拉斐尔先进防御系统公司联合开发了"火力织工"（Fire Weaver）系统。与大多数传统 C^4I 技术主要是为指挥官层级的作战人员服务不同，该系统主要供前方作战人员使用并能够与传统 C^4I 系统协同工作，从而实现联合部队之间的作战连接，并简化了海军、空军和地面部队之间的整合过程，其作战示意图如图 1-8 所示。

"火力织工"系统旨在向作战人员提供显示在设备（例如瞄准具）上的实时信息，如目标、位置、兴趣点、友军部队等，并在多个系统之间即时共享，从而使作战人员可以更好地了解态势。该系统还利用人工智能来分析作战环境中的信息并确定火力分配的优先级，还可根据视距、弹药状态等因素计算出最佳的"射手"来打击目标。"火力织工"系统的界面如图 1-9、图 1-10 所示。

---

① 秦愚. 国防采购中不完全合约的影响及对策研究：以型号研制为例 [M]. 北京：中国物资出版社，2012.

图1-8 "火力织工"系统作战示意图

图1-9 "火力织工"系统射手显示界面

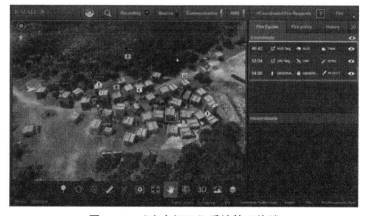

图1-10 "火力织工"系统管理终端

目前，除了以色列国防部已确定采购"火力织工"系统以外，德国联邦武装部队装备、信息技术和使用办公室（BAAINBw）也选中该系统，并对该技术的实用性进行研究。德国的 Atos GmbH 公司与拉斐尔公司合作开展了"透明战场"计划，演示论证无人飞行系统（UAS）与地面战斗车辆的配合使用。

3. 特点

① 国防采购的首要目标是效率性。由于国防采购涉及军队的战斗力和国家安全，故国防采购合同要比一般政府采购合同更强调严格履约，若不能履约或以次充好，供应商不仅要受到经济制裁，更要受到法律的严厉惩罚[1]。因此，国防采购对供应商要求很高，在国防采购招投标时必须进行资格认定，实行市场准入。另外，国防采购要积极制定措施加强对采购风险的预防和补救。

② 国防采购的保密性。国防采购尤其是武器装备采购涉及许多军事机密，因此国防采购不可能像政府采购那样做到非常公开透明。但保密只能是相对的，不能以保密为名逃避监督，实行"暗箱操作"。国防采购对外可适当控制信息传播范围，同时在军队内部应加强监督和制约。在国防采购中，谈判采购方式和招投标方式并用。非武器装备等军民通用品的采购可与政府采购一样，实行招投标方式在市场上公开采购。由于竞争性招投标方式本身固有的一些弱点，如手续烦琐、费时费力、缺乏弹性等，再加上武器装备的技术更新变化快以及保密性等原因，在武器装备采购中更多的是应用谈判采购的方式。当然实行谈判采购也应引入竞争，货比三家，择优采购。

③ 国防采购评标难度大。武器装备采购的评标难度远远大于一般政府采购[2]。我国政府颁布的《政府采购管理暂行办法》中规定了两种评标方法：最低评标价法和最低投标报价法，而并未强制执行国际上广泛使用的"寿命周期成本评标法"。上述方法适用非武器装备等军民通用品的采购。武器装备的评价，涉及"效能－费用"分析，非常复杂，难以科学量化，往往只有在实战中才能得到真正的检验。美军目前采用仿真模拟的方法对武器装备进行"效能－费用"分析，

---

[1] 刘力. 试论建立国防采购制度 [J]. 军事经济研究，2000（1）：23-26.
[2] 祝志刚，刘汉荣. 中国军事订货与采购 [M]. 北京：国防工业出版社，2007.

可操作性强，成本低，值得我们学习和引进。

4. 采购方式及程序

国防采购方式根据采购类型、保密要求、采购金额和采购市场等情况确定。国防采购主要采用公开招标采购、邀请招标采购、竞争性谈判采购、单一来源采购、询价采购以及经国防采购管理部门认可的其他方式采购。

1）公开招标

公开招标是政府采购的主要采购方式，是指采购人按照法定程序，通过发布招标公告，邀请所有潜在的不特定的供应商参加投标，采购人通过某种事先确定的标准，从所有投标供应商中择优评选出中标供应商，并与之签订政府采购合同的一种采购方式[①]。采购金额达到300万元以上、通用性强、不需要保密的装备采购项目，采用公开招标方式采购。

采用公开招标采购方式的，应当遵循下列基本程序：

① 成立招标小组。总部分管有关装备的部门和军兵种装备部负责组织或者委托相应机构成立招标小组。招标小组负责拟制招标文件、组建评标委员会、组织实施装备采购招标等工作。招标小组由装备采购业务部门、装备采购计划部门或者其他机构、部门的人员组成。

② 组建评标委员会。评标委员会由有关装备技术、价格、法律等方面的专家组成，成员人数为5人以上单数。

③ 拟制招标文件。招标小组根据招标装备的战术技术要求、采购数量和交付时限等情况，拟制招标公告、招标装备价格标底、评定标准和方法等招标文件。

④ 报批招标文件。招标文件由总部分管有关装备的部门、军兵种装备部审定。其中，军委装备发展部规定的重要装备采购项目的招标文件，由总部分管有关装备的部门、军兵种装备部报总装备部审定。

⑤ 发标。招标文件经审定后，由招标小组通过指定的报刊、信息网络或者其他媒体公开发布招标公告。招标公告发出之日起至投标人提交投标文件截止之日止，不得少于20个工作日。

---

① 《中华人民共和国招投标法》第十条（2017年）。

⑥ 投标。投标人的投标申请书、有关资格证书、技术和质量以及进度承诺、报价等投标文件,加盖单位公章及其负责人印鉴后密封,在规定的截标日期送达招标小组。

⑦ 开标。开标应当在招标文件规定的时间、地点公开进行。开标由招标小组主持,装备采购业务部门和装备采购计划部门的代表、招标小组成员、评标委员会成员和投标人参加。开标时,由投标人检查各自投标文件的密封情况,经确认无误后,由招标小组当众拆封,宣读投标人名称、报价等投标文件内容。开标过程应当记录。

⑧ 评标。评标委员会按照招标文件确定的评定标准和方法,对所有投标人的投标文件进行评审和比较。对投标文件中含义不明确的内容可以要求投标人做必要的澄清和说明。经过评定,评标委员会应当向招标小组推荐中标候选人,并提交书面评标报告,经所有成员签字后有效。

⑨ 定标。招标小组根据中标候选人的投标文件和评标委员会的书面评标报告,确定中标单位,并报总部分管有关装备的部门、军兵种装备部备案。招标小组向中标单位发中标通知书,并同时将中标结果通知所有未中标的投标人。

2)邀请招标

邀请招标也称选择性招标,是由采购人根据供应商或承包商的资信和业绩,选择一定数目的法人或其他组织(不能少于 3 家),向其发出投标邀请书,邀请他们参加投标竞争,从中选定中标供应商的一种采购方式[①]。

采购金额达到 300 万元以上、符合下列情形之一的装备采购项目,可以采用邀请招标方式采购:其一,涉及国家和军队安全、有保密要求不适宜公开招标采购;其二,采用公开招标方式所需时间无法满足需要的;其三,采用公开招标方式的费用占装备采购项目总价值的比例过大的。

3)竞争性谈判采购

竞争性谈判采购是指通过与不少于两家承制单位进行谈判,择优确定承制单位并与之签订合同的装备采购方式[②]。

---

① 《中华人民共和国招投标法》第十条(2017 年)。
② 《装备采购方式与程序管理规定》第十九条(2003 年)。

采购金额达到300万元以上、符合下列情形之一的装备采购项目,可以采用竞争性谈判方式采购:其一,招标后没有承制单位投标或者没有合格标的的;其二,采用招标方式所需时间无法满足需要的;其三,因技术复杂或者性质特殊,不能确定详细规格或者具体要求的;其四,不能事先计算出价格总额的。

采用竞争性谈判采购方式的,应当在非公开状态下遵循下列基本程序:

① 成立谈判小组。总部分管有关装备的部门、军兵种装备部负责组织成立谈判小组。谈判小组由装备采购业务部门、装备采购计划部门的代表和装备技术、价格、法律等方面的专家组成。成员人数为7人以上的单数,其中专家人数占比不得少于三分之二。

② 拟制谈判文件。谈判文件由谈判小组拟制。谈判文件应当明确谈判人员、谈判程序、谈判内容、合同文本草案以及评定成交的标准等内容。

③ 报批谈判文件。谈判文件由总部分管有关装备的部门、军兵种装备部审定。

④ 确定邀请参加谈判的承制单位名单。谈判小组从符合相应资格条件的承制单位名单中确定不少于两家的承制单位参加谈判,并向其提供有关谈判文件。

⑤ 谈判。谈判小组应当与承制单位分别进行谈判。谈判中,谈判的任何一方不得透露与谈判有关的其他承制单位的技术资料、价格和其他信息。谈判文件有实质性变动的,谈判小组应当以书面形式通知所有参加谈判的承制单位。

⑥ 确定承制单位。谈判结束后,谈判小组应当要求所有参加谈判的承制单位在规定时间内进行最后报价,并根据采购需求、质量、服务和报价等因素综合评定结果,提出候选成交承制单位,报总部分管有关装备的部门和军兵种装备部审定。

4)单一来源采购

单一来源采购,也称直接采购,是指达到了限额标准和公开招标数额标准,但所购商品的来源渠道单一,或属专利、首次创造、合同追加、原有采购项目的后续扩充和发生了不可预见紧急情况不能从其他供应商处采购等情况[1]。

---

[1]《中华人民共和国政府采购法》第三十九条(2014年)。

符合下列情形之一的装备采购项目，可以采用单一来源方式采购：其一，只能从唯一装备承制单位采购的；其二，在紧急情况下不能从其他装备承制单位采购的；其三，为保证原有采购项目的一致性或者服务配套要求，必须继续从原装备承制单位采购的。

5）询价采购

询价是指询价小组向符合资格条件的供应商发出采购货物询价通知书，要求供应商一次报出不得更改的价格，采购人从询价小组提出的成交候选人中确定成交供应商的采购方式[①]。

采购金额在300万元以下、不需要保密，且符合下列情形之一的装备采购项目，可以采用询价采购方式采购：其一，通用性强，规格、标准统一，货源充足的；其二，价格变化幅度较小的。

二、概念辨析

国防采购、装备采购、军队采购、军事采购间的区别与联系主要体现在采购主体、采购范围、采购目的等方面。

1. 采购主体不同

国防采购的主体主要包括各级国家机关、事业单位和团体组织；

装备采购的主体是指军队装备机关、有关部门，主要负责装备采购计划的制定、采购程序的实施、合同签订、监督检查等工作；

军队采购的主体一般为各级后勤机关和联勤保障部队设立的采购局（站、中心），主要负责采购项目的组织实施、签订采购合同、质检验收、发运、审价、结算等工作；

而军事采购的主体是指军事机关，采取集中采购与分散采购相结合的方式[②]。

相较而言，国防采购相对装备采购、军队采购、军事采购的主体范围更广，不仅包括装备采购、军队采购、军事采购的主体军事机关部门，还涉及除军事机关外的各级国家机关、事业单位和团体组织。

---

① 《装备采购方式与程序管理规定》第二十六条（2003年）。
② 龚边疆. 军队物资集中采购管理研究[D]. 成都：电子科技大学，2008.

2. 采购范围

国防采购大致可以分为两大类：武器装备的采购和非武器装备等军民通用品的采购，具体包括武器装备及其他军用物资、工程、服务等。

装备采购是指采购武器、武器系统和军事技术器材等装备的活动。

军队采购是将军费转化为保障军队战斗力生成的物资、工程和服务的行为。

军事采购可分为两类，一类是武器装备采购，另一类是军事物资采购。"军事物资"包括军队物资、工程和服务。

由此可见，国防采购与军事采购范围较广，均涉及武器装备及其他军用物资、工程、服务；军队采购范围则是特指除武器装备以外的通用物资、工程、服务，如已经出台的《军队服务采购管理规定》《军队物资工程服务采购条例》中所规范的；而武器装备采购则在《装备采购条例》进行了单独规范。

3. 采购目的

国防采购是军队为了完成保卫国家的神圣使命，运用国防费统一采购军队所需商品和服务的行为。其目的主要是提高军费的使用效益，优化军事经济资源配置，抑制腐败，加强廉政建设，强化军队财务职能，加强对军队国有资产的管理，促进机关后勤保障社会化。

装备采购主要目的是提高装备采购效益，保证装备采购质量。

军队采购目的主要是规范军队物资采购行为，保证采购质量，提高采购效益，促进廉政建设，根本目的是为提高战斗力服务。

军事采购是指军事部门为履行军事职能，运用财政性资金，以法定采购方式与程序，采购武器装备和军事物资的活动。其主要目的是为军事斗争和军队建设服务的，军用品具有商品属性和军事属性。相比民用物资来讲，所采购的武器装备、军队物资，在产品质量（包括技术性能、使用寿命、可靠性、安全性）、供货周期、供货条件、售后服务等方面都有着特殊的要求。

总体来说，国防采购、装备采购、军队采购、军事采购普遍对于所采购的产品的技术性能、可靠性、安全性的要求较高，对于供应商的评选标准也较为严格。

表 1-1　国防采购、装备采购、军队采购、军事采购的区别与联系

类型	采购主体	采购范围	采购目的
国防采购	各级国家机关、事业单位和团体组织	武器装备及其他军用物资、工程、服务等	提高军费使用效益,优化军事经济资源配置,抑制腐败,加强廉政建设,强化军队财务职能,加强对军队国有资产的管理,促进机关后勤保障社会化
装备采购	军队装备机关、有关部门	武器、武器系统和军事技术器材等装备	提高装备采购效益,保证装备采购质量
军队采购	各级后勤机关和联勤保障部队设立的采购局	通用物资、工程、服务	规范军队物资采购行为,保证采购质量,提高采购效益,促进廉政建设,根本目的是为提高战斗力服务
军事采购	军事机关部门	武器装备和军事物资	为军事斗争和军队建设服务

扩展阅读 1-8：军队物资服务采购管理更加规范

(《解放军报》2020 年 2 月 3 日报道)前不久,某战区部队执行重大演训任务,急需采购一批帐篷、军用食品等后勤物资。联勤保障部队采购部门受领任务后,按照"特事特办、急事急办"原则,立即启动应急采购方案预案,高质量完成采购保障任务。

"优质高效保障的背后,是一整套制度机制在规范运行。"联勤保障部队领导告诉记者,他们成体系设计联勤采购规章制度,先后拟制出台《物资服务采购业务运行暂行规程》《物资服务应急采购管理暂行办法》《物资服务采购质疑投诉处理暂行办法》等文件,畅通采购保障渠道、规范采购工作秩序,优化业务流程、提高保障效率,使军队物资服务采购管理更加规范。

据悉,新的联勤采购业务依托统一的军队采购平台运行,按照采购单位提报采购需求、签订并履行采购合同,采购管理部门审核、下达采购计划,采购服务站实施采购,相关职能部门实施联合监管的机制分工运行,有效实现内部分权制衡与外部联合监管并重、军内监督与社会监督相结合。

针对未来战争军种联合、多维立体,战场环境复杂、保障对象多元等情况,他们把采购服务备战打仗作为根本任务,树立"服务部队、保障基层、面向战场"的服务理念,围绕部队重大演训任务组织各联勤保障中心拟制应急采购保障预案,初步建立应急采购需求与信息资源库;扎实推进军队药材集中采购试点工作,

集中研究并积极做好全军通用后勤器材、通用被装、军用食品、高原主副食品、通用药材等采购筹措事权和物资、工程、服务集中采购职能的承接工作。

此外，为适应军队采购改革要求，联勤保障部队还深入推进军队采购信息化运行，组织采购工作人员开展军队采购平台应用培训，推动需求提报、任务下达、专家抽取、采购评审、合同管理全流程网上运行、全过程网上监管，最大限度减少人为因素干扰。

三、国防采购法规制度

1. 定义

国防采购法规制度是指由国家制定或认可的，以《国防法》《合同法》《政府采购法》和国家相关基本法为主干，由法律、法规和规章构成的，用以调整国防采购组织管理、国防采购主体、采购方式、招投标程序、履约、验收、质疑和投诉等过程形成的各种社会关系的法律规范的总称，服务于特定的军事目的。具体制度应包括：供应商准入国防采购市场的规定、投诉和仲裁程序的规定、国防采购指南、标准合同范本、集中采购目录等。

2. 特点

在现行法律体系中，仅有《国防法》对军事订货制度进行了抽象的定位，国防采购工作在运用法律方面远未达到应有的机制系统化的程度，国防采购受法律调整处于非完全状态。

① 主体缺乏接受法律调整的意识[①]。长期以来，由于国防采购一直在计划经济行政管理手段的环境下运行，接受法律调整的意识不强，对建构市场经济体制下国防采购法律体系研究不够重视，导致国防采购的一些环节与市场经济的制度要求脱节，甚至使得一些采购流于形式，并没有取得预期的效益。

② 运行机制上忽视法律调整。政府采购之所以称为"阳光政策"和"精明采购"，是因为它有一套规范、健全、成熟的运行机制，政府采购中各利益主体权责分明、互相制约，采购一直处于公开、公正、公平的状态。而国防采购由于

[①] 曹青，黄天明，李莉萍. 军事采购的法律调整问题探析 [J]. 军事经济研究，2004 (9)：67-68.

其特殊性，在处理问题的程序和方法上都还是经由行政管理的渠道，结果往往是在诸多人为因素的影响下，问题无法得到有效、公正的解决。

③ 法律体系不健全，留有空白。一方面，《政府采购法》已将包括因突发事件、自然灾害进行的紧急采购或者其他涉及国家安全和秘密的采购以及国防采购排除在其调整范围之外，而国防采购目前尚无专用法律，个别法律文件相应的条文偏于原则性，可操作性不强；另一方面，在适用于国防采购的法律体系与国家的法律体系的接轨问题上，国防采购是否适用诸如《合同法》《民事诉讼法》《仲裁法》等国家法律，还没有明确的规定。当发生纠纷时，究竟是否使用仲裁方式，如何使用诉讼方式，存在不少难以定论的情况。

3. 调整对象和法律关系

1）调整对象

国防采购法规制度的调整对象是国防采购的社会关系，即国家运用法律手段对国防采购活动涉及的社会关系施加规范组织，其作用是规范、引导国防采购主体的行为，维护国防采购运行秩序，保证国防采购主体的合法权益，制裁国防采购活动中的违法行为。

国防采购法律活动是一个庞大的体系，国防采购活动内容复杂，涉及面广。按照国防采购法调整的社会关系来考察，国防采购法规制度调整的对象具体包括以下三个方面：一是国家对国防采购活动进行宏观调控与管理过程中发生的社会关系；二是调整军队领域内不同单位不同部门之间的国防采购关系；三是调整军地、军民之间的国防采购关系。

2）法律关系

国防采购法律关系是指由国防采购法规制度确认和调整人们行为过程而结成的特定的权利义务关系。它包括三个构成要素，即国防采购法律关系的主体、国防采购法律关系的内容和国防采购法律关系的客体。

国防采购法律关系与国防采购法律规范有密切的联系，这是因为国防采购关系包括的范围十分广泛，并不是所有的国防采购关系都是国防采购法律关系，只有当某种国防采购关系为国防采购法律规范所调整，并在调整中形成一定的权利义务关系时，才构成国防采购法律关系。而法律规范只有在具体的法律关系中才能得以实现。所以，国防采购法律规范是国防采购法律关系的前提，国防采购法律关系是国防采购法律规范内容的体现。

第三节 相关理论基础

一、军事代表制度

对于武器装备的研制生产，为了保证其研制生产的质量、进度以及节约成本等，采购方一般都要派人员常驻研制生产方，对军品研制生产过程进行监督，这样就形成了一个对军品研制生产很重要的监管约束制度——军事代表制度。

1. 概念及内涵

军事代表制度，简称军代表制（Military Representative System）。《国防经济大辞典》[①]对军事代表制的内涵进行了界定，即中国人民解放军向国防工业企业包括民用工业部门有军品生产任务的企业派驻代表或设军事代表室的制度。该制度根据国务院和中央军委颁布的《中国人民解放军驻厂军事代表工作条例》[②]制定并于1964年开始试行。在国防工业中，兵器工业最早实行军代表制。对军品质量进行监督与验收，是军代表的主要职责和任务。随着实践的发展，军代表的职责有所扩大，从单纯的军品成品验收扩展到生产过程的全面质量监督，从技术性领域扩展到经济性领域。此外，中国人民解放军在交通运输系统也实行军代表制。美国在国防工业生产中亦采用类似的军代表制。美国国防部或军种的采购部门，在美国各有关地区设有代表机构，管理签订合同事项，并派一定数量的代表进驻生产军品的企业，对企业军品生产中的质量、成本和进度等进行监督、控制和指导。从《国防经济大辞典》的定义我们不难看出，它主要是根据我国军代表的建立、职能的发展以及国外（美国）的有关情况定义的。

---

① 陈德第，李轴，库桂生，等. 国防经济大辞典 [M]. 北京：军事科学出版社，2001.
② 中华人民共和国国务院，中华人民共和国中央军事委员会. 中国人民解放军驻厂军事代表工作条例（节选），1964.

2. 地位和作用

1）监督装备采办合同履行，落实装备建设计划

武器装备是特殊的商品，其研制生产必须受国家和军队严格的计划指导。军方与承制单位签订的装备采办合同也必须依靠军代表制度来保证履行。对装备采办合同履行进行监督，保证武器装备建设计划的落实，是军代表的重要任务。由于受技术水平、工艺基础、质量管理等多种因素的影响，在装备研制、生产的过程中会出现一些事先无法预料的问题。军代表通过在装备承制单位现场了解情况，及时与承制单位协调解决合同履行过程中存在的问题，对合同的执行、变更等提出意见和建议，从而就可以有效促进合同的顺利履行，保证装备建设计划的圆满完成。

2）落实装备技术质量要求，保证装备质量

武器装备的质量是由研制过程决定，在生产过程形成，在使用过程体现出来的。因此，武器装备寿命周期中的质量优劣与研制、生产过程紧密相关。军方在装备采办过程中，装备质量监督是通过军代表来实施的。军代表长期处于武器装备研制、生产第一线，督促和监督承制单位执行军方或国家的质量标准和技术要求，并对装备实现技术质量的水平进行评价和验收，有效杜绝或减少了承制单位的偷工减料、以次充好等不规范行为，确保了交付部队武器装备的质量。

3）控制装备成本，保证研制、生产进度

武器装备具有一般商品的属性，其价值由货币的形式表示，价格受商品市场价值规律的制约，受供求关系的调节。同时，武器装备是一种特殊的商品，其研制、生产市场的竞争是不充分的，买方也只有军队一家。这种特殊的供求关系，就构成了装备价格的形成方式。买者的唯一性，决定了军方对于装备成本应该有更多的信息知情权；竞争的不充分性，决定了作为研制、生产方的承制单位具有相当的叫价优势。军代表代表军方对承制单位提供的成本资料进行审查，对其实际状况与成本政策的符合性进行确认，就可以控制装备成本，提高装备购置经费的使用效益。另外，军代表对于督促承制单位按照合同规定的期限完成研制、生产任务，保证武器装备研制、生产进度也具有重要作用。

二、全寿命周期管理理论

国防科研生产是复杂的大型系统工程，牵涉到方方面面，影响因素很多。在国防科研开发研制过程中，要应用价值工程的观念，进行全寿命周期管理，要制定出系统工程管理计划，明确工作分解结构，搞好技术状态管理，切实做好技术审查，严格技术性能度量，实施风险分析和管理，采用全寿命周期成本（LCC）控制，从而建立起国防科研的开发环境、约束机制和保障机制，为系统工程过程的顺利运转和有效执行奠定基础。

1. 概念及特点

全寿命周期过程是指在设计阶段就考虑到产品寿命历程的所有环节，将所有相关因素在产品设计分阶段得到综合规划和优化的一种设计理论。全寿命周期设计意味着，设计产品不仅是设计产品的功能和结构，而且要设计产品的规划、设计、生产、经销、运行、使用、维修保养、直到回收再用处置的全寿命周期过程[①]。

全寿命周期是指产品从自然界获取资源、能源，经开采冶炼加工制造等生产过程，又经储存、销售、使用消费直至报废处置各阶段的全过程，即产品从摇篮到坟墓，进行物质转化的整个生命周期。企业全生命周期管理示意图如图1-11所示。

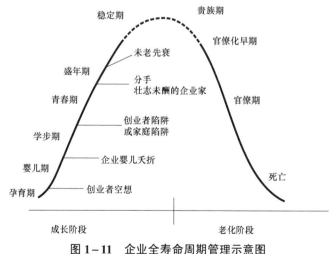

图1-11 企业全寿命周期管理示意图

---

① 陈海峰. 基于全寿命周期项目管理的军品型号二维成本核算体系研究[D]. 哈尔滨：哈尔滨工业大学，2014.

全寿命周期管理是新的项目管理理念和方法的管理模式，是项目管理质的飞越。项目全寿命周期管理应有三个基本思想：一是全过程思想，二是集成化思想，三是信息化思想。全寿命周期管理要求站在整个项目形成、运行、退出过程的角度，统一管理理念、统一管理目标、统一组织领导、统一管理规则并建立集成化的管理信息系统。项目全寿命周期管理示意图如图1–12所示。

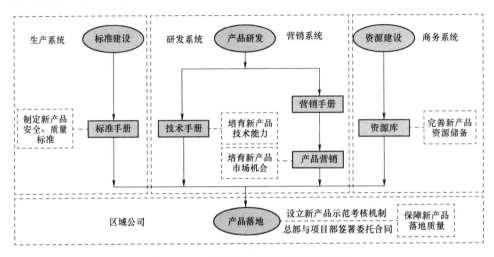

图1–12　项目全寿命周期管理示意图

1) 整体性

传统的项目管理模式强调阶段的划分和顺序性，承担各阶段服务的组织只关注自己的领域，很少考虑整个系统。全寿命管理模式，由项目负责人领导，从决策阶段开始就考虑项目的整个生命周期，能从全局出发，对项目整个管理过程进行集成管理和监督。

2) 集成性

全寿命管理模式的集成包括信息的集成和管理过程的集成。信息的集成是指不同管理过程需要进行大量的信息传递，利用计算机网络等辅助工具，通过数据库的方式，实现不同管理过程之间的数据集成。管理过程的集成是指以信息集成构筑平台，通过数据库管理系统实现工程项目生命周期内的集成管理。

3) 协调性

全寿命管理模式的协调性是指人才的综合集成。强调管理人员之间的协调和沟通是非常重要的，如何保证不同阶段管理人员的服务质量，在分布环境中，实现群体活动的信息交换和共享，并对全寿命周期内的管理进行动态调整和监督，这是全寿命周期协调性的根本所在。

4）并行性

传统的项目管理模式为纵行式，前一阶段的工作没有完成，后一阶段的工作就无法展开。而全寿命管理模式的管理过程是并行进行，在立项阶段就要考虑实施阶段的需求，减少真正的实施阶段对立项阶段的更改反馈。

2. 管理过程

1）全面的计划管理

在把握国防科研生产研制程序和研制规律的基础上，注重计划管理的预见性、科学性、系统性、程序性、先进性、协调性、指令性与灵活性、现实性、动态性和阶段性等特性、特点与原则，分清计划管理的种类，研究计划管理的模式。在落实计划管理组织的基础上，明确计划管理的形式和方法，力求达到性能、进度、费用的统一以及责、权、利的统一。

2）全面的质量管理

质量管理应纳入国防科研的每一环节中，实行全过程、全员、全方位的科学质量管理。应重视标准化、计量、理化、质量情报、质量责任制、质量教育等基础性工作，做到计划、实施、检查、处理相结合，建立起质量管理系统工程。

建立质量保证体系是实施质量管理非常关键和重要的措施。因此，应该认真贯彻产品质量管理条例，搞好质量基础建设，严肃和实施质量立法。设计过程质量控制是第一位的，我们要强调方案阶段的质量控制，大力开展可靠性设计、维修性设计、标准化设计、电磁兼容性设计及安全性设计，尽可能地进行冗余设计及容错设计，进行严格的质量评审，坚持严格的技术状态控制与管理；在生产过程中，切实做好原材料、元器件、外购件的质量保证，落实质量责任制，实施质量跟踪管理，做到产品质量的可追溯性。强化产品质量检验，建立健全质量档案，建立质量管理信息系统；在试验过程中，要做好试验前的质量审定工作，加强试验过程中的质量控制,试验后要认真地进行质量信息统计,做好分析处理工作。

3)全面的费用管理

建立费用目标值和门限值在费用、进度、性能、质量可靠性和保障性之间取得优化和最佳平衡。建立可度量和可实现的定费用设计目标值和门限值。

4)全面的队伍管理

根据国防科研本身的任务需求和特点,综合考虑国防科研所面临的一般环境因素、供应条件因素和市场因素以及未来可能发生的变化来评价自身的科研能力,包括技术储备能力、投资能力、试验研究能力、管理能力、预测能力、应变能力、人力等诸多因素,其中人力工程是不容忽视的一个关键项目,这是进行科研决策和计划的一个重要方面。

3. 全寿命周期成本管理

1)全寿命周期成本分析

利用全寿命周期成本模型,研究系统全寿命周期内,其研制、采购、使用、保障以及报废处置等所有相关活动的费用,以及各种费用之间关系的技术手段。它将全寿命周期成本作为系统权衡的主要目标,在新型号与改型装备的论证、设计以及使用维修决策中,对不同方案的寿命周期成本进行估算、比较,做出的使用保障决策在费用上最节省,使用户在经济上买得起、用得起、修得起[①]。

2)全寿命周期成本模型

武器装备系统(产品)全寿命周期内所有相关活动费用以及费用之间关系的数学描述。它是全寿命周期成本分析的核心。通过研究历史上系统(产品)全寿命周期内所有活动费用的分布规律,建立全寿命周期成本模型,以支持新产品或改型产品全寿命周期成本分析的估算和比较。全寿命周期成本模型的精度决定全寿命周期成本分析的精度。模型的过度失真可能诱发费用方案选择或决策上的失误。武器装备系统全寿命周期成本模型见表1-2。

---

① 栾恩杰,汪亚卫. 国防科技名词大典(综合卷)[M]. 北京:航空工业出版社,兵器工业出版社,原子能出版社,2002.

表 1-2 武器装备系统全寿命周期成本模型

项目构成	系统组成				
	武器装备系统 E_j	武器平台系统 F_j	探测系统 G_j	发控系统 H_j	技术支持系统 I_j
研制阶段 A_i	A_iE_j	A_iF_j	A_iG_j	A_iH_j	A_iI_j
生产阶段 B_i	B_iE_j	B_iF_j	B_iG_j	B_iH_j	B_iI_j
维护使用阶段 C_i	C_iE_j	C_iF_j	C_iG_j	C_iH_j	C_iI_j
其他阶段 D_i	D_iE_j	D_iF_j	D_iG_j	D_iH_j	D_iI_j
全寿命周期成本 Σ_i	/				

三、合约理论

1. 定义

合约可以从法律角度、经济学角度来定义。法律意义上的合约是指当事人之间为相互设定合法义务而达成的具有法律强制力的协议，但经济学中的合约概念要比法律中的合约概念宽泛得多，如图 1-13 所示。在经济学中，人与人之间最基本的关系是交易关系，任何交易都需要通过某种形式的合约来进行，合约是交易关系不可或缺的一个组成部分[①]。合约规定了缔约者之间达成的交易条件，特别是权利和责任的界定，它对缔约人的预期行为有着重要影响。

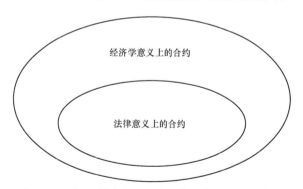

图 1-13 经济学意义上的合约与法律意义上的合约

---

① 高鸿业. 西方经济学 [M]. 北京：中国人民大学出版社，2011.

2. 功能

合约的基本功能是维护缔约双方或多方的合作，鼓励缔约各方在恪守承诺、承担责任的前提下，谋求各自的利益，以保证交易的顺利完成。合约通过对交易各方权利、利益和责任的界定，对缔约人的行动进行协调，从而使缔约人能够进行可靠的分工合作。合约制度使各种经济主体（不论国家、肤色、民族和信仰）能够进行跨地点、跨时期的交易，从而在更大范围、更宽领域、更长时期内扩展了人们之间的交易和合作，有利于促进分工水平的提高和经济社会的发展。

3. 分类

现实世界的合约形式多种多样，不同时代、不同国家、不同地区、不同行业的合约形式一般不同，即使同一时代的相同行业中的合约形式也会千差万别。合约的不同形式是由所进行的交易的具体特点所决定的，合约形式的变化主要涉及四个因素：一是合约持续时间的不同；二是合约中涉及的变量（包括货币价格、质量、数量及其他重要的条款）不同；三是合约所提供的激励机制不同（比如计件工资、小时工资、分成比例等）；四是合约所依赖的实施程序不同（如自我实施、第三方实施与一体化）。

尽管合约形式具有多样性，但还是能够根据一些基本特征将其进行分类。

1) 完全合约与不完全合约[①]。完全合约是指缔约双方都能完全预见合约期内可能发生的重要事件，愿意遵守双方所签订的合约条款，当缔约方对合约条款产生争议时，第三方比如法院能够强制其执行。不完全合约（Incomplete Contract）正好相反，由于个人的有限理性、外在环境的复杂性、不确定性、信息的不对称和不完全，缔约当事人或合约的仲裁者无法证实或观察一切，就造成合约条款是不完全的，需要设计不同的机制以应对合约条款的不完全性，并处理由不确定性事件引发的有关合同条款带来的问题。

2) 短期合约与长期合约。按照时间长短，合约可分为长期合约与短期合约。比如在企业与雇员的劳动关系中，经常存在长期的雇佣关系和短期的雇佣关系。在一些不动产或耐用资产的租赁市场，也会存在短期租约与长期租约。

---

① 卢小高. 基于合约理论的武器装备科研项目定价研究[D]. 长沙：国防科学技术大学，2009.

3）自我实施的合约（Self-enforcing Contract）、第三方实施的合约与一体化合约。自我实施的合约，是指缔约当事人依靠日常习惯、合作诚意和信誉来执行合约，但并不排斥法院在履行合同中的强制作用，它比较适用于交易环境比较稳定的情况。第三方实施的合约则需要法院或第三方调解等其他辅助机制来实施，这是交易环境比较复杂、不确定性较高时才会出现的情况。一体化合约与企业有关，企业的兼并（如前向一体化与后向一体化）可以看作一体化合约，当不确定性程度很高和存在较强的资产专用性时，就可能要求采用一体化合约的形式。一体化通过对资产使用权和剩余控制权的配置能减少"敲竹杠"（Hold-up）等机会主义行为。

4）显性合约与隐性合约。隐性合约是与显性合约相对而言的，它是指用以阐述交易各方之间心照不宣的复杂协议的合约。另外，经济学者还经常提及激励合约与关系型合约的概念。激励合约指委托人采用一种激励机制以诱使代理人按照委托人的意愿行事的一种合约。关系型合约则是一种长期安排，合约当事人之间过去、现在和预期未来的关系这时显得非常重要，此类合约在某种程度上是隐性、非正式、非约束性和不完全的。

四、内部控制理论

内部控制理论的核心思想是将控制看作计划、组织、人事、领导并行的管理职能活动，可以通过监管各项活动以保证其按照既定的目标和计划运行，防止出现偏差，以保证管理目标的实现。有效的控制活动可以保证组织部门排除不良因素的干扰，取得理想的效果。例如，国防物资采购审计从本质上讲是一种管理制度的改进，有利于强化对国防采购权力的制约。推进国防采购审计是军队落实控制理论及其实践方法的重要途径，国防采购审计通过对国防采购行为活动进行监督审计，从采购预算编制、采购计划订立、采购业务展开、采购成本核算、采购资金支付等各项业务流程以及各级采购利益主体进行控制，从源头上防止各项业务风险的产生[1]。通过赋予审计人员对采购行为进行监督控制的权力，通过强化

---

[1] 刘娇阳. 军队物资采购审计研究［D］. 大连：东北财经大学，2017.

审计监督，对国防采购实现预算控制、计划控制、成本控制、合同控制、支付控制，同时将管人、管物、管钱等有效结合起来，强化各项制度建设，创新审计方法，规范国防采购管理秩序，提高国防采购经费管理效益，起到内部牵制和监督的作用。

第二章

国外国防科研生产及国防采购法规制度经验及启示

第一节 组织管理经验和工作特点

一、美国

1. 国防科研生产

1）美国国防部科研机构

美国国防部科研机构包括国防部下属的国防高级研究计划局（DARPA）、国防实验室、研发中心和试验中心。此外，国家核军工管理局（NNSA）及其下属的实验室虽然隶属于能源部，但在核武器、核动力装备的发展上起着重要作用。其中：国防实验室和研发中心63家，主要分布在陆军部（25家）、海军部（27家）和空军部（9家），雇员超过6.7万人；试验中心，即重点靶场和试验设施基地（MRTFB）23家；DARPA直属于国防部长办公室，宗旨是"阻止对手技术突袭，并向对手施以技术突袭"，负责向各军种提供先进的技术；国家核军工管理局管理着3家从事核武器研发的国家级实验室和2家从事核动力技术研发的非国家级实验室[1]。

美国国防部科研机构具有独立法人地位，国防部指令要求其履行"科学与技术、工程开发、已部署装备的工程保障和现代化"职能。这就使它们不仅定位于

---

[1] 徐希悦，姜明辉. 美日俄国防工业创新平台的模式研究[J]. 知与行，2017（4）.

装备发展的前端,即科学知识的发现、技术的发明和创造,还作用于装备发展的中端和后端,参与装备开发、采购、运行与维护工作。

2)美国国防部科研机构主要作用

(1)引领国防基础性前瞻性创新

美国国防部高层反复强调,今天的军事优势是过去几十年国防科技发展的结果,今天的技术优势决定未来的军事优势。国防部科研机构既是国防科技创新的骨干,又是保障国防科技全面、协调、持续、稳定发展的核心,为美国保持全球军事技术优势起到了战略基石的作用。它们不走市场化道路,不参与国防科研任务的市场竞争,科技经费基本全部来自政府预算拨款。

其中,DARPA、陆军研究实验室、海军研究实验室和空军研究实验室主要着眼于未来 10~20 年甚至更长远的发展需求,超前开展企业或大学无力或不愿承担的大规模、高风险、周期长、多学科交叉的基础性前瞻性研究,产出一大批具有划时代意义革命性成果。除自身开展研究工作外,这些机构还组织企业、大学、非营利机构等创新力量开展重大技术攻关。其中,DARPA 没有自己的科研设施,依靠短期聘用的项目经理提出和设计颠覆性技术项目,然后利用企业、大学、国防实验室和研发中心等各类科研力量开展研究。

例如,陆军研究实验室正在探索量子传感技术,预期性能比传统传感器高几个数量级,且可在 GPS 拒止环境下使用,能大幅提高美军导航和探测能力;海军研究实验室长期开展大功率光纤激光器和电磁轨道炮等新概念武器研究,是美国定向能和动能武器科研计划的组织者和领导者;空军研究实验室从 2006 年起,组织通用电气和罗尔斯-罗伊斯等公司开展自适应发动机技术研究,以满足第六代战斗机研制需要;DARPA 于 2017 年 6 月启动"电子复兴"计划,统筹各类创新力量,研发全新微系统材料、系统架构及电路设计工具和方法,为下一代电子学和微系统发展奠定基础。

(2)支持装备采办、部署和保障

美国国防部科研机构不仅从事装备早期的技术研究工作,还广泛参与装备的研制、采购和保障,甚至支撑作战任务,提供技术咨询、技术评估和试验鉴定等服务。在装备研制和采购项目招标过程中,国防部科研机构可能参与需求制定、招标和评标、合同谈判和签订、项目实施和验收等环节,确保国防部在与供应商的交易中始终作为一个"聪明"买家。

据统计,陆军研究实验室、海军研究实验室和空军研究实验室约50%的经费都用于支持装备采办和运行与维护,如海军研究实验室2015财年的10.44亿美元总经费中,4.88亿美元用于武器开发、采购和运行与维护。装备研发中心一般都与相应的装备发展部门建立合作关系,开展更多支持采办和后勤的工作,如陆军武器研发与工程中心对口武器项目采办部门,其75%的经费都投向武器研制、采购和保障。

(3)承担特殊装备和技术研发任务

美国国防部科研机构还承担核武器及核反应堆堆芯设计、生化武器、含能材料及弹药等特殊装备和技术的研发。这类装备和技术具有重大战略性,对投入、安全和保障的要求极高,不宜市场化,私营机构一般也不愿承担。国防部核生化防御项目局、导弹防御局负责美军相关敏感项目的研发和采购;陆军埃奇伍德生化研究中心是美国最重要的非医学生化科研机构,承担烟雾弹、吸入毒理学、过滤科学、生化战、气溶胶物理学等领域的研究任务;洛斯·阿拉莫斯国家实验室是能源部下辖的最大实验室,拥有约1.2万名雇员,承担美国各种型号核弹头的研制,发展先进核武器技术,持续推进核武器装备现代化,保证战略核力量安全、可靠和长期有效。

(4)推动军事技术向应用转移转化

美国国防部对"技术转化"的理解是"将新技术从实验室或研究环境转移至采办项目和作战人员的过程,技术转化通常发生在先期技术开发结束以及新产品开发启动之时"。各军种国防实验室和研发中心在技术转化过程中发挥着核心作用,它们将新型技术集成到装备或作战环境中进行试验,推动技术的工程应用。例如,陆军武器研发与工程中心与弹药采购部建立合作伙伴关系,让后者参与项目的规划、实施和验收,并与后者签署技术转化协议确保技术的顺利应用;海军水面战中心和水下战中心每年组织针对特定主题的技术演习,演示先进海上技术,以促进技术的成熟和转化。

在推动军事技术向民用领域转移方面,美国法律规定,国防部科研机构必须将创新成果转移到私营部门,推动国家经济的发展。为此,各国防实验室和研发中心均设立了技术转移办公室,负责推广可用于商业转化的技术专利,与企业签订技术许可协议,由企业开发新的产品和服务,进而产生经济输出、增加就业机会和税收。根据美国国防部对 505 家企业的调查,2000—2011 年,国防部科研机构共与这些企业签署 602 项技术许可协议,为企业带来 133.51 亿美元收入,其中民品业务收入 120.3 亿美元,占 90.9%。

(5)培养一流人才,运营大型设施

美国国防部科研机构不仅把人才作为资源,而且当成最可贵的科研产出。海军研究署在发布的《海军科技战略》中,始终将人才列为科技的三大产出之一,另两大产出分别是知识和转化。美国国防部科研机构培养和吸引了一批世界顶级科学家,稳定了一支超过 4 万人的强大科研队伍,积累了雄厚的人才和技术储备。例如,陆军研究实验室共产生了 14 位诺贝尔奖获得者,39 位国家科技奖章获得者。此外,陆军研究办公室、海军研究署和空军科学研究办公室管理着国防部基础研究经费,其中半数以上都投向大学,资助理工科的教授和学生开展研究,为国防部科研机构培养后备人才。

美国国防部科研机构还运营一大批世界先进的科研设施,如高超声速风洞、核反应试验堆、超级计算机、同步辐射光源等,为从事高水平研究提供了物质基础。这些大型试验设施虽由各军种投资、管理和运营,但向国防部各部局提供试验与鉴定支持,可供所有军种、政府机构使用,在某些情况下也可供盟国政府和承包商使用。例如,陆军试验与评估司令部管理着 8 个重点靶场与试验设施基地,每天完成地面装备、航空器、导弹和传感器系统、C^4 等超过 1 000 多项试验,主要服务于国防部各部局和军工企业;海军研发中心通过中国湖等试验设施,对水面战、水下战、空战、空间与海战等领域的武器系统进行全面测试和评估;空军试验中心囊括了阿诺德工程开发复合体、第 412 试验联队和第 96 试验联队,分工进行航空装备发动机、航空电子、弹药等系统的工程技术分析和试验评估。

(6)参与实施国家重大科技计划

美国国防部科研机构通过参与国家科技计划,发挥国防科研能力与成果的溢出效应。在"美国制造"国家计划下,国防部牵头成立了 8 家制造创新机构,其中多由国防部科研机构负责运行和管理,如柔性混合电子学制造创新机构由空军研究实验室作为首席技术部门协调政府不同部门的需求,陆军研究实验室负责技术项目的管理。近年来美国政府实施的"大数据研究与发展计划""材料基因组计划""纳米技术计划""机器人计划"等重大科研计划中,国防部科研机构均发挥了重要作用。

扩展阅读 2-1:美国空军研究实验室(AFRL)[①]

一、AFRL 的任务使命

AFRL 特别注重面向未来超前部署科学技术研究,期望建立一个具有持续创新力的世界级研究实验室,使美国空军不断保持领先的技术竞争力,以支持美国空军全球战略目标的实现。其具体使命是引领军事技术的发现、发展和集成,推动新技术转化为作战能力,确保美国在空中、太空和网络空间保持技术优势。

从整体上讲,AFRL 的工作侧重于科学研究和技术开发,其主要任务是负责美国空军基础研究、应用研究和先期技术开发项目的规划、管理和实施工作,为保障美国空军能够对全球任何地点、任何时间发生的任何事件做出快速反应提供强有力的技术保障。为获取持续的创新能力,AFRL 非常注重基础研究的科研布局,不断加强与工业界和学术界的合作交流,建立一个面向合作者开放的世界级研究实验室。AFRL 在基础研究中取得的成果为电子、通信、先进制造和现代医学的显著进步做出了贡献。AFRL 技术开发取得的科研成果也已经广泛应用于现代空战装备和武器系统中,例如闻名于世的 F-22 隐身战斗机、F-117 隐身轰炸机、C-17 运输机和 B-2 轰炸机等,都与 AFRL 相关。

除科学研究和技术开发外,作为一个全功能性的实验室,AFRL 还承担了大量的其他科研管理工作,包括制定美国空军整体科研计划的预算,管理美国空军技术转让,组织同民营企业的科技交流,以及负责管理美国空军的小企业革新研究计划、军民两用科学技术计划、促进高中生技术教育的空军科学展览计划,负责监督航空航天工业界实施的独立研究和发展计划等。

---

① 杨未强,李荧,宋锐,等. 美国空军研究实验室组织管理与科研规划分析 [J]. 国防科技,2018,38(5):86-90.

二、组织管理

AFRL 分支机构及主要的研究站点分布如图 2-1 所示。AFRL 的组织机构包括一个总部机关,以及分散在美国本土各地的 9 个主要科技部门,即空军科学研究局、711 人机工效联盟、航空航天系统部、定向能部、信息部、材料与制造部、武器弹药部、传感器部和航天器部。另外,AFRL 在世界各地还设有 40 个科学技术办公室。

图 2-1 AFRL 分支机构及主要研究站点分布图

三、科研规划

面向空军需求制定发展目标,AFRL 科学技术研究的发展目标主要是根据美国的空军需求而制定,按照时间阶段分为长期、中期和短期目标。

第一部分是 10~25 年的长期目标。长期需求瞄准的是美国空军的未来能力,主要由空军总部首长负责牵头制订的长期战略计划生成。根据长期需求,AFRL 以空军层面的战略规划为主要指导,参考空军战略、科技愿景/地平线等战略性指导文件分析科技机遇,超前部署面向未来战争形态的基础研究,这些基础科学研究有可能衍生出新的军事技术,并用于设计未来战争。

第二部分是 5~10 年的中期目标。中期需求主要面向空军装备司令部下属的产品生产中心。中期需求侧重于为近、中期军事能力提供技术选项,需要科技部门研发出能够用于下一代装备的成熟技术。针对中期需求，AFRL 主要瞄准下一代装备研发、现有装备改进和成熟技术的先期验证。这些科技在军事上的应用将会加速战争形态的演变。

第三部分是 1～5 年内的近期目标。近期需求主要面向空军作战司令部。这一部分需求主要为具有作战能力的概念样机需求，需要科技研发部门根据现代战争的特点规律做出快速反应，研发出能快速转换为战斗力、可重塑作战样式的能力概念样机。

四、立足科技动态制定发展战略

科技发展战略是 AFRL 制订科技发展计划，确定科技发展项目的指导性文件。AFRL 作为美国空军主要的科技研发机构，是空军顶层发展战略制定过程的主要参与者。确定顶层发展战略后，AFRL 以顶层发展战略为指导，并根据全球科技发展动态和对科技的理解，制定美国空军基础研究发展战略和相应技术方向的发展战略。

1. 协助空军制定顶层发展战略

顶层科技发展战略的制定，需要一支规模庞大的需求论证评估队伍。AFRL 负责规划和管理美国空军所有的基础研究项目，并长期从事基础研究、应用研究和先期技术研究，对技术发展有着深刻的理解，是美国空军发展战略制定的主要参与者。如空军科技战略 2010、空军科技计划 2011 等战略性文件就是由 AFRL 制定的。

2. 制定空军基础研究发展战略

AFRL 下设的空军科学研究局（AFOSR）是美国空军所有基础科研项目的规划和管理单位，AFOSR 的使命是发现、确定和支持对美国空军未来具有深刻影响的基础研究，确保美国空军在空中、太空以及网络空间的技术优势。AFOSR 以顶层战略描绘的科技愿景为指导，结合科技发展最新动态，制定美国空军基础研究的发展战略。

AFOSR 的基础研究管理非常注重把握全球范围内的科技动态、革命性基础研究的培育以及基础研究成果转化。这是 AFOSR 完成自身使命、确保制定最具指导性基础研究发展战略的关键：

一是在全球范围内搜索并确定研究突破点。为能洞悉基础研究发展的最新动态，AFOSR 敦促所有项目经理定期与国际顶尖科学家和工程师进行交流；通过三个国际性技术办公室（伦敦、东京和圣地亚哥）加强与国际研究机构的沟通和合作，增强科技发展形势的研判能力；每年赞助召开约 165 次科学研讨会和国际会议，通过技术交流掌握科技发展的最新动态。

二是瞄准空军需求积极培育革命性的基础研究。AFOSR 在美国 201 所大学里共投资 1 291 个基础研究项目；在军内 AFRL、美国空军大学和空军技术学院，共投资 313 个基础研究项目；AFOSR 共支持 1 900 余名研究员、3 500 余名研究生和 600 余名博士后进行基础研究。

3. 聚焦长期挑战，规划科技发展

AFRL 科研项目的规划和管理有其自身的特点和方法。该实验室提出"聚焦长期挑战"的项目分类法，主要目的是规划科研项目的投资和管理。AFRL"聚焦长期挑战"项目分类法如图 2-2 所示，通过逐层分类最终把能力需求转换为具体的研究项目或观望技术。

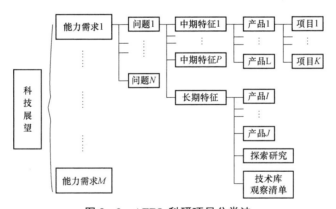

图 2-2 AFRL 科研项目分类法

扩展阅读 2-2：美国在国防预算削减时期力保基础科研

2013 年 3 月自动减赤机制启动后，美国国防预算面临冷战后第二个紧缩期。未来 10 年，国防预算将削减近 5 000 亿美元。国防预算紧缩危及国防工业基础，已引起美国各方高度重视，纷纷提出应对措施建议，力保基础科研就是其中之一。

1. 维持国防研发投入,加强基础科研投资

美国政府反复强调,预算削减时期要维持国防研发投入,尤其是基础科研。美国政府认为:"今天享有的技术优势和军事实力是过去几十年向国防基础科研大量投入的结果,未来国家安全离不开强大的研发基础。"第二次世界大战之后,美国一直保持对国防基础科研投入的持续稳定增长,奠定了其国防科技在国际上的绝对主导地位。美国国防部也要求加强前沿技术研究,寻求技术突破。2013年,国防部负责采办的副部长肯德尔和负责研究与工程的部长助理夏弗分别表示,要避免只支持成熟度高、经济可承受项目的做法,加强投资处于基础研究阶段的概念,寻求技术突破,尤其是在太空、网电、大数据、人机系统等领域,为美国创造不对称优势。为推动技术发展,须持续开发技术验证机,即使以牺牲采购和部署为代价。

国防预算进入本轮紧缩后,相比于总预算及其他大部分项目,基础科研受到特别保护。2013 财年,国防部总预算下降 7%,采购预算下降 5.5%,研发预算下降 4%,而基础科研则保持在 2012 财年水平。在 2014 财年国防预算申请中,相比于 2013 财年申请额,在研发费用下降 3%的情况下,基础科研费用从 118.7 亿美元增加到 119.8 亿美元。

2. 出台战略框架,提出新的战略目标

美国国防高级研究计划局也出台战略框架,重申"推动技术突袭,维持美国技术优势"的使命。这份名为"推动技术突袭:美国国防高级研究计划局在变化世界中的使命"的文件由国防部长和国防高级研究计划局局长共同签发,在认识到"长期来看国防费用缩减不可避免"的情况下,重申自己的使命定位,提出三大战略目标:一是为保障国家安全开发突破性能力,重点是改变游戏规则的新系统技术,多层次、多技术作战概念,自适应系统与解决方案;二是催生差异化、超强的美国技术基础,指出美国国防高级研究计划局必须利用和超越商业可用技术,并利用各种力量催生革命性的新技术能力;三是坚持美国国防高级研究计划局当前以项目经理为核心的组织管理模式,确保当下和未来的健康与活力。

2. 国防采办

武器装备采办市场的发展受成熟度、政治制度、军事体制、武器装备需求规模、工业基础与实力、历史继承与文化因素的影响。这些因素使得世界各国的武器装备采办组织体制既有共性的规律，又有鲜明的特色。

1）美国装备采办主要有三大角色：立法机构、行政部门和工业界[①]

（1）立法机构

立法机构主要指国会，一是通过立法确定国防部的采办政策及组织机构。国会为采办计划授权、拨款并监督重要计划的实施。二是国防预算功能，参众两院武装部队委员会行使其"监督职能"，对年度国防授权议案进行审议。三是国会的监督职能，总审计办公室参与监督采办体制。总审计署受总统任命和参议院批准的美国主计长领导，审查陆军中型卡车采办计划；国防工业重组及其节约情况；武器采办系统计划；陆军现代化规划；国防贸易数据问题；国际合作计划，如中程防空系统等。

（2）行政部门

行政部门包括白宫、管理和预算办公室、国家安全委员会和国防部。实行装备采办由国防部统一领导、军种负责实施的体制。国防部是美国装备采办的最高领导机构，负责装备的规划、计划、协调、审查与监督工作。在国防部的领导下，负责采办、技术与后勤的国防部副部长是装备采办的主管官员，同时兼任国防采办执行官，俗称"采办沙皇"（Acquisition Czar）（1989年，新任国防部长里查德·B.切尼批准了《国防管理审查》，进一步精简了采办机构，设立了俗称"采办沙皇"的这一职位。这一职位正式称呼为负责采办与技术的国防部副部长，并在1999年更名为"负责采办、技术与后勤的国防部副部长"）或国防采办执行官。他对采办系统的政策和管理全权负责，领导制定装备发展工作的方针政策，编制规划与计划和年度预算，审查和管理重要武器系统的研究与采购计划，协调三军的科研与采购活动，直接掌管战略武器及跨军种的计划项目。陆海空三军在国防部内是独立的部门，每个军种的一项重要职责是采办装备以满足作战人员的需要，即

[①] 总装备部情报研究所. 美、英、法、德、日国防采办系统比较 [R]. 2001：3.

作为采办执行机构存在。军种采办机构分两条线：一条线是军种采办执行官系统，由采办计划执行官、项目主任具体分管装备采办计划；另一条线是军种装备司令部系统，其中海军是 5 个系统司令部，按专业分工下设若干部或局，分管种类装备采办工作，管理那些不由采办项目指挥线管理的项目。

（3）工业界

工业界有成千上万的大小企业，涉及各行各业，为其提供产品和劳务。美国的军工企业分为三种类型，即国有国营、国有私营和私有。国有国营企业指政府的国营兵工厂和装备维修厂，如隶属国防部的海军造船厂和海军军械厂。国有私营企业指企业资产归政府所有但由私人承包经营的企业，如一些弹药厂、武器生产厂、能源部的核武器研制生产综合体等。私有军工企业是美国国防工业的主要力量，它以合同的形式承担国防部大部分的科研与生产任务。从厂商层次来说，分为系统主承包商、分系统承包商和零部件/原材料供应商三个层次；从承担的职能来看，基本上由科研、生产和维修三大部分组成。在美国国防科技工业体系中，核心力量是处于主承包商层次的大企业，这些企业多是跨专业领域的私营企业，既有以国防部门为主要客户的大公司，例如洛克希德·马丁公司、通用动力公司；又有产品既针对军品市场又面向民用的企业，如波音公司；还有产品范围极其广泛、军品销售额所占比例较低的企业，如通用电气公司。

美国的武器装备采办组织体制也是经过不断的发展完善而来，大致经过了分散管理、部分集权与统一管理三个阶段：

第一阶段主要是 1958 年以前，美国三军分别设有相对独立和完备的武器装备采办管理机构，负责各自的采办工作。第二次世界大战前，美国政府设有军事部和海军两个军种部，都设有独立完整的采办系统，分别负责陆军与陆军航空兵、海军与海军陆战队的相关工作，设立"陆军与海军联合委员会"协调两个部门的工作，但作用有限，没有统一的集中领导机构。第二次世界大战后，经过经验教训总结，美军认为缺乏全军集中统管采办会造成军种间的资源分配、项目轻重缓急和过程管理的很多问题，应该成立一个全军集中统一的管理机构。因此，1947 年后设立了国家军事部（1949 年改名国防部），下属陆、海、空三个军种部，负责制订统一的战略计划并对三个军种实施指导。尽管如此，三军分散采办的体制仍然没有得到根本的改变。

第二阶段的标志是 1958 年"国防研究与工程署"的组建,标志着美军对于国防科研工作开始了统一领导,该部门负责制定全军科研发展规划和计划,包括研究、发展试验与鉴定工作,这样武器装备采办的一部分工作开始全军统一管理。1961 年实行的规划计划预算编制体制（PPBS）,将国防计划和经费预算集中于国防部长办公厅统管,对于扭转三军各自为政、互不协调的局面也起到了非常积极的作用。

第三阶段开始于 1977 年,在国防部中,常务副部长下设一名负责研究与工程的副部长,统一领导全军国防科研和武器装备成品采办工作,以后几经变迁和调整,但武器装备采办由国防部统一领导的体制没有发生根本性的变化。20 世纪 80 年代后期开始,美军逐步加强武器装备研制、购买与使用保障工作的结合,逐步将使用保障也纳入全军统一的管理体制中,逐步形成了科研、采办和使用保障一体化的全军统一领导体制。

2）当前美军的武器装备采办组织体制

目前,美军的武器装备采办组织体制主要由立法与采办决策层、采办管理与监督层、采办执行层、社会组织和供应商组成。

（1）立法与采办决策层

美国武器装备采办立法机构同时也负责采办重大决策。美国国会是美国立法机构,负责制定武器装备采办相关的法令,还承担着武器装备采办重要决策的功能,审批重大武器装备采办项目并监督武器装备采办的实施。国会参与武器装备采办的常设机构包括参议院的军事委员会、拨款委员会和预算委员会,众议院的军事委员会、拨款委员会和预算委员会。它们通过有关的小组委员会和专门小组,以召开听证会形式,审议国家安全战略和武器装备采办计划。国会总审计局协助有关委员会分析论证总统提交的国防预算。国会有权核准、否决或修改国防采办计划及其预算提案。

总统作为最高行政首脑兼武装部队总司令,是武器装备采办体制中的最高决策人和协调者。总统负责制定国家安全目标,下达防务决策指示和提交国防预算。总统主持的国家安全委员会是总统制定国家安全政策的决策机构,负责审议有关国家安全的重大事宜，包括防务目标、军事战略和重大武器装备采办计划，并提出决策性建议。总统办公厅的行政管理与预算局负责综合审查和平衡包括国防预算在内的所有政府部门预算，经总统批准后提交国会审批。总统科学技术顾问主管的白宫科技政策办公室协助总统制定国家科技政策，并协调军用与民用科研项目，审理军事技术转让事宜。

（2）采办管理和监督层

美国国防部在武器装备采办管理中发挥着核心作用，作为武器装备采办的集中统管部门，负责根据国会核准的预算和总统下达的指示来编制防务政策指南，统一领导全军武器装备采办工作，制定政策措施和规划计划，并组织实施、管理、协调和监督。

国防部长办公厅担负着整个国防部的综合性管理职能，负责制定采办政策、规划计划，并统一负责国防合同的履行监督、合同审计、合同支付与合同仲裁。

国防部通常采用委员会这种横向机构的方式进行采办决策：美国在国防部设立国防采办委员会，负责对武器装备型号的研制和采办进行"闸门式"阶段审查；设立国防规划与资源委员会，负责对重要武器装备系统在费用上把关；设立国防科学委员会，负责就国防科技和军工生产等方面的重大问题向国防部领导提出咨询建议；设立费用分析改进组，负责评估武器装备采办计划的全寿命费用。此外，在参谋长联席会议设立联合需求监督委员会，代表用户在国防采办委员会阶段审查之前对武器装备采办计划进行预先审查。某些重大武器装备采办项目，如果这三个委员会还难以决断，就要提交国防部长亲自主持的国防最高决策机构"执行委员会"审议裁决，如果仍难决断，就要提交总统或国会裁决。

美国在军种部一级也设有相应的武器装备采办决策审查委员会，充当军种首脑在武器装备采办方面的助手。它们在国防部统一指导和协调下负责制订和实施各自的武器装备采办计划，审查本军种的所有武器装备采办计划，重要计划经军种审查委员会审定并经军种部长批准后，送国防部采办委员会审批。这些委员会包括陆军部长助理（研究、发展与采办）主持的"陆军武器系统采办审查委员会"、空军部长助理（采办）主持的"空军武器系统采办审查委员会"、海军部长助理（研究、发展与采办）主持的"计划决策会议（海军）"和"计划决策会议（海军陆战队)"。

(3) 采办执行层

美国三军是武器装备采办的执行部门,负责本军种武器装备采办的具体组织实施。主要工作包括提出武器装备需求、编制预算、安排采办计划、探索技术途径、验证研制方案、选择供应商、订立合同、组织试验鉴定、提供技术保障等。

(4) 社会组织

美国武器装备采办组织体制具有广泛的社会支撑体制,社会组织在咨询、评估、审计等方面承担着重要角色,像兰德公司这样的智囊团体更是能直接影响到武器装备采办的决策行为,美国地方仲裁和法院在采办活动中也可发挥作用。

(5) 供应商

美国拥有世界上最为庞大、实力最强的武器装备采办标的提供方,即供应商集团。这些大公司多是军民两用,既存在着相互竞争,又有一定程度的垄断。

3) 美军武器装备采办计划管理组织体制

美国武器采办的大政方针、资源分配和重要计划是由国家高层领导决定或调控的。武器采办计划管理体制大致分为三层:第一层是国会和总统,负责制定国家安全目标、审批国防预算(包括武器装备计划项目预算);第二层是国防部,负责依据国会核准的预算和总统下达的指示来编制规划指南,协调和制定全军的武器装备采办计划和预算;第三层是军种总部,在国防部统一指导与协调下,负责制订管理各自的武器采办计划。

(1) 国会的计划管理机构及其主要职能

美国国会在武器装备采办计划管理方面的主要职责是审批国防采办预算并监督有关行政部门(国防部、能源部和航空航天局等)实施采办计划。国会主要通过两种独立的立法程序掌管武器装备科研生产计划。先是通过年度国防授权法案,决定新开始和继续实施的武器装备采办计划;继而通过年度拨款法,为国防部等部门提供实施计划所需的经费,未经国会有关授权机构批准的武器装备采办项目,拨款机构不得为其拨款。国防授权法和国防拨款法还明确规定,国防部必须定期向国会报告国防采办计划的实施情况。

国会中与武器装备有关的机构共有 6 个,即两院的军事委员会、拨款委员会和预算委员会。两院的军事委员会主要负责从军事需求角度审定国防科研与生产计划项目，尤其是重大项目的必要性。委员会成员大多为防务问题专家，对国防态势、局势需求、武器研制与生产和国防部的工作状况都比较熟悉，能够分析、评定国防部的采办计划及其预算提案是否必要和恰当。

两院的拨款委员会主要从经济角度评价和审定国防计划项目的可行性，对涉及经费的问题，如年度国防预算提案和临时追加拨款申请等进行审议。国防采办计划及其经费的审定，主要由两院的军事委员会和国防拨款小组承担。

另外，在国会还有一些立法咨询与辅助机构对计划项目进行审核和鉴定。总审计局对包括国防科研生产的各项重大项目的政府计划、活动和工作进行审核和鉴定。主要审核计划或活动是否合法，向国会提供的材料是否准确，公款使用是否合理，计划管理是否有效。另一个重要的机构是国会技术评价局，其基本职责是对新技术可能产生的影响进行评估，向有关当局和国会提出有关建议。

（2）国防部的计划管理机构及其主要职能

美国的武器采办工作由国防部统一领导、全面规划，为保证装备建设的科学性、经济性和适用性，设立了不同的机构对装备的计划管理环节进行评定，保证武器装备经济、有效和协调发展。

① 国防部决策层次。国防部专门设置了决策保障机构——联合需求监督委员会、国防规划与资源委员会，在需求生成、资源分配和计划绩效评估方面履行相关职能。联合需求监督委员会（JROC）由参谋长联席会议副主席领导，是美国国防部协助参联会主席确定和评估联合军事需求的重点项目，是满足国家军事战略的高级委员会。该委员会负责审议美军在作战能力方面的缺陷，明确各部门军事需求及其优先次序，提出三军共同研制、生产的武器项目建议，向国防采办委员会提交核准的军事任务需求书，为采办计划的制订提供依据。

国防规划与资源委员会（DPRB）由国防部常务副部长主持，是美国国防部统管全军资源分配的组织。其基本职责是就有关美国防务规划、计划项目和预算编制问题向国防部长提供决策性建议，审查三军和国防部各业务局的计划和评定他们实施计划项目的情况。

② 国防部执行层次。除了上述机构外，国防部内部还从采办计划制订、全寿

命费用管理方面建立了执行层次的计划管理机构。分别是国防部长办公厅下属的计划分析与鉴定局、费用分析改进小组、负责科学和技术的副国防部长帮办办公室。

计划分析与鉴定局由一百多名文职和军事分析人员组成,由国防部主计长领导,负责评估各军种上报的采办计划,包括采办计划项目的正当性、资源要求、军事能力和风险,提供对武器装备计划的独立分析,负责审查和评估三军提出的《计划目标备忘录》,并进行资源平衡和协调,为国防部长对备忘录的项目做出最后决策提供咨询意见。

费用分析改进小组由国防部负责资源分析的副部长帮办领导,是专门负责重要武器装备项目全寿命费用评价的机构,其职能是对各军种或国防部业务局提交的重要武器装备项目独立费用估算和办公室的费用估算进行评价和鉴定。

(3) 军兵种的计划管理机构及其主要职能

在计划管理机构的设置上,军兵种一级与国防部基本相似。在军种总部,有军种采办执行官,负责本军种的采办计划管理,其职能构成、职责和运行方式与国防部的机构相对应。

陆军采办执行官是负责采办、后勤与技术的陆军助理部长。他负责采办与后勤系统的政策与管理工作,其总部由六名校级帮办组成,负责向其助理部长提供支持与建议,其中包括负责规划、计划与政策的帮办。

海军采办执行官是负责研究、发展与采办的海军助理部长,负责制订海军的采办政策及管理海军采办系统。海军的军种采办执行官由5名职能主任协助工作,其中包括一名负责规划、计划与资源的职能主任。

与国防部的费用分析改进小组相对应,各军种也设有费用分析小组,主要职责是从军种的角度就重要的武器系统做出独立的全寿命费用估算,同时对项目办公室的费用估计进行评估和鉴定,为计划的制订和调整提供依据。

二、俄罗斯

俄罗斯继承了苏联庞大的国防工业体系,在国防工业结构布局几经调改之后,形成了以工业界、国防部科研机构为主,俄科院、高校广泛参与的现有国防科研体系。进入新世纪后,俄罗斯武装力量处于全面更新换代时期,对国防创新研究和前沿技术需求旺盛。国防部作为国家科研体系的重要组成，积极致力于创新体系建设、推动创新成果产出①。

1. 国防科研生产

1）组织管理机关

俄罗斯国防部职能部门庞大，包括总参谋部、13 个管理总局、26 个局、18 个司、5 个服务部、3 个总司令部、2 个司令部，以及若干国防部子机构。国防部设主管科研工作的副部长。13 个管理总局中的科研事务和前沿技术跟踪（创新研究）管理总局（以下简称"科研事务局"）、信息和远距离通信技术发展管理总局属于管理机关，负责各自领域内科研工作的组织管理。国防部设有机器人设备总科研实验中心，负责军用机器人设备研制及管理。此外，俄罗斯国防部还设有武装力量军事科学委员会等各类委员会，主要负责组织协调相关单位之间的业务。俄罗斯国防部科研体系如图 2-3 所示。

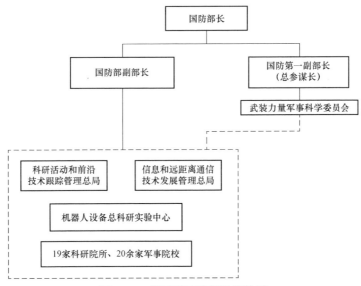

图 2-3 俄罗斯国防部科研体系

（1）科研事务和前沿技术跟踪（创新研究）管理总局

科研事务和前沿技术跟踪（创新研究）管理总局于 2014 年 3 月成立。以支

---

① 武坤琳，庞娟，朱爱平. 俄罗斯国防工业改革与发展进程 [J]. 飞航导弹，2016（12）.

撑先进武器装备研制为目的，组织国防部职权范围内的创新活动，跟踪先期技术研发、制定发展规划和投资科研项目。具体职能为：落实国防创新政策，加强国防技术储备；确立创新研究方向，创建机器人设备研究体系；收集、整理和综合分析国内外突破性、高风险技术的先进成果和工业潜力；强化军事管理机构间信息交流，建立军用、特种和两用技术统一信息平台等。

组织管理中紧密联系实际应用。科研事务局同其他军事管理机关紧密合作，以征集必要信息，掌握各军、兵种对前沿技术的需求。还通过参加各种规模的军事演练，积累各型武器装备的使用经验。此外，在国防部创新日等重要活动期间组织大型会议，同科研机构、设计局等人员就业务情况进行沟通交流。

（2）信息和远距离通信技术发展管理总局

2008年俄罗斯国防部成立了新的军事管理机关——信息和通信技术发展司，主要职责为：提高军队及武器装备控制系统效能，制定和落实国防部关于信息和通信技术方面的统一军事技术政策，协调武装力量指挥管理系统技术基础的发展。2014年3月，该司升级为国防部信息和远距离通信技术发展管理总局。

（3）机器人设备总科研实验中心

于2012年11月成立，上级领导机关是科研事务局。机器人设备总科研实验中心本身既是管理机关，也是科研单位。主要职能是：从事军用机器人设备的科学研究和演示验证，履行国防部机器人设备研究领域的组织管理职能。

（4）各委员会

武装力量军事科学委员会。前身为1999年10月成立的总参谋部军事科学委员会，2009年9月更为现名，是国防部科研事务领导机关，主席由武装力量副总参谋长兼任。具体职能包括：研究武装力量未来建设、训练和使用问题，拟定与健全科研体系有关的建议和规范，完善各联合部队的作战使用方式方法，研究武器装备发展及相关问题，协调国防部所属科研机构、高校、俄科院等机构间业务，完善武装力量军事科学体系，根据实际需求健全法律基础，发展仿真和试验基地，组织和协调对外军事科学合作等。

其他委员会。除武装力量军事科学委员会外，国防部还设有军用机器人设备发展委员会、创新项目和技术委员会等负责具体业务领域的其他委员会，这两个委员会的具体组织架构如图 2-4、图 2-5 所示。

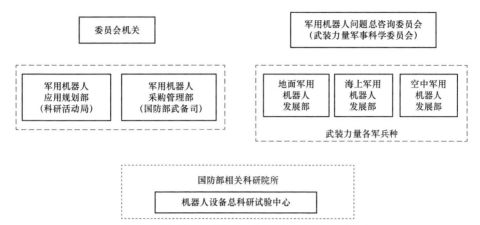

图 2-4　俄联邦国防部军用机器人设备发展委员会

图 2-5　俄联邦国防部创新项目和技术委员会

2）下属科研院所

俄罗斯继承了苏联国防部 43 家科研院所，经过合并重组之后保留了 19 家科研院所，另现有 20 余所高等院校。国防部科研体系中具有博士和副博士学位的人员有 5 000 多人，研究力量雄厚、研究范围广泛，2012 年起科研任务以每年 30% 增长，在解决武装力量建设、发展和使用等关键问题中发挥了重要作用。

（1）研究院所

俄罗斯《国家武备发展纲要》规定国防部应"进行'对潜在的军事威胁和军事技术突破有重大影响'的基础研究、应用研究，以及试验与设计工作"，包括研制武器装备制造新原理、探索未来军事任务的非传统方式、先进武器样机演示验证等。国防部所属的19家研究院所具备较强的科研实力，直接参与国防关键技术的研发，如国防部第3中央科学研究院从事火箭炮兵武器，指挥、侦察与保障自动化，作战使用方法，以及军用汽车和坦克装甲车辆、工程装备等研究工作。

表2-1 俄联邦国防部下属科研院所

科研院校（共19家）	
1. "国防决策局"科研中心	2. 国防部第46中央科学研究院
3. 国防部机器人设备科研试验中心	4. 国防部特种研究中心
5. 国防部工程部队中央科研试验研究院	6. 国防部第12中央科学研究院
7. 国防部第16红星勋章科研试验研究院	8. 国防部第48中央科学研究院
9. 国防部第33中央科学研究院	10. 国防部空军中央科学研究院
11. 国防部计量学总科研中心	12. 国家军事医学科研试验中心
13. 国防部第3中央科学研究院	14. 国防部第4中央科学研究院
15. 国防部第25国家化学研究院	16. 国防部第27中央科学研究院
17. 海军科学研究院（舰船建造和舰载武器）	18. 海军科学研究院（作战研究）
19. 海军科学研究院（救生和水下技术）	

（2）军事院校

俄罗斯国防部军事院校分为三类，分别为武装力量兵种教学-科研中心、军事学院、军事大学。其中军事学院类高校最多，达11所，主要有战略火箭军军事学院、空天防御军事学院等。具体如图2-6所示。

2. 国防采购体系

俄罗斯于1999年成立了政府军事工业委员会，是国防科研与军工生产的领导、管理和协调机构，主席由政府总理担任，一名副总理负责日常工作。该委员会的职责是：制定国防科研和军工生产发展规划，对国防科研和军工企业实施管

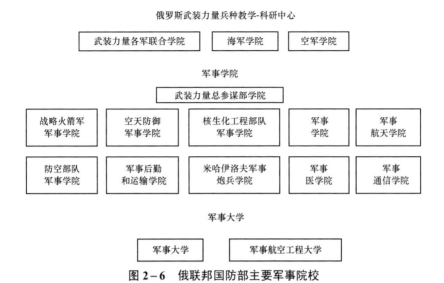

图 2-6　俄联邦国防部主要军事院校

理,根据国防会议的武器装备项目,代表国家与这些单位签订研制和生产合同等。委员会下属五个联邦专业总署:航空航天总署、弹药总署、常规武器总署、指挥系统总署和船舶制造总署,分别是各自领域科研、设计和试验工作的国家承包商,负责相应的科研和生产。

俄罗斯国防会议是最高军事权力机关,也是武器装备采办的决策机构。国防部武装力量装备部是军队武器装备发展管理的领导机构,它以军方用户的身份汇总各军兵种装备部提出的装备需求,提出武器装备项目提交国防会议审批;负责制定武器装备发展的规划计划,并对采办过程实施监督;下设装备委员会领导军队的武器装备研制和试验机构。总参谋部科技委员会负责对装备部提出的武器装备需求项目进行技术可行性评价,也承担新型武器装备的先期技术论证和技术预测工作。各军兵种装备部是武器装备采办的执行机构,在武装力量装备部领导下,负责提出需求和指标要求,向武器装备研制和生产单位派出军事代表,对研制、生产过程实施监督,并负责产品的审价和检验验收。

由于历史原因,俄罗斯的武器装备采办组织体制一直处于改革变化中,目前,已经基本形成了统一领导和分散实施相结合的体制,并不断进行完善。

3. 国防部科研创新途径

2012 年 11 月,俄罗斯联邦政府向包括国防部在内的权力部门赋予了组织创新活动的权力。国防部积极参与联邦政府创新政策的制定和落实,通过制定发展方案、加强交流合作、组织创新活动等方式,大力提升国防部科研创新的活跃度。

1)制定顶层发展方案

俄罗斯国防部积极制定多项发展方案,从顶层谋划国防科研发展。包括批准了《2016—2025年间未来武器装备所需科技储备研制方案》,以达到相关军事管理机关和科研单位的思想统一、行动统一,避免重复劳动;在《2016—2025年间国防能力保障》国家规划中单列章节对"建立科技储备系统举措"进行了详细说明。

此外,2016年2月俄罗斯武装力量军事科学委员会批准了《2025年前完善军事科学体系方案》。计划分三阶段强化国防部科研体系建设,2016年调整科研单位业务方向,完善人才培养机制;2017—2020年,改造试验和测试基地,加强与其他部门间合作;2021—2025年,改组现有科研单位并建立新机构。该方案文件还强调人工智能系统将成为未来战场的关键因素,陆上、海上机器人设备将是中短期内的重要发展方向。

2)建立交流合作机制

2013年以来,国防部先后与俄科院、联邦科研机构管理局、先期研究基金会签署了合作协议,同时与军工研制生产企业建立了紧密合作机制,将承担国防基础性和探索性研究的科研机构,同承担装备研制的军工科研部门联系起来,充分发挥广大科研工作者的作用,实现"研有所用"。同时,举办创新日、军事技术论坛、开放式创新之窗等活动,吸纳各界力量参与国防创新。

3)开办"创新日"展示自主创新成果

2014年起,国防部开始组织"创新日"主题展,从相关企业乃至个人申请者中选拔出有创造力的国防创新方案和技术成果,集中向军方、国防工业界,以及普通公众展示。主要目的是提高军工企业创新研发的积极性,发现有价值的创新技术产品。

2015年国防部除举办"中央军区创新日""东部军区创新日""南部军区创新日"外,还举办了"创新日"和"权力机构物资技术保障"两次国际展,每次均展出近2 000份展品,并进行军用机器人及无人机的现场演示。截至2015年5

月，国防部通过"创新日"活动选定了 167 项展品，其中 128 项被认定为具有应用前景，军事管理机关对这些技术发展情况进行持续跟踪，评估应用到武器装备中的可能性。

4）举办国际军事技术论坛

2015 年起，国防部计划每年举办一次国际军事技术论坛，展示俄罗斯新型武器装备及国防创新技术理念。同时，论坛期间就国际形势及新威胁等热门议题举行研讨会和发布会。2015 年 6 月 16—19 日，国防部主办了首届"军队-2015"国际军事技术论坛，俄罗斯总统、国防部部长、总参谋长、工贸部部长等高官出席，70 余国近 20 万人次参加，展出或演示了 T-90 型坦克、BMP-3 型装甲运输车、无人机等上百种现役装备，航母、AIP 潜艇、大型两栖舰等计划发展的新一代装备模型，以及机器人、电子、新能源、航空航天等领域 1 万余项新技术。

国防部通过举办该活动，既向俄罗斯军队及工业界展示实施国防创新政策下的成绩，也激发相关单位和个人参与国防创新的热情。同时，还借此健全国防部与政府权力机关、俄科院、高等院校、大型军工集团在研制未来武器装备中的协作机制。

5）将创建"开放式创新之窗"

继"创新日"、军事技术论坛之后，2016 年国防部创建"开放式创新之窗"，与前两项活动并行，进一步提升国防创新活力。"开放式创新之窗"运作模式是，创新团队或个人可直接向国防部科研事务局提交创新研究方案，以此扩大国防部对突破性军事技术和创新研究的发现和使用。

6）成立科研连和科研生产技术连

（1）科研连

2013 年 4 月俄罗斯总统普京做出了在国防部所属科研单位和高校成立科研连的决定。科研连是国防部下属正规军，成员为通过国防部应征入伍选拔的在校生或刚毕业学生。武装力量军事科学委员会负责科研连活动的组织领导，科研连所隶属的科研单位和高校则实施直接领导职能。科研连每位成员均配有导师指导。2013 年首个科研连在沃罗涅日空军研究院成立，2014 年 5 月毕业后有 34 位成员继续留在部队服役，其余进入军工企业工作。截至 2015 年 6 月，国防部共成立了 8 家科研连。

（2）科研生产技术连

2014 年，总统普京向国防部指派成立科研生产连的任务，提出给国防工业界企业的年轻技术人员参军入伍的机会，以军人身份继续接受锻炼学习。2015 年 6 月，在科研连陆续组建及稳定运行后，国防部第一个科研生产连在克拉斯诺达尔地区的兹维列夫机械厂成立。随后又在塞瓦斯托波尔第 13 造船厂和坦波夫"革命劳动"工厂劳动成立了两个科研生产连。

国防部规定每个科研生产连不超过 50 人，依托的军工企业名单由国防部和联邦工贸部共同商定。科研生产连成员须满足征兵条件，且接受过中、高等教育，进入军工企业后以维修和生产武器装备的形式服役，期满后可选择留在国防部下属企业就职。同科研连一样，科研生产连成立的主要目的也是为国防工业培养具有实际经验的人才，缓解当前国防工业各层次人才短缺的困局。

苏联解体至今，俄罗斯国防工业经历了急速衰败到逐渐复兴的艰难发展之路。近年管理体制和结构布局在大幅调改后趋于稳定，俄罗斯将国防工业发展重点更多放在了科技创新发展和生产效率提升上。2016 年 5 月，联邦政府批准了《2016—2020 年俄罗斯国家国防工业发展纲要》，其中发展目标为"在促进国防工业发展和利用创新潜力的基础上提高产品竞争力"，并要求"2020 年前国防工业创新产品占比从 2016 年的 34.4%增至 39.6%"。

从以上研究可见，近年俄罗斯国防部科技创新活跃度显著提升，表明其已经在积极响应国防工业发展纲要。结合俄罗斯国防部的科技发展相关战略来看，未来仍会继续着力国防创新发展，联合工业界科研力量，共同致力于俄罗斯国防工业发展战略目标的实现。

俄罗斯对科技管理体制进行了改革。改革后俄罗斯科研组织结构分为三个层次：第一，科技最高决策机构，包括总统（通过总统科技政策委员会）、联邦议会，负责决定科技领域的重大方针政策，属于领导核心；第二，联邦政府的科技管理机构，包括政府科技政策委员会、教育科技部、经济发展部等，主要任务是代表决策机构监督科技政策的贯彻执行；第三，科研机构，包括科学院系统、部门研究机构、高等院校和企业科研机构等4个系统。科研归口管理机构是俄联邦教育科技部。

7）推动国防工业企业多样化经营，拓展资金渠道

2017年2月底，俄罗斯在"索契-2017"论坛上召开了"国防工业系统多样化和地方化发展"的圆桌会议。会上政府总理梅德韦杰夫和副总理罗戈津的发言充分体现了当前俄罗斯军民协同发展的新理念，也带动了对国防工业系统创新发展模式的积极探索。

俄罗斯军事工业委员会副主席罗戈津不止一次强调要转变国防工业发展思路，加强"多样化经营"，某种意义上说是俄罗斯"军转民"思想在国防工业企业中的体现，旨在增加民用产品在国防企业收入中的比例。俄罗斯工业领域传统上军强民弱的特点是其"多样化经营"羸弱的根源，但由于在可预见的未来（2020年后）俄罗斯在实现武器装备现代化目标之后，国防采购的数量难以持续增长，加之国内经济形势的不确定性，促使"多样化经营"的概念近期获得俄国防工业管理人员的极度青睐。在第八届莫斯科航展上，俄罗斯总统普京亲自主持了"民用航空制造业发展问题"会议，显示了俄罗斯自上而下对民用市场的厚望。对俄罗斯国防工业企业来说，"多样化经营"概念的核心是在保障国防订货完成的同时加大民品生产力度，转变商业模式，拓展资金渠道，通过开辟民用产品市场维持企业的稳定和发展。

俄罗斯在2014年年底出台了《工业政策法》，其中第四章为"国防工业系统中的工业政策特点"，在第21条第4款第8点中专门提出："在创新技术和军用、特种和两用的高技术产品研究和研制方面发展小型和中型企业主体。"而值得注意的是在《工业政策法》此前的草案中并无这一点，也就是说在俄罗斯国内已经逐渐地把很多非国家企业的中小企业列入军品供应商行列。另外，俄罗斯还在对军标进行持续的修订，力争与民品通用，进一步扫除民用商品为武器装备所用的障碍[①]。

---

① 孙迁杰. 俄罗斯国防工业发展之路[J]. 军工文化, 2016 (6): 80-82.

8）加强园区建设，带动国防工业基础能力发展

为落实"国家技术创新计划"，俄罗斯鼓励包括国防行业在内的工业园区进行基础设施建设，将工业和科技园区发展作为国防工业系统企业迈向新工业模式的重要手段，体现了区域化创新的特点。

俄罗斯规划的工业园区主要在以下 5 个方向发挥作用：供应商多元化、小型商务发展、未来工业项目实施、行业人力资源发展、促进行业科学发展。2012 年俄罗斯经济发展部选择了 25 个区域创新园区试点项目，涉及新材料、航空航天、船舶制造、信息技术等多个领域。

工业园区是俄罗斯国防工业整体能力提升的重要载体，往往围绕某个国防产品领域包含大量最终产品制造和配套产品生产企业、大学和研究机构分支。从区域和专业角度考虑，这些园区实际上构成了俄罗斯版的"制造业创新网络"，以斯摩棱斯克复合材料业务集群为例，形成了以新材料为主的围绕航空、航天、汽车等行业的工业群，推动了国防工业发展，同时兼顾军用和民用。

在园区政策框架下，不支持单独公司的计划，而支持联合计划，目的是快速提高园区中多个参与者的竞争力。当然，相关的拨款通常不是支持地方全部设施，而是扶持具体园区发展的关键因素，例如，建立关键专业职业教育计划或园区内集体使用的行业专用基础设施等。在园区加强基础设施建设是俄罗斯促进国防工业和两用技术发展，更大效率发挥国防工业经济带动作用的重要手段。2013 年起，政府连续 5 年每年拨款 50 亿卢布支持园区建设。2015 年，俄罗斯工业园区在职人员达 13 万人，工业税收和关税额增加了 330 亿卢布。园区发展促进了生产率提升、新公司建立、地区工作岗位增加，成为带动俄罗斯跨入更高技术层次的激励工具。

俄罗斯政府和商业界在"国家技术创新计划"基础上为工业和科技园区提供国家扶持，起到了推动创新活动的作用，使俄罗斯工业企业能够在未来国际市场上占据应有的地位，实现工业"超前发展"。

9）搭建统一信息系统平台，促进开放式竞争

对俄罗斯来说，信息数据库的建设已经成为国防工业管理和提高效率的重要手段。目前，俄罗斯统一信息平台的建设已经初见成效，在 2012 年出台的《国防采购法》中明确提出，建立含有国家国防采购结算信息的统一信息系统，遵守

俄联邦保密法要求的相关人员可访问国家国防采购统一信息系统，进行信息存储、处理、提交和使用，联邦国防事务机关被授权进行国家国防采购统一信息系统的管理和跟踪职能。俄罗斯在 2015 年后已经建设含有国家国防采购结算等信息的统一的信息系统，系统中包括采购法律法规，典型合同和典型合同条款文库，采购计划和采购路线图，采购监督、审计混合检查结果，不诚实供应商名录，申诉、计划内和计划外检查及其结果名录，银行担保清单，订货方签订合同名单，保障国家国防需要的商品、工作、服务目录等信息。通过不断更新的系统数据可以实现对合同执行方、合同进程的实时跟踪，从合同执行过程中获得更多有价值的统计数据，为后续供应商的选择提供参考。

在《工业政策法》中也提出建立国家工业信息系统，目的是保障工业政策实施和鼓励工业领域活动方面的情报信息，提高关于工业现状及其发展预测方面信息交流的有效性。俄罗斯还建立了工业园区、技术园区和集群地理信息系统，对俄罗斯相关地理分布数据进行采集、存储、整理、分析和图形显示。2015 年，该系统在"国家与治理"奖项获得了"普罗米修斯"全俄罗斯网络奖金。

这些平台的发展增加了国防采购信息的公开性和透明度，有助于在国防工业系统引入外部竞争，增强军民协同，以开放的姿态进入国际市场，增加管理有效性。可以说，互联网深刻改变着全球经济、利益和安全格局，俄罗斯以此为手段提升国防工业管理效率，顺应国际发展潮流，也为军民协同提供了平台。

扩展阅读 2-3：俄罗斯国防工业改革第二阶段大力加强基础科研

在 2000 年普京第一次当选总统后，俄罗斯启动国防工业改革，至 2011 年完成第一阶段，主要成就是加强了政府对国防工业的垂直化管理以及军工企业的大集团化重组。2012 年普京再任总统后，推动俄罗斯国防工业改革进入第二阶段，加强基础科研是其改革重要内容。

俄罗斯虽然继承了苏联大部分科研力量，但在组织管理和经费支持上存在严重问题。近 20 年时间里，俄罗斯国防领域鲜有新技术突破，苏联时期很多领先世界的技术领域逐渐被其他国家超越，优势不再。早在 2008 年，负责国防工业的前第一副总理伊万诺夫就指出，苏联时期的技术储备已基本耗尽。俄罗斯一些专家甚至认为，目前俄罗斯国防技术水平落后美国至少 10～15 年。技术储备枯竭严重制约了新一代装备的研制。例如，俄罗斯自行设计建造的首批 22350 型护卫舰，因新型无线电电子设备和防空导弹的研制以及舰上系统集成遇到技术难题，出现严重的拖进度、涨费用问题。装备第四代"北风"级核潜艇的"布拉瓦"潜射弹道导弹屡次试射失败，归根结底也是因为关键技术不成熟。

俄罗斯已经确定 2020 年军队武器装备现代化率要达到 70%。要实现这一目标，必须形成先进技术储备，支撑新一代尖端武器装备研制，显然，这需要强大的基础科研提供支撑。为扭转近 20 年来国防基础科研萎缩的不利局面，俄罗斯政府 2012 年年底以来采取了一系列措施。

1. 出台长期规划，为基础科研提供指导和经费保障

《2011—2020 年国防工业综合体发展》联邦专项计划强调，要建立领先的科技储备，10 年内研制和推广超过 1 400 项工业关键基础技术。2012 年 12 月底，俄罗斯总理梅德韦杰夫签署 2538 号令，批准《俄联邦基础科研长期规划（2013—2020 年）》(以下简称《规划》)。《规划》围绕恢复俄罗斯基础科研的世界领先地位，确保重点科技方向全球竞争力的目标，支持国家科学院、国家主要科研机构、大学等从事基础研究，主要开展五项工作：① 开展利于其经济增长、提高科技竞争力的基础科研；② 超前开展跨学科研究，建立新的储备；③ 恢复和夯实科学及教育人才队伍；④ 开展国际科研合作，使俄罗斯基础科研与世界接轨；⑤ 促进基础科研成果向应用转化。为落实规划，2013—2020 年联邦预算将投资 8 340.868 亿卢布（约 270 亿美元）。其中，前三年由《2013 年及 2014—2015 年计划阶段联邦预算》规定，分别为 2013 年 831.84 亿卢布，2014 年 873.324 4 亿卢布，2015 年 895.818 4 亿卢布。

2. 成立专门机构，组织或从事前沿技术研究

经过两年的筹备，2012 年 10 月 16 日，俄罗斯总统普京批准《"国家安全与发展"高级研究基金会》法案，正式决定成立高级研究基金会。该机构与美国国防高级研究计划局类似，主要职责是组织开展高风险技术研究，加强创新，缩短与西方国家的国防技术差距，支撑未来几代装备的研制。基金会向总统负责，主要由联邦预算支持，采用项目经理制，重在技术突破和积累，而非实物成果。2013

年 7 月，俄罗斯国防部部长绍伊古透露将成立"科研部队"，主要从事国防前沿技术的探索性研究，充当军工企业、军工研发机构等所需技术的孵化器；并提出允许在读大学生参与"科研部队"的研发项目。首个"科研部队"将在空军试点，首批招募 35 人，然后向各军种推广，最终组建 5 支"科研部队"，每支招募 80～100 名年轻科研人员。

3. 重建人才队伍

人才短缺是俄罗斯整个国防工业面临的问题，基础科研领域尤其突出。苏联解体后，俄罗斯对科研的支持力度下降，尤其是科学院、基础性研究机构、大学经费不足，人员收入低，导致人才大量流失，科研队伍严重萎缩。负责国防工业的副总理罗戈津称人才问题能否解决关乎国防工业发展政策的实施效果。俄罗斯还采取措施，提升设计人员地位。过去，军工集团领导把经济指标看得比突破技术工艺和设计更重要，设计师地位下降，许多公司甚至不设总设计师，设计局成为制造厂分部门，导致创新成果减少。2013 年 6 月，罗戈津提出要恢复和提高总设计师的地位和作用，措施之一是在军事工业委员会下设立国防企业总设计师委员会，使总设计师们摆脱企业财政利益的束缚。

通过各项措施，俄罗斯政府希望建立超前 20～30 年的技术储备，支撑未来几代装备的研制。

三、欧盟

1. 国防科研生产

20 世纪 90 年代以来，欧盟国防工业作为共同安全与防务的重要基础，在实现联合的过程中取得了突破性的进展，从武器研制、生产到采购都表现出了一体化的特征和发展趋势。然而，欧洲国防工业在一体化进程中也遇到各种各样的困难，要形成一个新型的欧洲军事工业联合体，尚需一定时日[①]。

1）创立统一的装备研究机构

1990 年独立欧洲计划集团（IEPG）9 个成员国承诺要进一步开发国防签约领

---

① 吕强，梁栋国，赵月白. 美国、欧盟、俄罗斯采取措施加强国防基础科研 [J]. 国防，2013（12）：73-75.

域。1992年IEPG改名为西欧装备集团（WEAG），负责研发长期合作的"欧几里德"（EUCLID）计划。目前，它的一个委员会正在检查未来10年的装备更新计划，从而确定技术协调的范围。1993年法德两国决定成立联合武器采办管理机构（OCCAR），统管两国的国防科研核武器采购。1996年法德武器装备局正式成立后，英国表示参加。同年秋，OCCAR开始了第一个合同即装甲车合作开发项目。虽然目前欧盟还没有制定统一的欧洲国防工业战略，但OCCAR表示将逐个进行已达成的合作性采购交易。

2003年11月，在德国柏林举行的"联邦国防军和社会论坛"上，EADS公司号召赋予欧洲理事会计划成立的"欧洲军备局"广泛的职权。EADS公司认为，欧洲武装部队的采购政策需要彻底的欧洲化，这是紧张的资源共享和被合理有效利用的唯一途径。因此欧洲军备局不能仅仅是一个摆设，而应该被赋予真正的政治地位。

为了使欧洲安全和国防政策实现更大程度的一体化，欧洲理事会计划于2004年建立欧洲军备、研究和军事局，这是欧洲理事会迈出的第一步，也是特别重要的一步。欧盟各成员国应该准备将其国家采购职权移交给欧洲军备局。只有这样欧盟国家才能将采购程序中的官僚作风降到最低，从而提高采购效率。

欧洲军备局将负责根据欧盟各国的联合要求、委托和调整用于联合采购项目的研发工作。欧洲面临的比较急迫的问题是加大研发力度，美国已经在军备研发领域投入了相当于欧洲6倍的资金。欧洲研发领域投入的不足已经造成目前国防工业的竞争劣势。如果欧洲国家还不采取积极的行动，将会对欧洲高技术领域的竞争力产生长远的负面影响。

EADS公司认为，联合的市场也需要联合的规范。过去，欧洲采购项目决定出台的程序太漫长，也太复杂。欧洲的采购项目不能再维持这种缓慢的局面，而且"项目的最小参与者也能通过否决权将自己的意愿强加于其他参与者"是不合理的。

另外，欧洲军备局也应该解决工业政策的问题，这将有助于欧洲国防工业界的重组程序。最后，欧洲军备局还将负责平衡欧洲和美国之间国防技术的市场准入事宜。目前，美国军品占领了欧洲市场的30%，而欧洲军品只占了美国市场的

0.3%。

2）组建实力强大的军工集团

西欧国家在推进本国国防工业企业联合兼并的同时，越来越多地在一些专业领域实行跨国合并或联营，以增强与美国的抗衡能力。英国国防大臣乔治·罗伯逊认为："欧洲军工企业必须进行结构调整和联合兼并，否则无法与实力雄厚的美国军工企业抗衡。"法国宣布，国防工业改革不仅要组建国家级大集团，而且要形成欧洲级的大集团，国内大联合要为欧洲大联合做准备。德国航空航天公司和法国航空航天公司联合成立了欧洲直升机公司、欧洲导弹系统公司和欧洲卫星工业公司。

1997年，法、英、德三国联合宣布筹建生产民用、军用产品的欧洲航空航天工业集团。1998年年初，法、英、德、意等国国防部部长就加速军工一体化达成共识，决定建立政策协调、财政和人才资源等分工不同的工作小组，采取纵向和横向联合的方式逐步整合欧盟的军工企业。在政府的引导下，欧洲国防工业掀起了联合的浪潮。德国宇航公司与法国国营宇航公司联营组建汤姆森–肖特火箭系统公司；英国航宇公司和法国航宇公司–马特拉公司的导弹部合并成马特拉–英宇航公司。1999年德国戴姆勒·克莱斯勒、法国航宇公司–马特拉和西班牙防务公司联合成立欧洲航空防务和航天公司（EADS），企业的武器销售总额达到了230亿欧元，在该行业成为继波音公司和洛克希德·马丁公司之后的世界第三大企业。2001年，EADS、英国的BAE系统公司以及意大利的芬梅卡尼卡公司将它们的导弹业务合并为新的导弹公司（MBDA）。MBDA公司成为世界第二大导弹制造商，仅次于美国的雷神公司，是欧洲第一家统一组成的泛欧军品公司。

（1）组建军工集团加剧了国际军品市场的竞争

联合兼并的进一步发展，促使军工集团加紧争夺国际军品市场，以获取更大份额，导致军品国际竞争空前激烈。洛克希德·马丁公司实施的"跨大西洋战略"表明美国军工同欧洲争夺军品市场的决心。波音公司和麦道公司合并旨在同欧洲航空工业竞争。合并后的波音公司将占世界航空工业市场的65%，大大增强了同欧洲空中客车公司的竞争力。欧洲2000战斗机的开发也显示了欧洲军工企业与美国抗衡的实力。

（2）组建军工集团加速了军事技术的反垄断

集团化的发展，将加剧对军事技术和军品的垄断。经过合并兼并，美国主要军工企业已在国际市场占有绝对优势，并垄断了某些国防高技术。1991—1995年，美国军工企业在国际军火市场的销售额增加了60%，已占领约一半的军火市场。西方人士认为，美国在这场国防工业结构调整中是最大的赢家，因此，西欧国家组建的军品专业集团（如战斗机集团、导弹集团、声呐集团）旨在对抗美国对其领域技术和市场的垄断。

（3）组建军工集团改变了国防工业结构

军工集团化发展形成由少数大型和特大型军工企业控制国防工业的局面，对政府军品采购管理产生了一定影响。随着垄断的加强，政府军品项目更多地以独家承包形式完成，军品项目的转包基本在公司之间进行，这在一定程度上简化了政府、军方与工业界的关系，减少了招投标的工作量。同时，军工企业合并兼并对本国国防工业发展也造成一些负面影响：一是企业规模过大，管理难度加大，容易产生官僚主义和低效率；二是企业频繁改组兼并，增加了军工企业的动荡和失业，加重了社会负担，造成新的社会不稳定因素；三是随着军事技术垄断的加强，技术进步的速度可能放慢，同时公司可能垄断军品价格，导致价格上涨，在军品价格谈判上对国家不利；四是垄断的形成在一定程度上抑制了中小型企业的发展，挫伤了中小型企业的积极性和技术创新能力。

3）加强技术合作与政策协调

欧盟成员国的国防部长还讨论了军工的趋同标准，使成员国不同的防务观念相互接近。1999年，法、英、德、意、西和瑞（典）6国国防部长，就加强技术标准等方面的合作签署了一份意向性文件。2000年六国国防部长又签署了一项旨在最终组建欧洲军工合作的框架协议，以统一它们的防务政策，决定在安全、出口程序、情报安全、技术研究、技术情报处理和军事行动需求等6个方面加强协调。这标志着欧洲国防工业一体化进程迈出了新的一步。2001年，为了支持和发展未来20年欧盟空中打击系统，6国国防部长拟定了"E-TAP"（技术获取欧洲计划），随之出台的还有与工业界合作的一项结构严密、目标明确的技术发展计划，各国表示提供财政支持。法国政府决定把国防经费中用于联合项目的费用从1996年的15%增加到2002年的34%。甚至过去对欧洲军工一体化一直不太感冒的英国，也决定拨款75亿美元给予与其他欧洲公司进行密切合作的英国军品公司。

法国和英国将其国内生产总值的0.25%投入新武器和军事研究与开发，而其他国家为0.1%。"欧洲战斗机"是欧盟各国联合开发的杰作，据估计该计划投入开发费用达420亿英镑，英国和德国在整个开发费用中占33%，意大利占21%，西班牙占13%。2001年，德、法、西、英、土、比、葡、卢等8个国家在布鲁塞尔集体签署了订购196架空中客车新型军用运输机A400M的合同，总价值达180亿欧元，这是欧洲国防工业有史以来规模最大的采购合同。A400M军用运输机由8个国家合作制造，机身在德国制造，机翼在英国生产，驾驶舱和飞行控制系统在法国制造，其余国家将参与配件的生产，飞机最后总装在西班牙完成。

2. 国防采购

各国国防部统一负责武器装备采办，包括具体武器装备型号的项目管理，各军兵种仅仅作为武器装备的用户提出武器装备需求和战术技术指标要求，协助主管部门工作，不设立专门的采办管理机构。法、德是该种模式的典型代表。采用这种模式的国家一般军队规模较小，有利于统一管理，同时经济能力有限，扁平化的管理模式有利于其节约成本。

1）法国

法国的武器装备采办决策层包括总统及其领导下的内阁会议、国防委员会和限制性国防委员会三个军事决策机构。内阁会议为最高决策机构，而有关战略核武器、重大项目发展规划、计划和预算也都必须经由总统主持下的国防委员会讨论通过，然后报内阁会议审批，最终由议会以法律形式批准实施。

总理在总统领导下全面负责国防事务，通过国防总秘书处监督各项政策的实施，国防部长负责落实由内阁会议批准的国防政策和军备计划法的实施。国防部长直接领导装备采办工作，具体由武器装备总属负责，该部门集国防科研、武器装备采办和国防工业管理的职能于一身，根据三军提出的军事需求，综合评估技术、经济的可行性，统一领导和组织实施武器装备采办的规划计划、论证、研制和订货整个采办过程的所有活动。其内部组织体制以反映工作领域（项目管理、工业活动、试验与鉴定）和具体管理技术（技术支持、采办、质量控制）为基础，实行扁平化管理。下属武装力量系统和前景局负责监督各种研究活动，进行通用技术的开发和制订项目计划；武器系统局负责地面、海上、航空武器装备和战术导弹计划；计划管理、采办方法与质量控制局负责资金管理，包括预算制定；技术知识和试验中心管理局管理所有技术和试验中心，负责提供项目主任和武器装备总署其他部门为试验武器装备和系统所需的技术知识和技能，是提供采办技术支撑的专业部门。

法国武器装备采办的执行机构是一体化项目小组，由项目主任、项目军官、有关专家、咨询人员和工业界的项目负责人组成，具体负责采办实施。

法国的国防由总理负责，重大国防政策由总统在其主持的各个委员会决定，包括内阁会议、国防会议和限制性国防委员会等。议会在国防方面定期审议对法国军事政策的主要方面做出规定的军事规划法（国防部的年度计划授权和支付许可额在该法的全面指导和年度预算内制定），每年都会收到国防部关于军事进展的年度报告。

法国国防部的武器装备总署是负责武器装备的主要机构，旨在以最低的成本及时向军队提供必要的武器装备。主要活动包括武器装备计划项目的管理、武器装备的采购以及与武器装备有关的科学技术研究、试验与鉴定以及培训与保障等。

与其他国家的相关委员会一样，法国的常设执行委员会是负责拟定和颁布武器装备项目表的高级委员会，该委员会由武器装备总署署长、军种参谋长以及由两名武装部队参谋长和行政秘书长推荐的人选组成，要在每个项目由一个阶段转入下一阶段时对项目的可行性阶段文件、方向文件、启动文件、后续文件和最终文件提出意见。一体化项目小组在审查与项目有关的文件时出席会议，回答委员会成员的询问。有关"兵力系统"的兵力系统设计师和作战协调官出席可行性文件审查会。当审查方向文件、启动文件和后续文件时，常设执行委员会主席也可要求他们参加会议。

2）德国

德国国防部长在一名专管装备工作的国务秘书的协助下对武器装备采办实

施全面领导。国防部装备部是装备采办的最高管理机构，负责装备采办的规划计划、预研管理和对采办工作的监督检查，装备部 8 个业务局分别负责各业务领域的监督、规划和管理。装备规划和控制局负责联邦军事技术与采办总署的行政管理以及部内的人员管理、经费管理、预算和财务管理；装备经济与法律事务局负责与装备有关的经济事务，包括工业基础事务、专利和版权等法律事务、合同事务；国际军备事务局负责国际交流事务；海军、陆军、空军 3 个装备与技术局分别专门面向三军各自的装备需求、监督采办部门管理的项目；研究与技术及通用国防技术局关注科技发展与军用前景；装备与技术、C^3I 和信息技术局负责这一领域的采办监督和计划管理。

国防部装备部下属的国防技术与采办总署是武器装备采办的执行部门，具体对采办活动实施，负责武器系统的项目确定、研制、工程、试验与鉴定、生产和采办。总署下设 7 个技术部，按照装备种类进行组织，分别对车辆、飞机与航空、海军、通信与电子装备、武器与导弹、信息装备、油料与通装等装备项目进行管理。这些部门通过合同分部与供应商签订采办合同，而直接负责项目的项目主任和项目办公室都设在这里。

德国的联邦议会在国防方面的主要职能是审议通过年度国防预算。对国防预算有影响的议会委员会主要是国防委员会和预算委员会，议会通过这些委员会来监察和控制国防部的活动。

德国的国防部由文职联邦行政管理部门和联邦国防军组成。总装备部部长是联邦国防部的高级文职官员，负责新技术的研究与发展，以及联邦国防军采购项目的计划编制、监察和管理，全面负责规划、控制和监督国防技术研究和武器装备研制与采购工作。

3）瑞典

瑞典负责采办管理的部门是瑞文缩称为 FMV 的瑞典防务装备管理局。瑞典采办模式的特点是采办主体不再是政府或者军队，而是交由社会机构代理行使，如专业的公司。这种机构专业化程度很高，得到政府的授权，协助政府和军队实施装备采办活动。FMV 是一个技术专家组织的事业单位，独立于国防军，等同于一个经营防务装备的服务公司，采用类似于公司的运行机制。它不属于军队，军队只是它的用户，也不是政府的行政部门，而是作为一方，同政府和军队形成三方协同，负责实施装备的采办管理，大到飞机、舰艇，小到着装、用品，都在它的业务范围内。当军方提出某个装备的作战需求和战术要求后，FMV 要将这些要求转换成技术性能要求，进行采办；要为武器装备采办过程做好一切准备工作和技术工作，同工业界签订合同，选择最优越的效费比价格；要对武器装备进行检验、试验，保证武器装备交付部队后在最严酷条件下使用；还要做好一切保障服务工作，提供备品、军需品，并负责武器装备系统在生命周期内所需进行的大修或改装，直至做好装备退役的服务工作。简单地说，FMV 全面负责武器装备和军需品的研制开发、采办、维护退役和服务。这样，FMV 和军队之间完全处在平等的用户顾客和供应者的关系上，同时，由于武器装备的特殊性质，又要对政府和纳税人负责。FMV 所有重要的结构和政策都必须经政府批准，但专家决策只要无悖政治因素，也拥有相当的自主权。FMV 自身活动经费和武器装备直接采办所需经费，均来自瑞典国防部和三军最高司令的指派和分配。

扩展阅读 2-4：欧盟国防工业体系

欧盟诸国从竞争力角度看处于"多强"地位。他们都有能力合作研制或独立开发武器装备，甚至部分武器装备处于领先地位。国防工业体系在这些国家都有着统一的特点：体系完备，技术水平高，工业基础好。

（1）国防工业结构

英法在电子和舰船制造、核工业、兵器、航空航天等方面保持着领先的地位。德国的军工门类包括军用舰船、电子、兵器、导弹、航空 5 大门类。

（2）企业组织方式

法国主要由国有国营企业、国有私营企业和私有私营企业生产武器装备。而以私营企业为主体，内部实行股份制在英国国防工业中较为普遍。

（3）国防科研体系

英法国防科研体系主要由政府研究与试验机构、高等院校和军工企业科研机构 3 部分组成。德国国防科研除几个政府科研机构外，主要由私营国防科研机构、高等院校和大型军工企业 3 部分组成。

（4）政府管理模式

军工管理体制在英法德统一实行，而且各自设有国防工业的最高决策机构。

四、日本

1. 国防科研生产

日本国防科技工业走的是一条先民后军的道路，得益于其先进的民用科技，日本成为亚洲地区拥有最强大的国防工业基础的国家。日本国防科技工业长期以来在政府的大力扶持下，形成了门类齐全、水平较高的体系，呈现出鲜明的寓军于民特色[1][2][3]。

1）日本国防产业体系

从其国防工业内部的产业结构来看，日本的国防工业门类比较齐全，技术水平比较高，生产潜力很大。目前，日本全国拥有 2 000 余家军品生产企业，军工从业人员约 7 万人，占本国工业从业人员的 0.1%左右。军工大型企业可以建造舰艇、飞机、坦克、火炮、导弹以及军用通信电子器材等，且相当一部分武器装备居世界领先水平。只要需要，日本完全有能力发展战略和战役导弹，甚至核武器。

2）军工企业组织体系

作为第二次世界大战的战败国，日本不得大张旗鼓地进行扩军备战，也不能大规模地生产和出口武器装备。所以日本没有严格意义上的独立国营军工企业，其国防自卫队所需的武器装备都是由私营企业生产制造的。正因为如此，日本的国防工业生产体系是一个地地道道的寓军于民的生产体系，所有武器装备的生产都寓于私营企业之中，很多大的工业企业都可以生产武器装备。武器装备的研制生产均由防卫省通过合同委托私营企业完成。即由防卫省采购实施本部根据武器采购需求，利用价格竞争原则选择生产企业，按"合同方式"从国内军工企业采购。

---

[1] 黄洁萍. 日本国防科技工业发展困境对我国的启示 [C]. 中国工程科技论坛第 123 场——2011 国防科技工业科学发展论坛, 2012.

[2] 魏博宇. 日本国防工业发展特点 [J]. 现代军事, 2016（8）: 104-108.

[3] 梁栋国. 日本国防科研机构体系及对我国国防科研机构的启示 [J]. 国防技术基础, 2007（4）: 42-44.

3）国防科研体系

对武器装备的研制采用官、军、民三位一体的管理体制。

政府系统：内阁总理大臣亲自掌管国防事务；通商产业省是日本政府管理国防工业的职能机构，通过下设的机械情报产业局制定和实施国防工业方面的法规和政策。机械情报产业局内设飞机和武器处，负责航空产品和武器研制的管理。

军队系统：防卫省是日本最高军事统率机关和军工产品的国内唯一用户。防卫省通过合同方式实施武器装备的发展和采购计划以及军内科研工作实行计划管理。防卫省长官是武器装备发展和采购计划的最高决策层；技术研究本部是防卫省国防科研计划的管理机构，也是军队内唯一的科研中心，业务上受装备局指导，并同采购实施本部密切协作。其业务研究分为技术研究和技术开发两大部分。前者包括武器装备的技术调查、基础研究和应用研究，后者包括涉及陆海空三军自卫队武器装备的设计、试制和试验。

民间系统：民间工业行会是日本民间代表国防工业界利益的法人机构，具有企业与官（军）方之间的沟通协调作用，也为国防工业企业的国际间合作提供窗口。其军事科研体系也和生产企业一样，寓军于民。在这种情况下，军事科技研究一般都不是脱离民用工业单独进行的。因此，从广义上说，日本大部分的科研机构都有从事军事科研的功能。从日本科研机构的情况看，主要由四部分构成：企业界研究开发机构、国（公）立科研机构、民间科研机构和各大学科研机构。日本的研究人员数量在世界上仅次于美国。平均每 1 万人口中有研究人员 52.5 人，居世界首位。

4）宏观管理体系

冷战后，日本延续了"官、军、民"三位一体的国防科技工业管理体制，参与管理的三方面分别是政府、军队和民间企业行会。日本国防科研机构体系如图 2-7 所示。

① 政府内阁总理大臣及其主持的安全保障会议和内阁会议是国防科技工业发展的决策者，负责制定国防科技工业的重大方针政策、规划计划等。

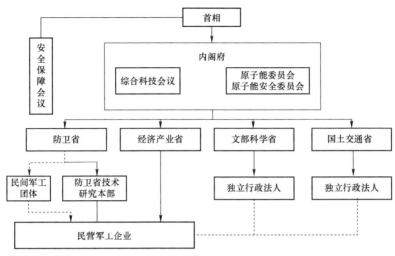

图 2-7　日本国防科研机构体系

注：日本防卫厅于 2007 年 1 月 9 日升格为防卫省，本文均采用防卫省

② 防卫省下设防卫局、管理局、合同本部和技术研究本部以及陆海空参谋本部等机构，代表军队根据政府的方针，以合同方式对武器装备的生产和采购进行归口管理，并对军内的科研工作实行计划管理。但它没有管理民间企业军工生产的职能。

③ 民间工业行会作为连接军工供、需双方的中介机构，如防卫装备协会和经济团体联合会等，上对政府和军方提出意见并影响有关决策，下对业界发挥自我管理作用。

5）日本国防科研生产及国防采购组织管理的工作特点

（1）寓军于民，先民后军，是典型的技术倒转型结构[①]

由于日本不存在严格意义的军队，其军品生产只是满足国民自卫队的需要，武器装备的需求较小，使得组建专业的、由官方直接管理和经营的军工生产企业得不偿失。另一方面，由于日本私营企业的科研力量雄厚，军品生产能力也较强，技术水平基本达到或接近世界先进水平。因此，日本的国防工业是一个典型的寓军于民的体系，所有武器装备的生产都隐含在私营企业之中。

---

① 冷欣阳，魏博宇，奉薇. 日本促进国防工业发展的举措［J］. 现代军事，2016（9）：102-106.

（2）武器装备供需双方关系密切融洽

供需双方在市场中是一对矛盾，为了使这种供需关系和谐，日本通过各种手段和形式加强与主要企业间的联系，改善相互之间的关系，以保障对这些民间企业进行有效组织和管理。一是每年把由自卫队退役的相当一批上校以上高级干部安排到有关企业担当要职，订货越多的企业，接纳这些官员就越多；二是成立民间军工中介组织，如兵器工业会、经团联军工生产委员会等，这些民间机构上接防卫省，下连企业，在协调双方的关系、缓解矛盾方面起着积极的平衡作用；三是各大企业均设有专门的军工生产机构，如日立制作设有"军事技术推进本部"，住友重工设有"军事工业综合室"，日立造船设有"舰艇武器本部"，这些机构专门负责与防卫省的有关人员联络协调。

（3）通过军品进口替代战略，实现引进技术与自主研制的紧密结合

日本引进国外武器装备或制造技术的原则是：对本国基础薄弱、技术差距大、难以自行发展的项目或自行研制周期长、耗资大的项目，采取引进技术在国内生产的办法；而对于需求量小、国内不必组织生产的武器装备，则从国外购买。

（4）军工企业结构呈金字塔式的系列化

企业系列化是日本企业组织的一种特有形式，它以大银行为核心，以综合商社为事业开拓者，形成了以环状或相互持股为主要资金来源，以众多中小型企业为依托的产、供、销一条龙的特大型企业集团。这种企业系列化集团的特点是各自独立但相互间联系紧密，具有极强的组织性、垄断性和竞争性。

2. 国防采购

日本防卫省下属的防卫局、装备局和经理局是装备采办的职能机构：防卫局负责制定装备发展中长期规划，装备局负责制订装备年度采办计划并组织协调采办活动，经理局负责装备采办预算的评估和审计。防卫省下属的两个具体执行部门分别负责研制和订货：技术研究本部是装备研制的管理机构，业务上受装备局指导，本部分为地面武器、舰船、飞机和导弹四个技术开发总室（下设若干开发室），是装备型号研制的管理机构，而型号论证工作由承担技术辅助任务的技术研究本部的 5 个研究所负责；采办实施本部是武器装备订货的管理机构，主要对民间企业试制、生产装备进行合同管理。值得一提的是，日本的社

会机构如自由民主党、政策研究会等，通过预算编制过程可以对武器装备采办实施重要的影响。

为强化武器装备顶层集中管理，防卫省于2015年10月1日正式成立统管武器装备采购、研发、出口的机构——"防卫装备厅"。成立初期编制为文职人员1 400人、军职人员400人，每年掌管的国防研发与采办经费约占日本国防开支的1/3，是防卫省内职权最大的机构之一。

防卫装备厅整合了原防卫省技术研究本部、装备设施本部以及各军种参谋部装备研发、采办相关部门的职能。全权负责装备科研的计划与实施，统筹研发、采办、使用、维护、退役等全寿期管理；承担培养军工管理人才等管理事务；并随着武器出口的解禁新增加了推动武器装备出口的政府职能。

扩展阅读2-5：日本国防工业发展特点

作为"二战"战败国，日本国防工业一度解体。朝鲜战争爆发后，在美国的支持下，日本国防工业迅速恢复，并经过20世纪60年代至今几十年的发展，已成为世界上为数不多的拥有较完整国防科研生产体系的国家。日本是世界上依托国家制造业、通过引进消化吸收再创新快速发展国防工业的典型。

国防工业依托大型私有企业

日本国防工业的科研力量和生产力量集中在大型私有企业中。根据日本防卫装备工业会2014年公布的数据，该组织从事军工科研生产的会员企业共159家（正式会员127家），主要包括三菱重工、川崎重工、三菱电机、日本电气等大型企业，这些企业代表了日本武器装备研制的主要力量。

日本国防工业各行业骨干军工企业近几十年来始终保持稳定规模。20世纪50—70年代，日本大力发展国防工业，实施了4次防卫力量整备计划，于80年代形成了体系较为完备、门类较为齐全的国防工业基础，一些世界级的大型企业几乎都从事军品科研生产任务。冷战结束后，美、欧由于武器装备采办规模持续走低，研制生产能力向寡头集中，出现了大规模的并购浪潮，主承包层面的军工企业数量减少了90%以上。20世纪90年代至21世纪初，日本经济虽然出现持续下滑，但政府国防开支始终维持增长态势，加上日本从事军工生产的骨干军工企业军品业务占企业总产值的比例较低,军品订货削减对企业影响较小,因此并没有出现大规模的破产和重组,始终维持较为稳定的规模。1985—2015年,除舰船工业因民用船舶市场萎缩出现较大规模的合并外,其他各行业的骨干军工企业变化不大。

政府导向特征明显

政府导向型市场经济是日本经济发展的主要模式,在国防工业上也是如此。日本防卫省2014年发布的《日本国防工业战略》指出:"武器装备的研发生产与普通民用产品不同,需要具备特殊和尖端的技术、能力与设备,要针对国防需求进行投资,必须具有一定的预见性。国防工业基础一旦丧失,其恢复将耗费相当长的一段时期以及庞大的开支。""支撑我国国家防卫力的国防工业与民用产业不同,不能仅依靠市场机制和市场竞争来维持与加强,作为合理的补充,必须强化防卫省和其他政府部门的作用。"出于维护国家安全、保持国防核心竞争能力等多方面因素考虑,在一般市场经济原理并不完全适用的国防工业领域,日本政府采取扶持和直接操办的方式,维持国防工业的稳定和持续发展,保持军工企业对武器装备生产的积极性,防止其设备和技术力量转向其他产品生产。

日本政府主要通过稳定的采购经费和导向性的采购政策支持其国防工业发展。对日本军工企业来说,防卫省的武器装备合同订货一般不受市场变动的影响,稳定可靠,是其维持装备研发生产的主要来源。一方面,日本防卫省通过促进装备升级换代,或缩短装备使用年限,为军工企业提供再生产的空间。日本武器装备更新换代频率高于美、俄、英等军事大国,如日本海上自卫队在1996、2003和2012年分别服役了"村雨""高波""秋月"三级驱逐舰;在2009和2011年服役2艘"日向"级直升机母舰后,又立即开始建造下一代的"出云"级直升机母舰;始终保持每年服役1艘并退役1艘潜艇的更新速度,潜艇服役时间普遍较短。另一方面,在武器装备采购量有限的情况下,日本防卫省通过提高维修保养费用维持企业军品业务的利润,保持工业基础和人员队伍的稳定。1991—2012年,日本武器装备的采购费用呈逐年下降的趋势,而装备的维护费用逐年升高,并在2007年超过了采购费用。

日本政府在军品订货中既注重各企业间的均衡发展,又注重重点保护生产尖端武器和重要装备的企业。2005年版《防卫白皮书》在武器装备采办一节中取消了"加强竞争"条款，取而代之的是表示要"建立能在采购质量、交付时间、成本等方面取得最大效果的采购体制"。防卫省在选定生产厂家、签订生产合同时，通常分三种形式，即"一般竞争合同""指名竞争合同"和"自由价格合同"。"一般竞争合同"是指由具有一定资质、非特别指定的众多企业，以投标形式争取合同；"指名竞争合同"是指从具有一定资质的企业中指定少数企业进行竞争而签订的合同；"自由价格合同"则是由防卫省与其特别指定的企业进行交涉而达成的合同，属于非竞争性合同。从表面上看，企业必须经过公平竞争才能获得合同。但实际上，防卫省金额较小的合同大部分是"一般竞争合同"，而大额合同则主要是"自由价格合同"，并最终落到少数受到保护的大企业手中。日本国防工业存在明显的非市场竞争性特征。2000—2006年，日本防卫省一般竞争合同数量占全部合同的50%以上，但金额仅占不足9%，80%以上的武器装备采购金额都是通过非竞争的方式授予指定企业；2013年，虽然非竞争性合同的金额比例有所下降，但仍占到防卫省武器装备合同总额的50%左右。

政府导向型国防工业的特点是垄断化。日本战车、舰船、航空平台的主承包商最多不超过3家。其中坦克、直升机母舰、"宙斯盾"驱逐舰、战斗机、运输机均为单一供应商，毫无竞争性；常规潜艇有2家主承包商，但防卫省对三菱重工和川崎重工采取交替订单的方式；两栖舰有2家主承包商，但三井造船主要制造"大隅"级大型两栖舰，佐世保重工生产500吨级的小型两栖舰，两家企业并无竞争性。

实行专业化分工

日本从事武器装备生产的企业约有2500家，防卫省95%的武器装备系统研制生产任务由三菱重工、川崎重工、三菱电机、东芝、日本电气、小松制作所、日立、富士通等20余家大型企业承包，其余大、中、小企业主要作为分系统或部件的子承包商获得生产权，形成了以少数几个大型国防总承包企业为核心，以分系统承包商和零部件供应商为外围的社会化、专业化协作生产网络。上述20余家大型企业是日本国防工业的核心力量，业务领域涵盖了日本武器装备研制生产的方方面面。舰船等专业性强的领域，企业从事的业务相对单一，如三井造船、日本联合造船公司；而通用性强的领域，如兵器等，几乎每个企业都参与其中。在某一领域是总承包的企业，可能在另一领域承担分包或配套业务，交叉性强。

日本各个大、中、小型军工企业根据研发实力和专业优势实行专业化分工，由实力强大的企业作为主承包商承担总体设计、总装和主要分系统的研制工作，通过市场契约的方式将分系统各个模块的研制、生产工作分包给各个供应商，再由各个模块供应商分包给子模块供应商，形成了层次分明的专业化协作网络。F-15J战斗机的主承包商为三菱重工，负责总装建造和机身制造，其余配套部件由多家企业分包完成，如机翼由川崎重工生产，引擎由石川岛播磨重工生产，惯性导航装置由东芝公司生产，火控系统和通信装置由三菱电机提供，雷达警戒装置由东京计器公司承担，参与制造F-15J战斗机的大企业不下十余家，而这十余家企业又把其承担的部分任务分包给专业化分工更细的第三级配套商。再如，日本90式坦克的主承包商为三菱重工，其总装建造由三菱重工相模原制作所负责，而坦克炮、防弹钢板、激光测距仪和弹道计算机则分别由日本制钢所、三菱制钢、日本电气、三菱电机等公司生产。

日本政府出台了许多优惠政策，激励中小企业积极参与和拓展军品科研生产业务。如根据《中小企业开拓新领域协调法》对这些企业在补助费和税制上实行优惠政策，按照每年度内阁会议决定的《关于中小企业国家合同方针》，在防卫省设置协商窗口，向中小企业提供每年度武器装备订货信息，还对军品产值在企业销售额中占比较大、拥有自主知识产权的独特技术的中小企业尽量做到分散订货，让中小企业有更多的机会获得军品订货，使众多的中小企业形成一种合理有序的竞争局面，避免企业因国家削减装备采购费而陷入困境。

军民协同特征明显，企业军品依存度低

1970年，日本颁布了《国防装备和生产基本政策》，为军工生产确立了基本方针，并以法律文件形式将"寓军于民"的产业模式固定下来，强调民用技术对军工生产的"溢入"（Spin-on）作用。2014年，日本防卫省发布《日本国防工业战略》，其中指出："针对不需要特殊国防技术要求的装备技术，且通过民用部门提高技术就能满足武器装备性能要求的领域，应当在武器装备研制中有效利用民用产品和技术。"

日本国防工业军民协同的主要特点是国家不设立国有军工企业，武器装备的大部分研制任务和全部生产任务均由防卫省以合同方式委托私有企业完成，这些企业除进行军品研制外，生产经营的重点主要是汽车、船舶、电子等民用产业。在多数日本军工企业中，既有民品生产线，又有生产军品的车间或工厂。如日本唯一生产坦克的三菱重工相模原制作所除生产坦克外，还生产推土机、起重机等；作为世界 500 强的东芝公司，除生产个人计算机、移动通信、汽车电子等民用产品外，还是世界重要的核电站建造商，并为日本防卫省生产防空导弹等精确制导武器。

日本大型军工企业的军品需求依存度（军品相关营业额占公司总营业额的比例）整体较低，根据防卫省 2014 年调查的数据，42 家主要军工企业的军品依存度平均不足 5%。与美、欧的军工巨头不同，日本大型军工企业的经营都高度多样化，对军品销售的依赖度小，大多数企业的军品业务都不是其最核心的业务。另一方面，在规模较小的企业中，存在军品需求依存度超过 50% 的企业，这种企业受防卫省预算投入的影响较大。从 2013 年世界百强军工榜数据来看，日本上榜 5 家私营企业的军品收入为 68.2 亿美元，仅占其总收入的 4.8%，而相比之下，其他 5 个入榜的亚洲国家军品事业依赖度可高达 93.6%。

国产化比例高

技术自主是日本在工业化进程中的一项长期战略考量。19 世纪中期以来，日本一直通过技术自主避免在技术上落后和依赖他国。日本几乎所有的工业政策文件都包含发展自主技术或技术本土化的目标。在国防工业领域，日本 1970 年颁布了《武器装备研发与生产基本方针》，确立了"国产化"和"技术自主"的国防工业发展方针，其中主要的原则有以下 5 点：以国家的工业能力、技术能力为基础；鼓励采购本国生产的武器装备；最大限度利用民间企业的开发能力、技术能力；制定好远景规划以为装备采办计划打下基础；积极引入竞争。日本防卫省 2014 年发布的《日本国防工业战略》指出："国内研发、生产武器装备直接关系国防工业的维持与加强，对于国内现有技术能满足自卫队的性能要求、使用保障、全寿期成本、采购流程等条件的，原则上应优先选择国内研发的方式。"

1950—1957 年日本武器装备的国产化率不足 40%，主要依靠美国的无偿援助发展国内装备。1958—1960 年，通过实施第一次防卫力量整备计划，日本武器装备的国产化率达到了 62.4%，日本积极通过从美国取得授权许可证的方式进行装备生产，并从中引进、吸收先进的武器装备技术，到第三次防卫力量整备计划（1967—1971）结束时，日本武器装备的国产化率已经达到了 91.6%。此后，日本武器装备的国产化率始终维持在 90% 左右。

为扶植本国军工产业，维持军工生产的自主性，防卫省即使可廉价从国外市场采购，也宁可组织国内厂家自行研制或根据外国许可证由日本企业生产。许可证生产是通向技术自主的一条捷径，日本武器装备的许可证生产涵盖从系统平台到构成部件的各个层次。如日本航空自卫队主力战斗机 F-15J 和"爱国者"导弹等先进武器装备都是根据美国许可证由三菱重工等企业在日本国内生产的。在日本生产 F-15J 战斗机的造价，每架高达 130 亿日元，是从美国直接进口价格的一倍多。日本陆上自卫队的 90 式坦克单车造价为 20 亿日元，相同价钱可在国际军火市场上购买 2~4 辆同类型的坦克。2005 年，三菱重工从美国洛·马公司获得生产许可，于 2008 年开始自行生产"爱国者-3"型导弹，从而掌握了导弹防御系统的部分核心技术，尽管日本此举要多花费数十亿美元，但日本企业自行生产，不仅能够保障零部件供应，而且会大大加强日本国防工业的技术水平与生产能力。因此，日本维持武器装备的高国产化率，并非是出于经济利益的考虑，而是将保持和提高日本军工企业自身的研发和制造能力作为主要目标。

财团管控军工巨头

日本大部分军工巨头都隶属于不同的财团，如三菱重工、三菱电机隶属于三菱财团，日立、富士通隶属于第一劝银财团，日产汽车、日本钢管隶属于富士财团。日本长期以来形成的财团机制具有很强的计划性和经济调控能力，三菱、三井、住友、富士等大型财团下属的企业在产业链上互相配合，能够进行较为紧密的合作，各个公司在自身负责的领域内，可以为其他兄弟公司提供配套产品或较低价格的产品，具有很强的产业互补性和抗风险能力。日本财团最显著的特点是以金融机构为中心,财团内各企业环形持股,即银行与企业、企业与企业间交叉持股,这种管控模式财团内跨越不同产业的多个层级不同企业的整体利益趋向一致。以三菱财团为例,三菱电机为三菱重工提供机电产品配套;三菱制钢、三菱铝业等为三菱重工的船舶和航空航天部门提供原材料;三菱银行和东京海上保险等金融机构为三菱重工提供贷款和特殊保险服务(如航天发射保险等);尼康的光学产品、三菱树脂的新材料等,对高科技武器装备而言均是必不可少的组成部分;而三菱财团下的日本邮船,则是三菱重工船舶部门的主要客户。

五、其他国家

1. 印度

20世纪80年代以来,印度和邻国多次发生军事冲突,促使其大力发展兵器工业。自此印度着重发展了国防科研与生产,并已成功地研制出了一系列具有世界先进水平的常规武器和尖端武器。同时在国防工业生产方面也已形成了一个由国有国防企业和兵工厂组成的兵器工业体系,能自行生产轻、中型武器和部分重型武器装备。产品除满足本国需要外,还出口部分轻武器和弹药。在东南亚地区,印度的兵器工业居领先地位。印度政府采取"国防建设与国民经济并重,优先考虑国防需求"的方针,引进技术与自行研制相结合,大力发展高技术武器装备。20世纪90年代至21世纪初是印度实现武器装备全面现代化的重要阶段。

印度国防科研组织分为航空、电子、武器、海军技术、工程装备、国防材料、生命科学和系统分析等8个系统,45个研究所。为了便于计划和组织,国防科研组织所辖的研究所又被划分为若干个研究网。已基本形成了以下5个研究网络:一是主要从事新材料、物理、医学及基础理论等方面研究的研究网;二是以班加罗尔为中心的研究网,主要从事航空系统方面的研究;三是以浦那为中心的研究网,主要从事军械、弹药及有关工程方面的研究;四是以海德拉巴为中心的研究网,主要从事电子、冶金和导弹方面的研究;五是以台拉登为中心的研究网,主要从事电子、通信和食品方面的研究。此外,该组织还准备再组成三个新的研究网,即喜马拉雅高寒地带研究网,新德里生物医学研究网,新德里系统工程、信息与计算机研究网。

印度建立了以国防部为主、其他有关政府部门为辅的系统庞大的武器装备国际合作管理体制。采取由国防部集中领导、民用部门配合、以军为主、军民结合的国防工业国际合作的管理体制[1][2]。这种管理体制有以下显著特点：

- 内阁—国防部—研究机构的领导管理体制提高了办事效率，减少了阻碍；
- 军民结合的管理体制既加速了武器装备现代化的进程，又促进了尖端技术的发展；
- 坚持文官治军，使国际合作的政策与政治、外交政策相协调；
- 许多部门的负责人都是身兼数职，有助于部门内的运作及部门间的协调。

实践表明，这一体制比较适合印度的国情，可较好地集中必要的人力、物力和财力开展国防工业的国际合作，实现武器装备的现代化和国产化。

印度是世界上唯一一个拥有体系完整、规模较大的国防工业，但武器装备却严重依赖进口的国家。根据印度国防研究与分析研究所公布的数据，印度国防工业整体对外依存度超过50%。近年来，随着新一代武器装备的研制与服役，印度国防科研生产能力有明显提升，但仍没有从根本上改变国防创新能力不足的现状。为此，印度通过设立国防创新基金、改革科研管理体制等途径，提升国防科研自主创新能力。

印度政府负责国防科研的部门包括国防部、航天部和原子能部。国防部下属的国防研究与发展组织（DRDO）是国防科研的核心和骨干力量，集国防科研管理、执行职能于一身，在印度各地共拥有52家科研院所，覆盖航空、海军系统、兵器、战斗车辆与工程、导弹、电子与计算机科学、微电子设备、生命科学、材料等领域，承担着印度几乎全部的武器装备研发任务。航天部下属的印度航天研究组织主要负责航天工业的科研管理。原子能部下属的原子能委员会负责核工业的科研管理。据印度官方统计，印度国防部研发总费用大约90%用于国防研究与发展组织。印度其他参与国防科研的力量中，大学、国家科研院所主要承担基础性研究，由国防研究与发展组织以"资助研究"的形式提供经费；军工企业科研

---

[1] 周璞芬. 印度国防工业发展战略探析 [J]. 国际研究参考, 2013（10）: 30–38.
[2] 胡向春. 印度国防工业体制与发展模式 [J]. 现代军事, 2016（11）: 100–105.

机构主要参与国防研究与发展组织的研发项目。

1）印度国防创新存在的问题

（1）国防工业自主化水平低，长期依赖进口

作为印度最重要的国防科研机构，国防研究与发展组织研发的半数以上装备的进口比例都控制在 30%以下，但空中预警和控制系统、"布拉莫斯"超声速巡航导弹系统、远程地空导弹、"阿琼"主战坦克等重要装备的进口比例超过 50%。这些重要装备采用的核心部件多数为进口，如"阿琼"主战坦克的动力系统和火控系统、"光辉"轻型战斗机的引擎都是从国外引进，印度国产航母"维克兰特"号的总体设计以及动力装置、阻拦装置、喷气偏流板、升降机等主要关键设备均依赖国外，表明印度在这些关键领域能力的缺失。

印度的国防能力严重依赖进口，这一点完全不符合国防自主化目标。1992年，印度国防部成立了自主化评估委员会（SRRV），在经过深入研究后制定了"十年期自主发展计划"，其中提出了自主指数（SRI）的概念，即国产装备在武器装备采购总额中所占的比例。该计划要求到 2005 年，将自主指数由 1992—1993 年的 30%提高至 70%。印度国防研究与分析研究所在充分考虑数据统计等复杂因素的基础上，计算得出印度国防工业 2006—2010 年的自主指数分别为 47.93%、41.6%、26.4%、37.8%和 38.5%。此外，印度国防研究与分析研究所还分析得出印度国有军工企业和兵工厂的进口依存度约为 42.6%，其中，最大的军工企业——印度斯坦航空有限公司的进口依存度更是高达 70%。

（2）瓶颈技术久攻不克，高端生产能力缺乏

印度长期依赖进口，技术引进消化和再创新较差，关键技术和高端生产能力一直受制于人，几乎所有的重点项目都面临着超期和预算超支等问题。"阿琼"主战坦克原定于 1984 年投入批量生产，但最终在 1995 年才完成研发，且项目超支高达 1884%，军方订购量也大幅缩减。印度提出在引进法国"鱼"级潜艇后自主设计建造常规潜艇，但由于国产 AIP 技术久攻不克，该目标至今仍难以实现。印度斯坦航空公司研制生产的"光辉"战斗机，受航空电子设备、起落装置和推进装置等关键系统限制，经过 30 余年研发才获得作战许可。印度空军决定将"光辉"战斗机部署在远离中国和巴基斯坦边境的印度南部，可以看出印度军方对该

型战斗机的作战性能缺乏信心。

（3）国防科研投入不足，创新效率低下

尽管印度的科研创新体系规模不小，但国防研发投入不足且投入方式不当。自 2001 财年以来印度国防研发预算占国防总预算比例一直维持在 6% 左右，远低于美国等超过 10% 的比例，且投入比例不当。如获科研投资最多的政府机构国防研究与发展组织，其应用研究经费占总经费约 90%，影响了国防基础和前沿技术的发展。

国防研究与发展组织创新效率低下，取得的专利数量无法与其获得的巨大投资相匹配。根据印度国防研究与分析研究所 2014 年公布的数据，国防研究与发展组织 2010 年获得的科研经费占印度主要科研项目支出的 31.6%，远远高于第二名的航天部（15.5%），以及原子能部（14.4%）和科学与工业研究理事会（10%）。然而，与获得 5 600 多项专利（包括 2 350 项国外专利）的科学与工业研究理事会相比，国防研究与发展组织仅获得了约 1 400 项专利、设计版权和商标权。

此外，印度军工企业的研发投入也远低于国际平均水平，在 9 大国有军工企业中，印度斯坦航空有限公司和巴拉特电子工业有限公司拥有专门的研发中心，每年营业额中的 6%～8% 用于研发，而法国泰勒斯公司每年在研发上的投入高达营业额的 20%，印度其他公司用于研发的经费比例更低。由于自身缺乏研发能力，印度大部分企业还是依赖于国防研究与发展组织或外国公司提供生产技术。而对于 39 家兵工厂，其自主研发产品创造的价值仅占总营业额的 7.5%。

2）印度国防创新能力不足的原因

（1）无顶层管理部门负责国防创新

印度国防创新能力低下的重要原因是缺乏一个能够设定政策目标、将众多利益相关者（用户、研发机构和生产机构）集中在统一平台、审批项目可行性、监督本土项目进展情况和制定责任的顶层管理部门。这一部门的缺失导致了印度国防创新决策的专断独行、重复劳动和资源浪费，各研发机构独立进行科研活动，且大部分科研项目都不是围绕以产品为中心的采购流程进行。作为设计和开发现代武器系统、为各类武器采购提供必要技术建议的国防研究与发展组织，在采购流程中将自身的职责边缘化，仅将自身作为分享国防预算资源的利益竞争者。

此外，印度迄今没有发布针对国防研发的相关规定，仅由国防部定期发布《印度国防技术展望与能力路线图》（以下简称《路线图》），最新一版于2013年4月推出，使军工企业了解军事能力发展的长期目标，从而提前进行相关技术开发并投入生产。然而，该路线图详细描述了武器装备的特定能力需求，但没有将这些需求进行量化，以指导国防创新的具体方向和制定产品指标。《路线图》存在的最大问题在于它将技术开发和产品生产的所有风险都转嫁给了国防工业，且国防部未做出任何相应承诺。这一点在《路线图》的"免责说明"中得到了印证，该免责声明称"印度国防工业部门按照自己的意愿参与印度武装部队的《路线图》，印度政府不为企业在执行该项路线图的损失和由于各种原因造成的军事能力方向转变所带来的风险负责"。印度政府并没有意识到技术开发和本土生产不仅是印度国防工业的责任，同时也是印度政府本身的责任。这一免责声明免除了印度政府确保某种特定技术在国内研发的所有责任，但同时也给国防工业和研发机构在决策未来发展道路时带来了不确定性。

（2）科研人员配置不平衡

印度国防创新体系在科研人员数量与质量、人力资源配置方面存在不足。国防研究与发展组织只有7 700名科研人员，但配备的辅助和行政人员比例较高，而印度空间研究组织（ISRO）这一研究领域较少的机构却拥有8 000名科研人员。在国防研究与发展组织中，技术骨干的教育背景较低、缺少研发培训，仅有10%的科研人员拥有博士学位（3%为工程学相关学位，7%为科学相关学位），并且43%的科研机构拥有博士学位人员的比例低于2%。

（3）军工企业研发能力低下

无论从研发投入还是研发产出来看，印度军工企业的创新能力都远低于世界平均水平。除印度斯坦航空有限公司和巴拉特电子工业有限公司外，印度其他军工企业在研发上的投入很低，这很大程度上是因为大多数印度国有企业缺乏所谓的"研发文化"，即研发并不是这些企业的强制职能。此外，印度政府对企业研发缺乏相应的激励机制和考核机制，特别是私营部门，它们得不到政府的支持来承担昂贵又有风险的国防研发项目。尽管自2006年以来，国防部承诺将承担企业 80%的研发成本，但由于操作程序复杂，该政策在很大程度上仍未奏效。目前国防部正在制定新的采购流程，以简化补偿程序，推动企业的国防研发。

（4）缺乏改革与创新

制约印度国防创新的一个重要因素是：军工企业、兵工厂以及国防研究与发展组织缺乏改革与创新，企业和研发机构的问责制度不健全，影响了预期的创新效果。此外，由多个印度政府委任的专家小组提出的改革建议被推迟或搁置，阻碍了其创新潜力的充分开发。

3）印度提升国防创新能力的举措

（1）国防部设立技术发展基金和国防创新基金

2016 年 12 月，印度国防部设立技术发展基金，为有意参与国防研发的中小企业提供资金，每个项目支持额度约 1 亿卢比（约合 155 万美元）。技术发展基金将优先支持对产品或制造工艺进行"重大"改进、致力于开发"未来技术"或推动"进口零部件替代"的项目。

2017 年 4 月，印度政府批准国防部成立国防创新基金，支持研发机构、学术界和企业开展先进军事技术自主研发，创造一个"促进军事技术创新"的生态系统。国防创新基金初期由印度两家大型国有军工企业印度斯坦航空有限公司和印度电子有限公司出资，启动资金约 10 亿卢比（约合 1 550 万美元），后期将通过政府拨款和公私部门组织捐款等措施筹集更多经费。

（2）启动国防科研管理体制改革

印度改革最大的国防科研机构国防研究与发展组织的呼声和探讨已持续较长时间，2006 年印度议会常设国防委员会就提交报告要求改革。2009 年 6 月，印度国防部长安东尼指示成立委员会，制定改革措施。印度国防科研改革目前仍在进行，提出的主要举措如下：

分散决策权，加强监管：筹建国防技术委员会，由国防部长直接领导，包括三军高层、国家安全顾问、内阁部长、其他相关部门高层领导，削弱国防研究与发展组织主任的决策权，加强制约；在国防研究与发展组织总部设立秘书处，监控正在进行的项目，设定目标和时间限制。

改革组织管理架构：下放管理权，将地方科研院所按技术领域划分为 7 个技术中心（或联盟），每个中心拥有更大的自主性，对项目负责。改革总部管理机构，国防研究与发展组织主任改称主席，总部另设四个主管，总部主管和中心主管向主席汇报工作。

集中精力，加强核心能力建设：剥离非核心科研院所，将 11 家院所转移到农业部、原子能部、科技部；收缩研究范围，将精力集中到 10 个左右关键领域，如导弹、反导系统、航空发动机、电子战、无人机，集中力量做出成果。

强化需求—研发—生产各环节的联系：加强工业部门和军方的参与，强调国防研究与发展组织的研发活动要满足三军需求，在开展研究项目和制定战略时，须与各军种协调。

扩充技术进步途径，加强技术转化：加强从国外引进先进技术，推动与国外公司成立合资企业，以在尽量短的时间内提高印度的技术水平；加强与私营企业的接触，充分利用私营企业的研发力量；充分利用贸易补偿的方式进行技术采办；加强技术成果向民用转化。

4）鼓励和支持私有企业参与国防创新

政府希望通过鼓励私有企业参与国防创新，弥补印度武器装备科研生产基础能力薄弱、严重依赖进口等问题。

重点支持私有企业承担武器装备小型项目和进口替代产品生产：印度政府 2016 年 4 月出台的新版《国防采办规程》明确提出，由政府出资且开发成本不超过 1 亿卢比的制造项目，首先选择私有企业。同年 5 月，印度国防部制定了允许私有企业生产的 23 种平台和武器系统清单，所列物项此前均依赖进口。

修订许可清单，放宽许可限制，延长许可年限：2014 年 6 月，印度国防部修订了许可清单，移除其中 60%的项目，放开对非关键领域的元器件、部件、子系统、测试设备、生产设备的限制，允许私有企业生产；取消了对私有企业申请许可证的年度产能限制。2016 年 2 月，首次允许私有企业生产多种类型弹药，打破了国有企业的垄断。与此同时，延长许可期限，2015 年 4 月从 3 年延长至 7 年，同年 9 月又修改为 15 年，最长可到 18 年。

建立国有企业同私有企业的长期战略合作伙伴关系：2017 年 6 月 8 日，印度国防部发布的《国防采办规程 2016》第七章"通过战略合作伙伴关系改造国防工业生态系统",计划在潜艇、直升机、战斗机等高端国防项目中,建立国有企业同私有企业的长期战略合作伙伴关系,希望借助私有企业吸收国外先进技术,解决印度国内技术瓶颈。

放宽外资投资限制,促进外商向私有企业技术转让:2016年7月,印度国防部透露,正在研究的新贸易补偿政策,将允许外商投资国防部认可的风险投资基金,用于发展国防工业,并优先支持私有企业。此外,允许外商投资占比可超过49%,但必须为印度引入高新技术并通过政策审查,旨在促进外商对印度私有企业的技术转让。

给予私有企业与国有企业同等的税费和汇率优惠:2015年印度调整相关政策,规定参与国防生产的私有企业享受与国有企业同等的税费优惠。涉及进口比例大且交货周期长的项目,私有企业同国有企业一样享受不变汇率的政策,以抵御卢比贬值风险[①]。

印度国防采购的特点是国防部统一制定武器装备发展的规划计划,而武器装备科研和生产订货则由国防部直属的独立机构分别进行管理,各军兵种同样仅仅作为装备的用户提出武器装备需求和战术技术指标要求,不设立专门的采办管理机构。

2. 以色列

1)以色列国防科研生产组织管理

以色列对国防工业的定义较广,既包括从事纯国防需求的企业,也包括与国防需求有关的企业,绝大多数都是军民结合型军工企业。以色列的国防工业包括国有企业、股份制企业和私营企业三大类,各自都发展出了一批世界著名的军工企业。目前,全国有近300家公司从事武器装备研制和生产,涌现出如以色列军事工业公司、以色列航空工业公司(IAI)、拉斐尔先进防务系统有限公司(简称"拉斐尔公司")、以色列造船厂、埃尔比特系统公司(Elbit Systems)、索尔塔姆有限公司等十几家规模大、知名度高的军工企业。另外,以色列还有十几家著名的军工科研机构,如坦克生产管理局、海法技术大学、武器研究中心、航空航天学会、韦兹姆研究院(研究核技术)等[②]。

---

① 佳晨,钱中. 印度国防创新能力现状及前景浅析[J]. 现代军事,2017(9):92-96.
② 李梅. 兵之国——以色列的国防工业[J]. 兵器知识,2014(7):21-25.

以色列的国防科研工作是在国防部研究发展局的主持下进行的，所有国防研制项目、研制计划以及具体的研制任务，均由研究发展局确定和下达。然后，根据项目、计划和任务的不同，下达给不同的研究机构。其中，首席科学家办公室不仅决定项目、计划和任务，而且还对项目、计划和任务的执行单位提出关键性建议。最后，研究发展局将研究项目、计划和任务通过招标或委托承包的方式，选择不同的研究机构承担[1][2]。

以色列的国防科研运行机构由政府研究机构、院校研究机构和企业研究机构组成。其中，国防部直属研究机构主要承担攻关型、尖端型国防科研项目；高校主要从事与国防科研项目相关的基础学科研究；而企业主要进行与国防项目相关的技术开发、规模化生产等方面的研究，还有些研究实力比较雄厚的企业，则凭借自己的实力开展新一代武器装备开发研究。此外，以色列还与美、法、荷等国签订双边科技合作协定，利用国际资本和技术推动国防科研的发展，现在有近200家国外公司与以色列合作开展国防科技研究。

与多数发达国家一样，以色列武器装备的研制生产也以项目管理的形式进行。型号研制时，由研制、生产和使用三方派代表组成专门委员会负责管理。专门委员会是一个临时性管理机构，随着型号开始研制而开始工作，到武器系统开始采购时工作结束。

（1）以色列国防科技工业大致经历了三个发展阶段

第一阶段：初创时期（1948—1967）。以色列国防科技工业企业于1948年建立，它是在修造更新从西方国家进口的落后的飞机、坦克和火炮的基础上建立起来的，但犹太人素以智慧见称，因而不久即设计出性能优异的"乌兹"冲锋枪，一时成为国际军火市场上的抢手货，为刚刚起步的以军工企业提供了急需的启动资金。1957年苏伊士运河战争的爆发，为以军工企业的发展注入了活力。这一时期，以色列从法、美和西德等国进口了许多先进武器，并在吸收消化外国先进技术的基础上，开发研制了包括喷气式战斗机在内的许多先进武器，并开始向印度、缅甸、新加坡等第三世界国家出口武器。

---

[1] 马杰，郭朝蕾. 以色列国防科技工业管理体制和运行机制 [J]. 国防科技工业，2008（3）：53-56.
[2] 杜人淮. 以色列国防工业发展的军民融合战略 [J]. 海外投资与出口信贷，2017（6）：31-34.

第二阶段：大发展时期（1967—1991）。1967 年"六五"战争前法国对以色列的武器禁运，促使领导人痛下决心要加强国防科技工业，政府加大了对国防科技工业的投入，加强了与美国等国的军事合作，特别是在联合研发先进武器系统方面的合作。与西方先进国家的军事合作使以色列能够分享世界上最新军事科技成果，对其国防工业的发展产生了巨大的推动作用，到 20 世纪 70 年代中期，在以军的主要武器系统中，国产的占有越来越多的份额，其中包括拉斐尔导弹艇、"幼狮"多用途战斗机，"加伯利"导弹和"梅卡瓦"坦克。自行研发和生产武器大大提高了以色列的军备自给水平，避免了遭受武器禁运的风险，也提高了更新改造进口武器装备以适应自身需要的能力，形成了一个迅速发展的军工生产体系。到 20 世纪 80 年代末，以军工企业有 150 多家（还有数千家小企业从事转包合同）。这一时期以色列最大的军工企业均为国有，其中著名的有：以色列军备发展局，一般称之为拉斐尔公司，是专门为以色列国防军野战部队"量身定做"研发先进武器装备的主要机构；以色列飞机工业集团，主要生产"幼狮"战斗机、Arava 飞机、Ramta 轻型装甲车、"加伯利"反舰导弹和高速巡逻艇等；以色列军事工业公司，主要生产"钨兹"冲锋枪和自行火炮等轻型武器以及"黛利拉"空射巡航导弹等。Tadiran 电子公司是当时最大的私营军工企业，主要生产军用通信设备、电子战设备、指挥控制系统和无人驾驶飞机。在 20 世纪 80 年代中期，军工企业雇用的工人达到顶峰，为 65 000 人。这一时期，以色列的对外军火销售增长很快，到 80 年代初，五大洲的 50 多个国家成为以色列军工企业的客户。到 80 年代末，以色列已成为世界上军火销售大国，每年军火销售额达 15 亿美元左右，占全部工业出口值的三分之一。1988 年，由于国防预算削减，加之国际军火市场严重萎缩，使以色列军工企业遭受严重亏损，一时间下岗人数竟达 50 000 人。

第三阶段：扩张时期（1991 年至今）。冷战结束后，中东地区的政治、军事、经济格局发生了巨大变化，被以色列视为敌对国家的伊朗、叙利亚等国的军事实力大增，于是以色列开始重新审定国家防务战略，决定增拨军费（每年 100 多亿美元），加大对国防科技工业的投入，进一步与美、英、德等国联合开发先进武器系统，如与美国弹道导弹防卫组织联合开发"箭"式反导弹系统、与德国蔡司公司（Zeiss Optronik）联合开发飞机激光定位系统等。目前以色列大约有 200 多家军工企业，包括国营（占 80%）、私营以及与美、英、法、德等国合资的企业三大类，由政府和国防部共同管理。其中最大的 5 家公司是以色列飞机工业集团、以色列军事工业公司和以色列军备发展局（均为国营）、Elbit 公司和 Elrisa 公司（私营）。这 5 家占到全国武器出口额的 90%左右。冷战后以色列在世界军火市场上的地位显著上升，根据 2002 年承接的订货合同排名，以色列已成为世界上第三大军火销售国。

（2）以色列国防工业运行机制的特殊性

① 高度重视国防科技研究，不断增强自主开发能力。以色列军事工业也是从"仿制"起家的，却高度重视自主开发能力建设，投入大量资金用于国防科技研究，其居高不下的国防开支中有很大一部分是用于国防科技工业，并建立了一系列国防科研机构，著名的有拉斐尔武器发展局、海法技术大学、武器研究中心、航空航天学会、韦兹姆研究院（研究核技术）等。自主开发能力使以色列在无人机、中小型侦察机、空战局势分析系统、歼击机电子设备等高科技武器装备领域处于世界领先地位。据悉，美、俄、英、法、以色列均能制造飞机预警系统，但以色列研制的"费尔康"的性能要高出俄罗斯 A-50 预警机 4 倍，是世界目前最先进的预警机。

② 强化国际合作，博采众家之长。在高度重视自主开发能力的同时，以色列还加强与美、法、德等国军工企业的合作，共同研制具有国际先进水平的武器装备。在国际合作中，以军工企业掌握了许多先进的技术，使其研发武器装备的水平大大提高。以色列著名的"幼狮"战斗机，就是在从瑞士方面秘密地获得的法国"幻影"Ⅲ设计方案的基础上，装备了美国通用电气公司生产的 J79 发动机以及以色列自己研制的飞行控制系统和武器投放系统后研制成功的。1990 年两德合并后，德国将大量原民主德国的苏制武器包括米格 29 战斗机、空空导弹和 T72 坦克配件在内的军火卖给以色列，以色列经过消化吸取苏联武器的精华，改进了自己的"梅卡瓦"坦克、"巨蟒"-4 空对空导弹，一时成为世界军火市场的畅销货。以色列军工企业还到美国、德国、波兰、印度等国建立合作企业，把自己研制的武器装备拿到国外去生产，以避开贸易壁垒，扩大在国际军火市场上的份额。

③ 积极拓展国际军火贸易，高度依靠国外市场。像所有国家的国防企业一样，以国防科技工业的生存与发展离不开海外市场，在其每年 39 亿美元的销售额中有 75%是出口的。为拓展国际市场，以色列主要采取了以下措施：一是积极开展现有武器的更新改造。在冷战后相对和平的时期，各国无力拿出更多的资金研制新装备，于是改装现役武器以提高性能并延长服役期就成为最佳选择，因此造就了一个巨大的军品改装市场。以改造更新旧武器起家的以色列在这方面具有巨大的优势。由于以色列曾引进了美、英、法等西方国家的武器，又从战争等渠道取得了大量苏式装备，所以它的改装是博采众长，再加上它的改装完全是针对战场特点，且经过实战考验，所以在军火市场上很有竞争力。以色列先后帮助东欧国家和印度等国升级更新了大量苏联武器，为一些发展中国家更新美、法等国生产的武器设备。据报道，以色列已帮助土耳其升级了 200 辆 M-60 坦克和数十架 F-4 型战斗机。2005 年 1 月，双方商定以色列再帮助土耳其升级 100 多辆 M-60 坦克和 44 架 F-4 型战斗机；二是开发高端军工产品。高价厚利是犹太人做生意的重要法则，军火销售也不例外。以色列刚开始是向第三世界出口武器，但一方面由于面临着巴西等国同类产品的竞争，另一方面也因为第三世界国家财政困难，购买力有限，于是就转向与发达国家合作开发高性能武器，打入发达国家市场，以谋求更大的利益。以色列的"费尔康"预警机就是在俄制伊尔-76 型运输机（价值 5 000 万美元左右）上搭载机载预警系统。据估计，其成本不过 1 亿美元，却要价 3 亿美元。高技术武器设备使以色列在国际军火市场上左右逢源，大发其财，韩国、菲律宾、比利时、法国、瑞士购买无人机，印度采购无人机、导弹、"费尔康"预警系统、电子设备、超现代化雷达，波兰求购反坦克导弹，芬兰、荷兰进口空战分析系统，西班牙、希腊购买歼击机瞄准系统，丹麦采购夜视系统，澳大利亚购买海军装备，美国进口装甲运输车使用的装甲、无人机、瞄准仪、歼击机瞄准系统；三是输出"军事知识产品"，即自行开发的或在实践中学来的战斗、情报技术。如拉斐尔还出售一种叫作"ABS-2010"的作战伪装项目知识产品，使模拟者无须看到整个战场，只需在地图、报告和网络通信基础上就能做出恰当的决定，从而大大提高军事演练的成效。贝塔·提克瓦公司的主营业务是训练国内外的安全人员，经他们训练能够胜任对重要人物和石油管道的保

护，甚至反劫机等工作。安全和情报咨询公司（SIA）则在拉美开拓了新市场——培训拉美国家的反恐和缉毒人员。"9·11"后，如何有效防范和应对恐怖主义成为世界性的新课题，而在"反恐"方面实战经验丰富的以色列，一时成了全世界的反恐圣地。美国多次派出专家和要员到以色列学习"反恐"经验；英国、印度等许多国家与以色列建立了"反恐"合作关系。波兰加入欧盟后，表示要学习以色列在巴以边界建立隔离墙的安全技术，以确保欧盟东部边境的安全[①]。

④ 其武器研制经费来源的多元化。以色列的武器研制经费主要有三种来源，第一种是国家预算拨款，由国防部通过研究发展局拨给；第二种是通过国际合作获得国外资金；第三种是企业自行投资进行研究开发。其中，国防部拨款是武器研制经费的主要形式。由于以色列所处的安全环境极为严峻，因此长期以来以色列对于国防工业发展的投入相当巨大。

⑤ 以"贸"促"研"。以色列生产的武器装备一般经过实战检验，可靠性好，加之其武器装备不仅技术含量高且价格低廉，在国际军火市场上有很强的竞争力。以色列军火出口额占其军工生产产值的70%以上，出口产品多达600余品种。其中的关键在于，以色列军火出口的根本目的是进一步扩大生产规模，其中还提出相当大比例用于研制新型武器。

2）以色列国防采购组织管理

以色列国防部办公厅是武器装备采办的职能机构，国防部下属两个局各司其职：研究与发展局负责装备研制工作的管理，采办与生产管理局负责装备的订货和生产管理。以色列的基本执行部门是各类专门委员会，相当于美军的项目办公室，根据武器装备需要成立或解除，是临时性的，由国防部统一管理，其成员包括总参谋部人员、研究与发展局人员和用户代表。

以色列的国防科技工业由政府和军方共同管理，总理领导下的国防委员会是其最高决策机构。在具体分工上，国防部与总参谋部统一管理三军常规武器的科研与采购，原子能委员会管理核武器的科研，科学与发展部的航天局统一管理军用与民用航空航天活动。以下对相关管理机构的设置及职能做一介绍。

---

① 田瑾，任德胜，郭凤仙. 以色列国防科技工业的发展及其对我国的启示［J］. 西安电子科技大学学报（社会科学版），2006（2）：138-142.

国防部是以色列的最高军事行政机关,是内阁的一个部,部长由文官担任,战时可行使总司令职权。国防部副部长和总参谋长协助国防部长工作。国防部主要负责兵力动员、国防工业生产和研究、军费开支、武器装备的采购和供应、军队规章制度的颁布等军事行政领导工作。在国防部副部长之下还设有总务长官,主要负责国防部的日常业务。总务副长官、主任科学官、军事工业协调官协助总务长官工作。

国防部下设有办公厅,办公厅主任和总参谋长共同掌管国防科研和生产活动。主任科学官、军事工业协调官以及经济顾问作为办公厅主任的特别专业参谋,协助其进行工作。

国防部内对国防科技工业进行业务管理的主要部门有研究发展局、采购和生产管理局以及对外军援及军品出口部等。

采购与生产管理局负责以色列三军装备的采购和生产。采购项目需根据以色列三军的要求,从技术和战术上详细地加以论证,采购按照各种法律规定程序(投标、签订合同等)进行。国内市场的采购以招标的方式进行,采购与生产管理局按合同规定划拨经费,并监督检查技术和进度,以保证采购计划按时按质完成。国外采购工作则由国防部派驻世界各国或主要城市的代表团负责,对于国外军品的采购均按照国际贸易原则进行。

采购与生产管理局在武器装备采购立项之后,按照法律规定程序,进入招标或委托承包阶段,根据情况分别向国内或国外承包商采购。国内采购主要面向国防部下属军工企业和私营企业,由于以色列特别强调武器装备生产的自力更生,目前其武器装备的自给率已达到85%,其中陆军武器装备的自给率更是高达95%,因此武器装备采购合同主要是由国内军工企业承担。至于国内尚无法生产的武器装备则根据需要从国外采购,但采购并不局限于具体的武器装备,更多是购买专利、获准生产许可证、引进成套设备。国外的采购工作由国防部派驻各国的代表团按国际贸易原则进行。不论是国内采购抑或是国外采购,一经签约后采购和生产管理局、派驻国外的代表团,就进入检查、监督阶段,对武器装备采购项目的技术指标、生产进度进行即时跟踪,然后根据合同完成情况划拨项目经费。

第二节 法规制度体系经验和特点

一、美国

美国国防工业是建立在私有制和市场经济基础上的,调控国家与参与军工生产的民营企业之间的关系,主要依据法令、投资导向和合同进行。《国家安全法案》(1947年)、《国防产品法案》(1950年)签署和组建新的国防部之后,美国国防工业体系基本形成。《国防生产法》是美国杜鲁门政府为应对朝鲜战争于1950年9月8日颁布的基本法律,当时主要是为满足战争需要对重工业生产实施严格管控,从而保证战时用于武器装备的资源需求。冷战时期,该法成为刺激国防科技创新的重要工具,为保证包括碳化硅、砷化镓半导体、超导线材等新技术和新材料的重大突破提供重要资金保障。目前,美国建立了庞大而精细的国防工业法律体系,这是其国防工业得以不断发展和提升的重要力量源泉[1]。

美国等世界主要军事发达国家都十分重视国防采办的法律制度建设,美国国会、总统、政府有关部局以及国防部都是通过立法来管理和控制武器装备的采办工作[2],已经形成了一套适应市场经济和武器装备发展要求的国防采办法律制度。

1. 主要法律

美国政府采购经历了200多年的发展,形成了目前世界上其他国家所无法比拟的空前广泛和复杂的法律制度体系。严格来说,美国的政府采购包含联邦政府采购和各级地方政府的采购,而联邦政府采购法律制度在各州的适用受到宪法的限制,因各州也有独立的立法权,因此各州会依据实际情况制定州政府采购法律制度。

1) 美国联邦政府采购法律制度体系中的两部基础性法律

(1)《武器装备采购法》

《武器装备采购法》由美国国会于1947年制定,适用于国防部、军事服务部

---

[1] 肖渭明. 美国、欧盟的公共采购法律体系及其主要特点 [J]. 中国招标(35): 20-23.
[2] 李强. 美国武器装备采办管理法律法规分析 [J]. 法学杂志, 2006, 27(6): 148-150.

门、海岸警卫队和航空航天局的采购。该法的颁布对于美国联邦政府采购的发展具有里程碑意义，规定了各机构签订政府合同的程序，同时特别授权国防部长签署执行法规，这标志着美国政府采购开始走向现代化。

（2）《联邦财产与行政服务法》

于1949年通过，1984年和1994年分别修订，是规范民用采购的重要法律，规定了联邦财产的采购程序，正式引入谈判的采购方式，明确规定了集中采购的政策、方法。根据该法成立的联邦服务总署（GSA）负责所有行政机构的采购，但是允许国防部长出于国家安全的考虑豁免军事采购。

2）多部密切相关法律

（1）《联邦采购政策办公室法》和《采购诚信法》

《联邦采购政策办公室法》于1974年颁布实施。根据美国国会颁布的《公共法案 93—400》，在总统行政和预算管理办公室（OMB）设立联邦采购政策办公室（OFPP），办公室主任负责制定采购政策方向，确立了联邦采购政策办公室在政府采购领域行政机构的最高地位。

因1988年美国政府采购史上爆出最大丑闻——"Ⅲ Wind 事件"，美国国会在该法中增加了大量有关采购诚信的内容，如禁止承包商和采购人员故意提供或索要未来的工作聘任或商业机会，禁止泄露任何影响采购公平或政府谈判地位的信息等，该法此后逐步演变成《采购诚信法》。

（2）《合同竞争法》

一直以来，密封招标都是美国联邦政府首选的采购方式，竞争性谈判只作为替代采购方式。《武器装备采购法》和《联邦财产与行政服务法》延续了公开招标的主导地位，但在实施过程中发现了一些问题，如尽管两法都强调采用公开招标进行采购，但1万美元以上的合同中，超过90%是以谈判方式采购的。于是《合同竞争法》应运而生，对有关采购的规定尽可能趋向一致，扩大了竞争性谈判的适用范围，强化了竞争机制，限制了采购官员在控制竞争范围和投标商数量方面的权力，将竞争性谈判采购方式纳入竞争性采购程序范畴，这一规定具有历史性突破。

（3）《反赤字法》

《反赤字法》于1982年通过，规定除依法拨款外，政府机构及其雇员不得以合同或其他任何形式让政府承担付款责任。政府通过在合同中加入相关条款等方式落实该法。

（4）《国防拨款法》和《国防授权法》

美国国会每年都要通过下一财年的《国防拨款法》和《国防授权法》。前者负责为国防资金的拨款提供法律依据，规定该年度国防拨款的总规模以及分项规模。后者则对资金的使用方法、程序做出具体规定。

（5）《诚实谈判法》

该法通过让合同官在谈判时与承包商获得同等信息来提高获得公平价格的能力。具体做法是：对于 65 万美元以上通过谈判授予的采购合同，承包商需要提供真实、完整的成本及价格信息。

（6）《虚假申报法》

《虚假申报法》目前分为两部分：《虚假申报民法》和《虚假申报刑法》。根据该法，承包商如果通过向政府提供虚假申报牟利，将会因情节轻重被追究民事或刑事责任。

（7）《合同争议法》

颁布于 1978 年，规定了承包商和合同官解决合同争议以及与合同相关争议的具体程序。

（8）《国防采办队伍加强法》

《国防采办队伍加强法》于 1990 年年底颁布，要求国防部为采购人员建立教育与培训标准、确立教育与培训需求以及相关课程。该法经过多次修订后，建立了国防采购人员的初、中、高三级体系，确立了国防采购人员证书制度、核心课程以及继续教育的学时要求。该法在法律层面开创了联邦采购人员能力建设的先河，为后来的民用采购人员能力建设提供了模板，为打造整个联邦采购系统的采购人员能力建设体系奠定了基础。

（9）《2003 年服务采购改革法》

扩大了"采购"的范畴。按照该法的定义，"采购"不仅包含传统的签约功能，还包括需求确定、评估、合同执行以及技术、管理指导。在 20 世纪 90 年代联邦政府采购改革的基础上，该法进一步简化了商业产品和服务的采购程序，为采购人员培训基金的设立及其他采购人员能力建设的措施提供了法律依据。

（10）其他

《反回扣法》《反海外腐败法》《信息自由法》《商业秘密法》《使用联邦资金责任及透明法》《合同工作时间与安全标准法》《1965年服务合同法》《购买美国国货法》《资源保护和恢复法》《1990年预算执行法》《政府绩效与结果法》《联邦法院改进法》《行政争议解决法》等法律，都对联邦政府的政府采购产生了深远影响。

3）联邦采购条例系统

如前文所述，联邦采购政策办公室负责对政府采购的立法和政策制定进行协调，以避免政府采购立法的平行、重叠等混乱状况的发生。

根据《联邦采购政策办公室法》建立的联邦采购条例系统，是包括国防部门在内的几乎所有行政机构使用财政资金购买货物和服务时所遵循的主要规章。联邦采购条例系统由《联邦采购条例》（Federal Acquisition Regulation，FAR）以及各部门制定的FAR实施细则两部分构成。

最新版本的FAR共53章1905页。内容极为详尽，相当于一本采购操作手册，将所有有关采购的法律中的规定具体落实到条款、格式等，是每个合同官的案头必备之物。

美国许多国防和民用部门都制定了各自的FAR实施细则，这些实施细则以增补形式成为FAR系统的一部分内容，增补的法律效力仅限于颁布部门之内，而且增补的内容如果产生超出了政府部门内部流程之外的影响，或者影响到承包商或投标商的管理或成本，则必须事先向社会公众征求意见。尽管由FAR及其实施细则组成的联邦采购条例系统的相关规定非常复杂，技术性强，而且难以理解，但采购官必须掌握由这种种法律法规组成的"迷宫"，如此才能合格履行职能。

2. 具体实施规则

美国联邦的公共采购法律体系由基本法律和实施规则构成。基本法律主要包括《联邦财产与行政服务法》《联邦采购政策办公室法》《合同争议法》以及与招标采购有关的《小企业法》；实施规则主要包括《联邦采购规则》以及联邦政府各部门为执行和补充《联邦采购规则》而制定的部门采购规则。其中，最引人注目也最值得一提的是国防部的《联邦国防采购补充规则》，该规则以其严密、完备的规定以及充分良好的执行而闻名。

美国对本国货物、服务与工程材料提供优惠待遇的政府采购限制措施法典化，《购买美国产品法》成了美国政府采购限制措施的基础或基石。为了保障当时发生的第二次世界大战的物资产品供应，美国将优先购买美国货条款扩展成为培育和保护美国工业、工人和美国投资的《购买美国产品法》。《购买美国产品法》第 1 条规定，政府出于公共目的必须购买本国产品，除非有关机构或部门的负责人断定：本国所供应的货物或服务的价格"不合理"或者不符合美国的公共利益。其一般要求是：联邦政府为了公共利益只能购买原材料来自美国、在美国加工或者只在美国生产的产品和所有在美国生产、加工或冶炼的具有重要影响的产品。其适用范围为采购门槛价在 193 000 美元以下的货物、服务等。

经济危机结束之后，该法案并未随之失效，反而在相应利益集团的推动下不断发展强化，也使购买国货从最初的临时应急措施演变为美国政府采购制度的基本原则之一。该法案于 1954 年、1962 年和 1988 年经过了几次修订，至今已经施行了 70 多年。直到美国成为 GPA 参加方后，通过了平衡美国履行国际条约或协定的义务、适用采购门槛价在 193 000 美元以上的货物、服务的《贸易协定法》，方废止了《购买美国产品法》中指定从特定国家购买产品或服务条款，不公平地对待外国企业得到一定禁止。同时，《贸易协定法》授权美国总统解除对于来自 GPA 参加方、FTA 国家以及最不发达国家的适格产品的歧视，赋予这些产品与本国产品同等的市场竞争地位。从本质上来讲，《贸易协定法》是美国履行 GPA 等政府采购国际法制义务的国内法。它的主要目的是依据美国在 GPA 框架下以及在其他政府采购条约中承担的义务，免除对来自 GPA 参加方和其他政府采购条约参加方制成品的市场限制。因此，它是《购买美国产品法》的一种重要例外。

美国不仅走出了 20 世纪 30 年代的经济大萧条，而且"二战"后，成为世界上最强大的国家。为了维持强国地位，必须保持美国的军事实力，为此就需要大量的物质和设备的支持。除了美国自身责任和军事力量的改变外，不断发展与提高的科学技术和日益拓展的政府职能也使得战后美国的政府采购范围进一步扩大和种类进一步多样。这样，要回到战前的采购立法的限制条款中，显然是不可能的。那么，新的军事采取应采取何种政策呢？经过一段持续的研究之后，1947年议会通过了《武器装备服务采购法案》通称《贝瑞修正案》。该法案内容相当简短，被编辑到了《美国法典》第 137 章第 10 条。它与《贸易协定法》均作为《购买美国产品法》例外而存在。

为具体实施上述法律文件，美国制定了各种行政法规以及美国政府定期追加的各项特殊规定和实施细则，主要包括：在《购买美国产品法》通过时总统颁布的第 10582 号行政命令以及后来国会颁布的《美国航空法》《小企业优选方案》《环保方案》；1954 年通过的给予美国供应商政府物资运输优惠的《货运优惠法案》；同时，《预算补充决案》规定联邦资金资助的公路交通与公路项目应执行《购买美国产品法》等法案的限制措施之义务。2009 年为应对金融危机，美国还颁行了《2009 年美国复兴与再投资法》，进一步放宽了国货标准。

从其 1761 年第一部《联邦采购法》的颁布开始，美国政府相继以立法的形式规范政府采购，建立了一个由法律规则、组织体系、采购程序与方法以及申述制度等规范构成的较为完善的政府采购法律体系。其法律体系由法律（法案、法令）、规章制度和行政与司法规范三个部分构成，规范完备、内容严密、数量众多，达 500 种左右。规范效力层级齐全、结构严谨、层次分明的政府采购限制措施法律体系，有助于将看似纷繁复杂甚至十分零乱的采购人与采购代理机构、采购人与采购监管机构、采购人与供应商以及采购监管机构与国内采购主体等之间的关系，依政府采购行为和作用机制所决定的统一性构成具有内在和谐一致的规范体系，正是这种内在协调统一的法律保障了政府采购公共政策主要目标（包括政府采购限制措施）的实现。

20 世纪 80 年代以来，美国先后制定了《签订合同竞争法》《国防工业技术转轨、再投资和过渡法》《国防授权法》《联邦采办法》《国防拨款法》和《联邦采办改革法》等重要法律法规。这些法律法规的出台，对国防科研投资的军民协同做了相应的规定，大大降低了国防科研投资中的政策风险，有力地促进了国防科研投资的军民协同主要依据法令、投资导向和合同[①]。美国庞大而精细的国防工业法律体系是其国防工业得以不断发展和提升的重要力量源泉。

美国联邦政府早在1792年就制定了有关政府采购的第一部法律。之后，美国不断完善其政府采购立法，以立法的形式确立了《联邦采购条例》作为政府采购的基本法，又陆续通过了几个重要的法规，如《合同竞争法案》《美国产品购买法》《服务合同法案》，并补充了许多相关的法规。仅美国重要的国防采购法规就有《武装部队采购法》《联邦采购条例国防部补充条例》《国防拨款法》《改善国防采购队伍法》《1994年联邦采购精简法》《国防部采购管理改革法》以及《国防采购授权法》《联邦采购改革法》，等等。这些法规规范了采购行为，包括规定满足所需项目的要求、征招和物色厂商、签订合同、支付合同费用、合同的执行和监督以及开展与采购所需产品直接有关的各项技术与管理活动等。

美国是法制建设比较完善的国家，十分重视装备采办立法。据统计，美国有关国防采办的法律条款有近900项，其规定几乎覆盖装备采办管理的方方面面。美国建立了比较完善、层次分明和相互配套的装备采办法规体系。第一层为国会通过的有关法律，如《国家安全法》《国防生产法》《武装部队采购法》等，这些是采办的主要法律依据和基本指导方针。第二层是联邦政府颁布的有关条例，如《联邦采办条例》等和行政命令。这些文件是对国会法律的补充和细化，是采办工作的行动指南。第三层是政府各部、局以及三军总部规定的规章制度，包括国防部、航空航天局等制度的部门条例、指令/指示以及带有约束力的出版物如指南、手册和标准/规范等，这部分量最大，是采办具体工作人员的案头工具书。

第一层次：国会通过的法律有基本法、年度国防授权法与拨款法、特定的法律或修正案：《美国法典》第50篇"国防与战争"所列的目录中，与装备采办有关的永久性基本法多达数百个。主要有1947年制定的《国家安全法》，是规范美国防备及其有关活动的基本依据，规定了国防部范围内有关装备采办的管理机构及其职责。同年颁布《武装部队采购法》是美国三军和国防后勤局管理装备采购工作的基本法律，规定了军事采购的基本政策和程序。该法的目的是使三军所使

[①] 陈晓和，马士群. 中美国防科研投资模式比较及经验借鉴 [J]. 军事经济研究，2013（3）：5-7.

用的合同签订方法标准化。还颁布了国防部的第一部联合条例《武装部队采购条例》。1984年制定《签订合同竞争法》，要求在签订军品合同时进行全面、公开的竞争，要在武装部队中设立"竞争代理人"，要简化采购程序，尽可能使用民品。还有《政府合同法》《诚实谈判法》《购买美国货法》《国防采办队伍加强法》等。多年来，国会已通过了许多其他法律，其目的是确定国防部的采办政策与组织机构。在近几十年内，涉及国防业务的立法数量呈上升趋势，国会的监督力度也在加强，几乎每两年都要通过一些重要的法案，以改革某些方面的采办制度。出台的这些重要的法规，改变了采办的组织机构和政策，增加了对采办人员的道德要求，并加强了对采办人员的教育和培训。这些重要法案对国防采办业务起着重要的作用。

国会出台的一些采办相关的重要法规：

《1983年联邦采购政策办公室法》成立中心办公室，以确定所有政府合同的签订与采办政策，并监督该系统。

《1984年签订合同竞争法》修改政府实施竞争的政策并设立竞争倡导官。

《1985年国防部采购改革法》规定了技术数据的统一政策并确定了解决争议的方法。

《1986年国防采办改进法》除其他条款外，设立了负责采办与技术的国防部副部长一职。

《1986年国防部改组法》（通常称《戈德华特－尼科尔斯法》）除其他条款外，修改了参联会在采办与需求确定中的作用。

《1989年道德改革法》由于发生了采购丑闻，国会颁布了更加严格的道德法律。

《1990年国防采办队伍加强法》规定了对国防采办队伍的教育、培训和职业要求。

《1994年联邦采办精简法》取消了早期一些采办法律，如关于计算机采办的布鲁克斯法律条款。

《1996年联邦采办改革法》修订采购法以促使更有效的竞争；包括改进执行情况汇报、限制对成本/价格数据的需求，强调了价格与成本谈判。

《1996 年科恩-克林杰法》包括对竞争方法、商业项目采办的修改,以及从根本上改革了对采购信息技术装备的做法[①]。

此外,国会每年都要通过授权和拨款法案,改革采办体制。其中有些变化并不显眼,但有些却对采办业务起着重要的作用。美国国防部的科研、生产与保障计划及其预算要纳入总统的联邦政府预算,装备采办计划必须逐年向国会申报,先经两院的军事委员会审议,通过授权法案,再经两院的拨款委员会审议,通过拨款法案,并经总统签署后,方可付诸实施。在计划执行过程中,国防部必须定期向国会报告情况。《国防授权法》是国会控制国防采办的主要过程。1959 年规定,飞机、导弹和舰船的采购经费须以特别授权方可拨出。此后经常修订,不断增加拨款项目的范围。1963 年以后,所有研究、发展、试验与评价项目的拨款都必须经过授权。《国防拨款法》则分类规定军事活动的拨款数额,包括国防科研与采购款项,共分 9 大类、62 小类。还有特定的法律和修正案是指针对装备采办中的一些情况,根据特定的人提出的意见经法律程序后形成的。如《1986 年戈德华特-尼科尔斯国防部改组法》《史蒂文森-怀特勒技术革新法》等。

第二、三层次:第二层次是由政府行政命令颁布的有关法规,比如同装备采办关系密切的《联邦采办条例》,自 1984 年颁布至 1990 年该条例就修订了 15 次。第三层次是由国防部制定的《联邦采办条例国防部补充条例》以及《国防部第 5000.1 号指令》和《国防部第 5000.2 号指令》。

规范的法律、法规、条例为国防采办管理和实施提供了政策依据和行动指南,但美国国防采办存在法规过多、过于冗长和烦琐等问题,1991 年国防部成立了"采办法规精简和编纂顾问组",对 1 000 余项现行法律条款进行了审议,建议取消、合并和修改了约 600 项条款。国会于 1994 年 10 月通过了《1994 年联邦采办改革法》,为采办改革提供法律依据。

3. 美国采购制度改革

第二次世界大战后 70 多年来,美军的采办工作一直在发展变化,几乎每隔

[①] 总装备部情报研究所,中国国防科技研究中心. 美、英、法、德、日国防采办系统比较 [R]. 2001:7-8.

几年就要进行一次调整或改革。比较重要的是 20 世纪 80 年代后期和 21 世纪初"9·11"事件后的两次具有代表性的采办改革。

1）20 世纪末美军采办改革

（1）目的

美国的这次国防采办改革始于 20 世纪 80 年代后期，苏联的解体和冷战的结束大大加快了改革的进程，到佩里入主国防部时形成高潮。其直接诱因可以说是由于冷战的结束，需求和预算的逐年减少导致国防专用产品的采购量越来越少，国防工业基础受到极大冲击，国防工业正在改组、合并，转为多种经营，国防部再也不能完全依赖或主要依赖于国防专用的生产能力，国防部的采购费用由于军用特殊要求而日益增加、不堪负荷，同时高新技术尤其是军民两用技术正在迅猛发展。因此，为了适应其所面临的政治和经济环境的急剧变化，保证现有的工业和技术能力能满足国家当前和长远的安全要求，继续以可靠的、技术先进的、能负担得起的武器系统来装备部队，国防部制定了新的政策和战略。其目的包括三个方面：

① 降低采购费用，取消重复多余、无附加值，而又增加采购费用的军事专用程序和详细要求。

② 消除应用引进新技术的障碍，从包括军用与民用工业在内的国家工业基础中去寻求所需的技术。

③ 推动国防工业企业进入商业市场，提高其竞争能力。

简而言之，就是要促进军民一体化，依托民用工业基础，获取技术优势和采办先进武器系统所需要的能力，以最好的方法、最经济的费用，及时、灵活、持续地获得品质优良的武器装备，以保持美军技术优势，实现其未来军事、政治、经济的战略目的。

（2）内容

美国国防部采办改革的首要内容是加强法律法规建设。一是按照 1991 年通过的国防部授权法，美国国防部成立了由政府和私营企业的专家组成的专家小组研究影响国防采办的法律，对公法 101～510 800 节等大约 600 件法律进行了审查，并就其中近 300 件法律提出了废止、合并、修改或以新法替代的建议，向国会推荐了一套"相应的采办法案"。美国国会于 1994 年 10 月通过《1994 年职邦采办合理化法（FASA）》和《1996 财年国防授权法》，FASA 是一项意义重大的采办立法，对包括国防部在内的政府绝大部分采办活动进行规范，为国防采办改革提供法律依据，对国防采办产生很大影响。依据 FASA 美国国防部对采办过程和合同的签订与管理过程作出修改或改进，还于 1994 年 11 月授权成立了采购过程专题研究组和合同管理改革专题研究组，分别对改进国防采购方法和合同管理改革提出了 27 条建议和 36 条改进方案。二是美国国防部大力加强采购民用项目，从法规上消除了采购民用项目的障碍。三是建立联邦采办计算机网（FACNET），强调征求书和政府签订的合同采用电子数据交换（EDI）。四是放宽合同简化处理的范围。五是采用商业惯例，选择采办项目进行商业化试点。六是通过 FASA 规定小批初始生产（LRIP）条件下所能购买的产品数量范围，取消竞争性样机制造和竞争性备选货源的法定要求。除了组织开展立法工作以外，美国国防部采办改革的内容还包括大力推行军标改革，建立综合工作组（IPT），把费用作为独立参数实行财政限制，采用建模与仿真等先进技术手段，降低承制方的试验与检验费用，在合同和项目管理中加强同企业界的"伙伴"关系，不断加深政府和工业界之间的联系和交流等方面。

（3）成果

据 1996 年美国防务系统管理学院出版的《国防采办管理概论》称，这场改革已取得成功。成功的标志主要是：

① 通过立法，解决了采办政策、程序和合同管理方面的问题。

② 国防部各专门研究小组的建议已经基本实现。

③ 美国国防部的标准化工作已完全步入了新的轨道，正按新的政策和程序运转。

④《联邦采办条例》和《联邦采办条例国防部补充规定》已按 FASA 等法律进行修订。

⑤ DoD 5000.1 和 DoDI 5000.2 经过修改重新颁布为 DoDD 5000.1 和 DoD 5000.2-R。这两份文件是规定采办管理的强制性政策和程序的顶层文件，修改过程以 FASA、《联邦采办条例》和《联邦采办条例国防部补充规定》为依据。

2)21世纪初美军采办改革

(1)目的

"9·11"事件后,美国国防部制定了新的国防采办政策,并促使美军进一步推进业务转型和采办改革,沈飞(2006)将其归纳为以下几个方面:一是改革规划计划预算系统,提高国防资源分配的效率;二是发布新的国防采办政策和指南,增强采办的灵活性和高效性;三是推行标准采购系统,促进电子化采办;四是完善战时应急采办程序,做好战时装备保障工作;五是推进国防工业基础转型,提高装备生产能力。随着时间的推移,美国国防部的采办制度也在针对发现的问题不断改革不断完善。2008年,美国政府审计局审查了95个重大国防项目,发现超出预计成本2 950亿美元,造成开支浪费主要包括缺乏监督、更改指标、竞争不充分等。相关评估报告给出了以下原因:一是装备需求变更过于频繁,在项目进入采办阶段后变更系统性能需求,导致进度拖延、成本超支;二是装备技术成熟度不高,将成熟度不高的技术大量应用于装备研制与生产,导致装备成本大幅增加,以及装备质量与可靠性不高;三是装备管理方式方法不能满足装备复杂性要求,项目基线不科学,导致项目成本和进度估算不准确;四是管理制度执行不严格,落实不力等问题。2009年5月22日,美国总统奥巴马签署了法案号为S.454/P.L.111-23的《2009年武器系统采办改革法》(以下简称《改革法》)。该法律共分为采办机构、采办政策和其他采办条款三章,共16条。在总统签署后180天内生效。该法得到了参、众两院一致支持,旨在:增加政府监督,避免武器采办过程中的利益冲突;加强竞争,最大限度减少非竞争性合同;提高资金使用效率,节约政府资金,解决防务开销超支、采办进度拖延的问题,通过国防预算遏制浪费,力求做到用最低的成本获得最好的武器。

(2)内容

武器系统采办改革法代表了采购改革流程的重大措施,究其要点可以将其内容总结如下:

① 强化系统工程。在政策上,《改革法》要求重大采办项目要将系统工程要求列入项目军事需求和合同要求,改进系统工程管理方式,在采办早期综合考虑使用保障问题,最大限度地避免设计反复修改而造成的进度拖延、费用超支问题,

并进一步加强研制试验鉴定工作。在制度上，美军系统工程与研制试验鉴定的管理长期以来都由系统与软件工程办公室负责，这与该项工作的重要性完全不相匹配。《改革法》要求，国防部应调整其系统工程组织机构，在原有机构的基础上成立系统工程局和新的研制试验鉴定局，专职负责评估美军系统工程和研制试验鉴定能力，并对相关工作提供政策指导。要求新成立的两个局联合协调，遵循联合试验与评价/系统工程指导原则，联合向国会做年度报告；重大防务采办项目的部门采办执行官应向两个新成立的机构配备相应的资源。新成立的两个局长均由国防部长任命，研制试验鉴定局负责制定研制试验和评价的政策和指导方针，批准重大防务采办项目试验与评价总计划中的研制试验部分，指导每个军种在其各自机构内对正在发展中的武器系统的缺陷进行测试和评估，并将其完全整合到五角大楼的系统工程活动中去；系统工程局负责制定系统工程的政策和指导方针，批准重大防务采办项目的系统工程计划。

② 强化费用评估。《改革法》要求设立费用评定和项目评价局（CAPE），局长的任命需由参议院批准，他有权从承制方那里获得费用数据，并确保国防部高级管理层获得客观公正的数据；他可以对重大项目进行独立的费用评估和分析，以确保重大的国防采办项目的费用评估是客观、公正和可靠、可信的。如果这位主管认为，军种对较小项目的评估是独立的、可靠的，那么他就可以在此基础上开展相应的分析工作。这充分表明了美军加强成本评估与管理控制的决心和力度，也反映出美军采办管理的最新要求和改革方向。

③ 强化技术权威。针对以往过度关注技术先进性和创新性、忽视技术成熟度的问题，国防研究与工程局局长（DDR&E）被要求负责重大项目采办实施过程的技术成熟度评估，定期审查评估国防部重大采办项目关键技术的成熟度和集成风险，此举加大了对重大采办项目技术风险的管控力度。《改革法》要求国防研究与工程局局长向国会做技术成熟度和集成风险的年度报告，同时向国会报告执行法律（包括执行技术准备状况评定和 DoDI 5000 文件）所需要增加的资源。《改革法》还要求国防研究与工程局局长制定基于知识的标准，借以度量技术成熟度和集成风险。这项改革措施要求海军重新确立其技术上的权威性，也就是要求海军能够持有核心技术，而不是像以前那样依赖承制方，并且能够加强五角大

楼总体采办力量的建设。罗伯特·沃克认为：五角大楼面向工业界选择一个所谓的"主导性系统整合者"（lead systems integrators），而自己只是扮演需求设定者的角色，这是一个"巨大的赌博"。在这种框架下，政府把其他几乎所有的技术细节，以及大部分的日常管理职能都交给了工业部门。政府在不拥有技术上的权威性的情况下，在与工业界有关的问题上仍然负有大量的责任。这种技术权威可以使政府进行独立的系统分析和费用评估，可以加强测试和评估工作。《改革法》要求控制高技术武器的费用，并最终确立大多数武器系统的固定价格合同。要实现这一点，以造船为例（也适用于飞机和其他武器），海军必须要掌握必要的技术知识，掌握整个设计和工程过程，而不仅仅局限于为武器系统设定需求。

④ 强化需求评估。《改革法》要求联合需求监督委员会征求并考虑各作战司令部司令官提出的意见，确定联合军事需求，包括为评定新联合军事要求提供情况的现有或预计的使命或威胁；根据现有或预计的使命或威胁提出联合军事要求建议的必要性和充分性；所提出的联合军事要求建议相对于该战区其他联合军事要求的优先序；伙伴国有助于满足军事联合要求的能力，或伙伴国提供的下述帮助，即有利于开发满足联合军事要求的技术或有利于使用为满足联合军事要求而开发的技术。同时，在需求生成程序上予以进一步改进，包括确保在制定项目需求的初期就有采办人员参与和领导，以支持主管司令部的工作；要求高级采办主管证明采办方能成功地满足能力发展文件中的要求，必要时要求装备司令部司令或太空司令部司令也能够出具证明；要求项目执行官与提出需求的一级司令部或该司令部的指定人员协调招标书的编制工作；在调低关键性能参数到最低可接受值时应非常谨慎，确保所有需求都界定明确、可度量、有优先顺序，并在选择供货源过程中可被评估；要求采用增量采办策略，此策略能有效削减成本、缩短工期、降低技术风险；在采办发包时冻结项目需求，不得再有增删。

⑤ 强化原因分析。《改革法》要求国防部长指定国防部长办公厅的资深官员负责指导和监督执行情况的评定和根本原因分析。对重大防务采办项目进行根本原因分析是对产生费用、进度或性能缺陷问题的根本原因进行的一种评定，包括下列方面产生的影响：不切实际的性能期望值；不切实际的费用或进度的估算基线；不成熟的技术或过高的制造风险或集成风险；项目执行过程中出现未预计到

的设计问题、工程问题、制造问题或技术集成问题；采购数量的变化；项目投资力度不够或投资不固定；负责项目管理的政府人员或承制方人员的执行能力不强等任何其他原因。

⑥ 强化流程改革。依照法律规定，武器系统采办从需求到部署要经过三步流程：确定所需武器系统，通过联合能力集成与改进系统（JCIDS）确定需求；通过规划、项目、预算和执行系统（PPBE）分配预算；执行采办，通过国防采办系统（DAS）进行开发/采购。进入 21 世纪，信息技术的更新换代速度日益加快，但各国传统的采办程序仍然是建立在原有技术体系基础上的，美军称之为"瀑布式"的开发模式，即根据既定的程序，按照顺序进行设计、开发与部署，持续采办相应的装备。这种模式强调对采办过程的严格控制与评审，如果偏离规定的顺序就需要制定新的项目基线，导致重新对项目进行从上到下的全面审查，最终导致项目延期。为此，美国国防科学委员会 2009 年 3 月向国防部长提交了《信息技术采办政策与程序》报告，提出新的采办程序设想：一是进一步强调并优化渐进式采办模式，不仅将装备项目分为多个批次，而且在批次采办内部，进入型号研制以后，强调进行多次技术更迭，将最新的信息技术应用于装备；二是进一步减少采办的里程碑审查节点，只保留三大里程碑节点中的里程碑决策点 B 为重大审查节点，其他两个改为一般性的审查节点，避免因节点过多造成采办周期过长；三是将采办过程分为业务情况分析与开发、体系结构开发与降低风险、开发与演示验证以及使用与保障 4 个阶段，突出信息技术的特点，将体系结构设计与开发直接纳入采办程序；四是对每个采办阶段明确规定时间周期要求，前两个阶段的周期最长不能超过两年，开发与演示验证阶段的周期为 6~18 个月，突出信息技术采办对时间的严格要求。

⑦ 强化均衡管理。美军装备采办制度改革要求细化全寿命采办管理，加大对装备采办全寿命过程的监管力度，加强对成本、进度、性能的综合管理，其中一项要求就是从需求生成阶段开始就综合考虑采办成本、进度与性能的平衡。《改革法》第 201 条即为"费用、进度和性能的权衡"，要求国防部长在国防部采办计划中确保建立一种能合理平衡成本、时间和性能目标的机制，并予以实施；要求联合需求监督委员会确保能合理平衡各项联合军事要求；要求国防部长确保联

合需求监督委员会对其提议的每一项联合军事新需求都做到征求并考虑各作战司令部司令官的意见,并遵守合理的平衡要求;采用渐进式采办策略,将不成熟技术推迟到其成熟后用于以后的增量;要求联合要求监督委员必须和作战部队司令、USD(AT&L)(主管采办、技术、后勤的国防部副部长)以及 DCAPE(费用评定与项目评价局局长)商议费用、进度与性能的权衡问题,商议联合要求初始使用能力的确定问题;里程碑决策者必须在里程碑决策点 B 提供证明,证明所做出的费用、进度和性能权衡能确保经费的可承受性。

奥巴马政府强调"均衡务实"的国防政策,在 2010 年 2 月发布的《四年一度防务评审》报告中指出,在采办管理改革中注重协调多方关系,强调采办过程管控与快速高效的平衡,立足国内采办与加强国际合作的平衡,不断提升部队完成多样化任务的能力,持续推进采办管理制度的优化和完善。国防部强调在加强采办过程管控与加快采办进度之间寻求一个平衡点,提出了改革举措,主要包括:2015 年前增加 2 万名采办人员,加强管控力度的同时提高管理效率;加强对采办前期的方案论证与技术开发力度,提高采办前期的经费投入,通过提高方案与技术的成熟度,达到降低全寿命费用的目的;提高需求论证的科学性、快速性与稳定性等。

⑧ 强化竞争机制。《改革法》要求确保竞争。即要求采办策略能确保主合同和分合同实行竞争或选择竞争方案;要求提供足够的文件说明选择分合同的全部理由;规定确保竞争的措施,只要这些措施具有好的效费比;要求以最好的方式做出公平客观的"购买"决策;要求签订维修和持续保障合同要实行最大限度的竞争。其中,确保竞争的措施包括竞争性原型机的制造,双货源,分类定价合同,为下一代原型机系统或原型机分系统提供资金,运用模块化开放式体系结构为实现升级竞争创造条件,运用构件板打印方法为多家厂商进行生产创造条件,采办完整的技术数据包,为实行周期性竞争的分系统升级创造条件,认可其他供应商,定期对系统或项目进行审查,解决项目决策过程中影响前期竞争效果的问题等方面。

⑨ 强化冲突协调。《改革法》要求修订《〈联邦采办条例〉国防部补充规定》,对重大防务采办项目规定统一的方针,严格现行要求,以解决承制方引起的机构间利益冲突;要求合同完整性专家工作组(根据 2007 财年国防授权法建立)向国防部长提出消除或缓解机构间利益冲突的措施建议;合同完整性专家工作组可

在国防部长断定与合同整体性相关的问题得到缓解时终止工作,但在 2011 年 12 月 31 日前不得终止。

美国防务采办文件的演变过程见表 2-2,美军采办阶段划分的演变见表 2-3,新旧采办模式的对比见表 2-4。

表 2-2 美军防务采办文件的演变过程

颁发年代	文件代号	文件名称	备注
1971 年	DoDD5000.1	重大防务系统的采办	分 3 个采办阶段
1977 年	DoDD5000.1	重大系统采办	分 4 个采办阶段
	DoDI5000.2	重大系统采办过程	
1987 年	DoDD5000.1	重大与非重大防务采办项目	分 5 个采办阶段
	DoDI5000.2	防务采办项目程序	
1991 年	DoDD5000.1	防务采办	分 5 个采办阶段
	DoDI5000.2	防务采办管理政策和程序	
1996 年	DoDD5000.1	防务采办	分 4 个采办阶段
	DoDI5000.2-R	重大防务采办项目和重大自动化系统采办项目必须遵循的程序	
2001 年	DoDD5000.1	防务采办系统	分 4 个采办阶段
	DoDI5000.2	防务采办系统的运行	
	DoD5000.2-R	重大防务采办项目和重大自动化信息系统采办项目遵循的程序	
2003 年	DoDD5000.1	防务采办系统	分 5 个阶段
	DoDI5000.2	防务采办系统的运行	

资料来源:美国国防部 DoDD5000.1《防务采办》和 DoD5000.2《国防采办管理政策与程序》2003 年 5 月 12 日。

表 2-3 美军采办阶段划分的演变

采办文件	阶段 0	阶段 I	阶段 II	阶段 III	阶段 IV
1971 DoDD5000.1	项目启动	全面研制		生产与部署	
1977 DoDI5000.2	方案探索	验证与确认	全面研制	生产与部署	
1987 DoDI5000.2	方案探索与定义	方案验证与确认	全面研制	生产与部署	使用和保障
1991 DoDI5000.2	方案探索与定义	方案验证与确认	全面研制	生产与部署	使用和保障
1996 DoDI5000.2	方案探索	项目定义与风险降低	工程与制造研制	生产、服役/部署和使用保障	
2001 DoDI5000.2 2003 DoDI5000.2	方案与技术开发 方案改进	系统研制与验证 技术开发	系统研制与验证	生产与部署 生产与部署	使用与保障 使用与保障

表 2-4 新旧采办模式的对比

比较项目	采办模式（1996年）	采办模式（2001年）	采办模式（2003）
里程碑	0、Ⅰ、Ⅱ、Ⅲ	A（分析）、B（开始研制）、C（交付生产）	A（分析）、B（开始研制）、C（交付生产）
评审	DAB、DAE、SAE 评审	DAB、DAE、SAE 评审决策/中间进展评审	DAB、SAE
项目启动	单进入点	多进入点	多进入点
要求文件	MNS、ORD	MNS，分阶段的 ORD	ICD、CDD、CPD
资金投入	在阶段Ⅰ要求充分投入资金	在系统研制阶段要求充分投入资金	在系统研制阶段要求充分投入资金
责任	国会的可见性、责任、灵活性及国防部和各军种的责任	国会的可见性、责任、灵活性及国防部和各军种的责任	国会的可见性、责任、灵活性及国防部和各军种的责任

注：DAB：防务采办委员会；DAE：防务采办执行官；SAE：军种采办执行官；MNS：任务需求说明；ORD：使用要求文件；ICD：原始文件。

扩展阅读 2-6：美国推进国防科技工业军民协同发展的经验[①]

美国在充分竞争的市场条件下有效推动了军民协同发展，是研究国防科技工业军民协同发展的典型代表。美国高度重视军民协同制度建设，从不同层面出台法律法规和政策法令，同时加强国家层面的统筹协调，通过依托有关机构部门落实各项发展战略。

一、美国军民协同注重制度建设和统筹协调

冷战结束后，在国防投入相对减少的情况下，美国提出了军民一体化发展理念，将"军民一体化政策"（Civil-Military Integration Policy）列入《美国法典》，将其作为一项长期基本政策确定下来，主要内容包括：(1) 最大限度地依托民用科技工业基础来满足国家安全需求；(2) 降低部分军工企业对国防订单的严重依赖；(3) 减少国防部门采用民用产品、工艺和标准的障碍。此后，美国相继出台各类法律法规，从国家法律层面推动军民协同的顺利实施。其中，《国防技术转轨、再投资和过渡法》《国防授权法》《联邦采办改革法》和《国防科学技术战略》

[①] 国务院发展研究中心"军民融合产业发展政策研究"课题组. 美国推进国防科技工业军民融合发展的经验与启示 [J]. 发展研究, 2019 (2)：14-18.

等法律明确了军民协同发展的指导意见、技术标准、采购原则,支持和鼓励民用工业公司参与国防市场。此外,《国家安全法》《签订合同竞争法》《联邦技术转移法》《拜杜法案》《技术转让商业化法》和《小企业法》等法律从不同角度规定了促进军民协同发展的政策法令。

美国在联邦层面主要依托国家安全委员会、经济顾问委员会、白宫科学与技术政策办公室、国家安全顾问和国家经济委员会等机构,构建了军民协同发展的统筹协调机制。比如,美国建立了统筹协调军民科技计划的协调机制。由白宫科学与技术政策办公室根据国家科技委员会和总统科技顾问委员会的咨询建议,对国防和民用科技计划进行审核分析,与行政管理和预算局会商制定军民统筹的联邦政府科技计划。在实施过程中,由国家科技委员会统筹协调,对各部门经费预算提供分配建议,对参加军民科技计划的国防和民用研究资源进行整合、调度和协调。

◎ 扩展阅读2-7:美国注重构建科技资源开放共享的国家法律体系和政策体系

尖端科学技术的研究需求对科研基础设施提出了更高的要求,美国作为西方发达国家的典型代表,除了持续增加对科研设备设施的投入之外,还形成了较为系统的法律政策体系,以促进科技资源的共享。

1.《美国法典》中国防科技资源相关内容

《美国法典》第50卷(战争与国防卷)第401章(亦即《1947年国家安全法》第103条第三款)中,明确规定国防动员署主任在履行资源调配职责时,应最大限度地利用政府各部、局的设施与资源,以实现国家资源的高效利用。

在国防卷中明确指出的还有国防资产的协调事宜,如制订战时有效利用国家自然资源与工业资源的计划以供军需与民用;在战时对从事有关军需或民用的物资与产品的生产、采购、分配、运输的联邦各部局的工作进行统筹安排;处理战时对劳动力、资源和生产设施潜在的供需关系,制订战备物资与应急物资的充分储备计划以及储备物资的保存计划;对工业、服务设施、政府及经济活动部门进行战略转移,使国防资产继续运转以保证国家安全。

2. 以共享为基础的法律框架

为提高科技资源的使用效率，美国的很多法律都规定了共享的原则。从 20 世纪 60 年代美国国会通过《信息公开法》开始，便开创了美国资源公开、共享的先例，随后，70 年代的《政府阳光法案》也在一定程度上开始要求政府的信息向公众公开。早年间的这些法律虽然只是在信息及数据资源方面强调了开放与共用，但却奠定了此后美国整个国家科技资源开放、共享的制度与法律基础。

20 世纪 90 年代，美国国会通过《政府采购改革法》，其中就政府采购设备的共享问题做出规定："对政府资产具有管辖权的承担单位可以授权给专业的非营利机构免费使用这些资产，用于研究、开发和教育"。该法案还对收取服务费用的情况做出规定："政府财产通常应该经过授权后无偿提供使用，但是非政府的商业目的性质的使用应该收取费用。"这为联邦政府投资的科研仪器设备对外开放以及公私部门合作研发提供了法律基础。

除此之外，2002 年《电子政府法》、2002 年《联邦信息安全管理法》、1996 年《信息技术管理改革法》、1994 年《政府管理改革法》、1993 年《政府绩效法》、1950 年《联邦档案法》、1949 年《美国联邦财产与管理服务法》、1974 年《隐私法》等美国的国家法，均涉及包括科技资源在内的公共资源的管理和使用规定。

3. 以开放为要求的政策体系

美国联邦政府通过"总统管理议程"，促进科技资源的开放和共享。在国家法律制度基础上，美国白宫管理与预算办公室（OMB）、科技政策办公室（OSTP）以及联邦政府部门中具有研究开发职能的机构、设施依托单位等，均制定了相应的部门规章及政策、管理法规或指南，要求联邦经费资助所购置的仪器设备在最大程度上公开和共享。

如美国国家科学基金会的《设施监管指南》，美国农业部的《研究设施法》，美国国家航空航天局的《设备管理指南》，国家标准和技术研究院的《设施管理指南》等，设施依托单位如大学和研究机构对所运营的科研设施也都制定了相关的管理条例。在国防实验室设备设施管理方面，主要依据《联邦政府采购法》和 OMB 颁布的法律法规，以政府投资为主的国防实验室设施所有权归联邦政府，实验室有使用权，设施报废处理需上报主管部门批准，设施日常管理要求明确标识、实物登记、记录齐全、操作规程规范,在不影响项目的情况下,实验室有义务将设施对外开放。开放应首先满足本实验室项目使用,其次给予资助联邦政府部门其他项目,第三为其他联邦政府部门的项目,最后在经政府批准且收费的前提下为工业界服务。

4. 出台相关战略与规划,从军民协同高度统筹调配科技资源

美国政府依托白宫科技政策办公室及政府相关跨部门委员会,站在国家全局和军民协同的高度制定科技创新顶层战略文件,统筹调配科技资源,指导和牵引国防科技创新发展。

自2009年以来,美国政府定期出台《国家创新战略》,提出科技创新的方向目标、重点任务,以及包括资源统筹调配在内的管理举措等内容,统筹谋划科技包括国防科技的长远发展。最新一版的《国家创新战略》发布于2015年10月,提出着力发挥市场在推动科技创新及调配科技创新资源中的作用,注重国家科技资源的共享共用,提出采用奖励机制调动全民的创造力,并要求将美国政府建设成创新型政府。《国家创新战略》制定完成后,由总统亲自签发,从国家全局与军民协同的高度统筹国家资源、科技创新,战略中所涉及的重点技术领域,既是民用技术领域优先发展的方向,在军事领域也有重要应用空间,对国防部制定相关国防科技战略规划文件提出了重要指导。其次,该战略明确了推动科技创新的制度保障,包括强化基础设施建设的经费投入及开放共享,这为国防科技的创新发展也奠定了重要基础。

此外,白宫科技政策办公室还制订发布重大科技计划,如2000年发布"国家纳米技术计划"、2013年发布"通过推动创新型神经技术开展大脑研究计划"等,组织军民协同参与,共同研究开发,实现技术和资源的共享共用,推进重大科技领域创新发展。

扩展阅读2-8:《国防生产法》——特朗普的秘密武器?

一、什么是《国防生产法》

《国防生产法》是美国杜鲁门政府为应对朝鲜战争于1950年9月8日颁布的基本法律,当时主要是为满足战争需要对重工业生产实施严格管控,从而保证战时用于武器装备的资源需求。冷战时期,该法成为刺激国防科技创新的重要工具，为保证包括碳化硅、砷化镓半导体、超导线材等新技术和新材料的重大突破提供重要资金保障。进入 21 世纪，该法的作用得到进一步加强，在保护国防工业核心生产能力等方面产生了更加重要的影响。

《国防生产法》已数次修订，目前最新一次修订时间为 2018 年 8 月 13 日；该法已启用约 50 次，最近一次启用就是为应对新冠疫情暴发。《国防生产法》全文共包括 7 卷，目前仍在生效的仅包括第一、三、七卷，分别为国防生产资源的优先分配次序；扩大生产能力与供应；一般性规定。主要内容涉及明确物资与设施的分配体制；采取财政措施激励国内企业，维持和提高国防生产能力；解决国防生产过程中可能出现的劳资纠纷和信用监督等问题。

《国防生产法》至今已成为美国保军、备战的重要"武器"，该法律有效地调整了国防生产各方面的关系，保证了国防生产按国防需要的规模、品种顺利进行发展，缩短了战时工业动员的准备时间，对于保障国家安全和其他活动的顺利开展具有一定的影响。

二、《国防生产法》赋予总统的权力

《国防生产法》第一章、第三章等内容明确规定美国总统有下列权力：

（一）物资、服务和设备分配

该法律赋予总统可首先履行他认为对国防必要的或适宜的合同或订单（不包括雇佣合同）的权力。并且为保证这种优先次序，总统有权要求他认为有能力执行此类合同和订单的任何人，优先与之订立和执行此类合同和订单。该法律赋予总统可按照他认为有利于加强国防所必要和适当的方式、条件和程度，对物资、服务和设备进行分配的权力。

（二）囤积指定稀缺物资

该法律规定总统不得用于控制任何物资在民用市场的一般分配，除非总统认为这种物资是一种稀缺物资，并且对于国防是必不可少的，或者对这种物资的国防需求不能够以其他方式得以满足；该法律还规定任何人不得囤积总统指定的稀缺物资，或者是囤积行为使市场供应面临威胁的物资。

（三）能源战略关键物资

该法律授予总统对任何燃料和原料（包括但不限于原油、残油、任何精炼石油产品、天然气和煤)、电力和任何其他形式的能源进行强制性分配和定价的任何新的直接或间接的权力。

(四)加强国内生产能力

该法律规定总统可以采取适当的激励措施,对执行美国国家安全战略至关重要的关键组件、关键技术项目、物资和工业资源生产能力进行开发、维护、现代化、恢复和扩大提供适当奖励。该法律规定总统应优先关注作为小企业分包商或供应商的问题,并在可行的最大范围内,优先关注劳工部长确定的高失业率地区和经济状况持续下降地区小企业的问题。

(五)关键生产能力担保

该法律规定为了减少工业资源、关键技术项目或国防目的所需基本材料当前或预期的缺口,如果担保机构认为某些生产能力或物资是创造、维护、加快、扩大、保护或恢复国防至关重要的生产、交付或服务所必需的,总统可以授权担保机构向私人机构提供贷款担保,以资助该担保机构认定的,对建立、维护、扩大、保护或恢复国防所需生产或服务至关重要的任何承包商、分包商、供应商等。

(六)私营企业贷款

该法律规定为了减少对国防必不可少的工业资源、关键技术项目或材料当前或预期的缺口,总统可以向私营企业(包括非营利性研究机构和重要基础设施提供商)提供贷款,用于产能的创造、维持、扩大、保护或恢复,技术工艺的开发,重要材料的生产等,包括战略性和关键性金属和矿产品的勘探、开发和挖掘。

(七)其他

该法律规定为了创造、保持、保护、扩大或恢复对国防必不可少的国内工业基础产能,总统可以对法律文本中已规定的事项下达指令,还可以在不违反生产法限制性规定的前提下,对现行法律的某些限制性规定进行豁免。

三、启示

通过此次特朗普动用《国防生产法》应对新冠疫情,我们有两点启示:

1. 美国是市场经济高度发达国家,但是在战争以及灾难等紧急状态下,仍然有着强大的统筹计划和应急动员能力,通过法律赋予总统集中调动一切战略资源

（包括私有资源）的权力，其集权程度和效率之高令人惊叹，某种程度上也是一种举国体制体现，其管理体制和文化所蕴含的潜力需要进一步深入研究。

2. 为切实保障社会生产能力能够满足国家紧急需求，《国防生产法》对相应的担保、贷款、基金、信息等配套支持措施以及惩罚措施等均予以详细规范，这与美国一贯的法律制度体系特点相吻合。值得注意的是，该方案在其大部分章节明确废止后（一共七个章节，其中四个章节废止），其余章节仍然能够发挥关键作用，这种模式确实值得研究。

扩展阅读 2-9：美国 2019 财年国防采购与研发预算[①]

作为国防预算的重要组成部分，国防采购与研发预算是体现国家军事力量的基本指标，也是决定未来战争胜负的关键因素。美国 2019 财年的国防预算动态反映了美国《国家安全战略》和《国防战略》的政策与战略要求，2019 财年国防采购与研发预算的显著增长更是体现了其"军事优先"与"大国竞争"新的国家战略选择。

一、美国 2019 财年国防预算授权的总体情况

特朗普政府于 2018 年 8 月 13 日正式签署了《2019 财年国防授权法案》，该法案将为各类国防相关活动提供 7 170 亿美元的预算资金。从预算拨款项目来看，美国国防部国防预算主要包括行动与维持支出、军事人员支出、采购支出、国防研发（研究、开发、测试和评估，RDT&E）支出、军事建设支出以及其他支出。国防预算还包括了能源部与其他部门的国防相关支出以及强制性支出。表 2-5 提供了 2019 财年美国国防预算各个拨款项目的总体情况。2019 财年授权的行动和维护预算为 2 472 亿美元，其中 487 亿美元用于海外应急行动，是国防预算中占比最大的项目，约占国防部预算总额的 34%。军事人员授权预算为 1 471 亿美元，为占比第二大的拨款项目。国防采购预算为 1 452 亿美元，其中 129 亿美元用于海外应急行动，约占预算授权总额的 20%，比特朗普政府 2018 财年的预算要求增加了约 200 亿美元，为主要拨款项目中增幅最大的部分，增长了约 15%。

[①] 侯娜，胥宝俊. 美国 2019 财年国防采购与研发预算 [J]. 国防科技，2019，40（2）：36-44.

国防研发预算为930亿美元,约占预算总额的13%[①],增长率位居第二,较上年增长了约11%。可见,2019财年国防采购与研发预算总量约占美国国防预算总量的三分之一,也是2019财年国防预算增幅最大的拨款项目。

表2-5　2019财年美国国防预算各拨款项目支出（2019财年不变价格，单位：亿美元）

拨款项目	基础预算	OCO	小计	占比（%）
行动与维持	1 985	487	2 472	34.49
军事人员	1 471	47	1 517	21.16
国防采购	1 323	129	1 452	20.25
国防研发（RDT&E）	917	12	930	12.96
军事建设	103	9	113	1.57
其他	370	5	376	5.24
能源部支出	218		218	3.05
其他部门国防相关活动支出	3		3	0.04
小计	6 391	690	7 081	98.76
强制性支出			89	1.24
总计			7 170	100

数据来源：根据美国《2019财年国防授权法案》整理得到的具体数据。

一、国防采购与研发预算的主要内容

（一）国防采购预算

根据美国众议院军事委员会的报告,《2019财年国防授权法案》计划投入177亿美元支持陆军装备的维修和更换,为空军和海军分别投资408亿美元和363亿美元采购新的武器装备,进一步增强海空军的战争实力。众议院军事委员会的调查表明,与购买更新且更强大的武器系统相比,维护过时的老旧设备成本更高,军队面临的风险也更大。奥巴马政府在第二任期内削减了国防预算,为了保证运行和维持所需资金,军方不得不推迟了部分武器系统的采购。特朗普政府在2019财年国防预算申请中提出大幅增加国防开支,购买新装备取代现有装备,以更好

[①] U.S.Congress.H.R.5515-John S. McCain national defense authorization act for fiscal year 2019 [R/OL].（2018-10-15）[2019-01-17］. https://www.congress.gov/bill/115th-congress/house-bill/5515/text.

地应对当前和未来出现的威胁。国防授权法案支持了总统采购新武器的要求,在某些采购项目上还提供了额外的资金。以下是各军种主要武器系统的采购预算。

1. 飞机

飞机是空军、海军航空兵及陆军航空兵的主要作战武器,2019财年海军的飞机采购预算最多,为189.01亿美元,空军以174.63亿美元次之,陆军为44.83亿美元。陆军航空部队方面,拨款4.53亿美元(比总统预算请求增加1.68亿美元)为国民警卫队采购6架AH-64E型攻击直升机,以解决目前的不足,10亿美元用于采购50架UH-60M"黑鹰"通用直升机,1.24亿美元采购7架CH-47"支奴干"运输直升机。

海军及海军陆战队方面,主要的飞机采购项目包括24架F/A-18E/F"超级大黄蜂"舰载战斗机,以解决旧型号F/A-18A-D"大黄蜂"逐渐老化带来的一系列问题。投资24亿美元采购20架F-35B型舰载战斗机供海军使用,10亿元采购8架能够短距起飞和垂直着陆的F-35C型战斗机供海军陆战队使用。此外,还将采购10架P-8A"海神"反潜巡逻机,7架MV-22/CMV-22B"鱼鹰"倾转翼直升机,5架E-2D"先进鹰眼"预警机,分别拨款1亿美元为海军陆战队购买轻型攻击机和无人机系统。2019财年空军将投入42亿美元采购47架F-35A战斗机;批准采购2架KC-130"大力神"运输机,并加拨1.29亿美元为其进行发动机的升级改造;拨款3.42亿美元采购14架MQ-9"收割者"无人机;1.40亿美元用于为A-10攻击机更换机翼;购买15架KC-46空中加油机以及3架MQ-4"特里同"无人机。B-21战略轰炸机项目仍在开发中,预算需求从2018财年的20亿美元增加到2019财年的23亿美元,在这款战机服役之前,美军的战略轰炸任务将继续由B-52、B-1和B-2这3款轰炸机承担。

2. 舰船

总统预算计划在2019财年建造10艘舰船:3艘阿利·伯克级驱逐舰(DDG-51)、2艘弗吉尼亚级攻击核潜艇(SSN-775)、1艘濒海战斗舰(LCS)、4艘辅助舰船(2艘舰队油轮、1艘打捞救助船、1艘远征支援基地船)。这比2018财年的总统预算多1艘,但比国会最终通过的提案少3艘,国会在2019财年批准240.52亿美元用于采购战舰,增加了3艘舰船(2艘LCS和1艘EPF快速运输船)。

大多数海军造船项目进展顺利，正在有序推进，2019 财年预算将继续为这些建造项目提供资金。航空母舰作为海军在战争行动中的强大支柱，仍然受到海军的青睐。美国海军选择继续生产大型核动力航母，国会也批准为第四艘福特级航母的建造提供资金。由于濒海战斗舰（LCS）计划备受批评，海军将启动后续的护卫舰计划（FF（X））来替代 LCS。2019 财年海军提议在过渡期间只购买一艘 LCS，并计划在 2020 财年开始建造新型护卫舰，然而国会为了增加舰船数量和避免造船厂出现生产中断，决定额外采购两艘 LCS。计划用于替代俄亥俄级战略核潜艇的第五代弹道导弹核潜艇哥伦比亚级仍处于发展阶段，该计划总额高达 1 250 亿美元，2019 财年的预算成本（研发加采购）为 37 亿美元，比 2018 财年的预算请求增加了 18 亿美元。海军还计划每年建造 2 艘弗吉尼亚级攻击核潜艇，将攻击型核潜艇的数量保持在 48 艘以上，以维持水下打击能力。

3. 导弹及导弹防御系统

导弹作为现代战争的主要打击力量，在美军的武器系统中扮演着重要角色。2019 财年政府预算申请中计划花费 5.53 亿美元采购先进中程空对空导弹（AMRAAM），2 亿美元采购"响尾蛇"近距空空导弹（AIM-9X），8.06 亿美元为海军采购"宙斯盾"弹道导弹防御系统，6.16 亿美元用于采购"标准"-6（SM-6）导弹。计划投入 5.24 亿美元和 14.45 亿美元建设陆基中段拦截系统和"爱国者"-3 型导弹防御系统，投入 8.74 亿美元采购终端高空区域防御导弹系统（"萨德"反导系统）。虽然国会削减了一些导弹项目的资金，但相对 2018 财年仍然增加了大量投资。国会支持了导弹防御局（MDA）99 亿美元的预算要求，并向导弹防御局额外拨款 1.4 亿美元，用于定向能和空间传感项目的开发以及增强高超音速防御能力，增加 2.84 亿美元用于加快"爱国者"（低空）导弹和末端高空区域防御导弹的整合，以满足驻韩美军的需求。此外，拨款 5 亿美元与以色列共同开发导弹防御系统。

4. 地面武器系统

2019 财年重点采购的地面武器系统包括：投资 15.3 亿美元用于购买 135 辆 M1A2"艾布拉姆斯"主战坦克，2.05 亿美元采购 61 辆"布拉德利"步兵战车，1.9 亿美元用于研发下一代战斗车辆，5.29 亿美元购买 46 套"圣骑士"自行榴弹炮集成管理套装，1.23 亿美元用于加快发展增程加农炮，6.10 亿美元采购多用途装甲车辆,为陆军联合轻型战术车辆计划提供 11 亿美元。

5. 核武器

众议院军事委员会认为核威慑是美国安全的基石,2019 财年预算法案为实现美国核力量的现代化进行了重大投资,具体包括:采纳《核态势评估报告》中关于研制低当量弹道导弹弹头以加强威慑的建议,计划投入 6 500 万美元为潜射弹道导弹配备低当量核弹头;支持总统关于增强核武库的预算请求,并为国家核安全管理局(NNSA)的核武器活动和国防核不扩散项目额外提供 1.42 亿美元资金,用于实现核武器储备的现代化,解决 NNSA 设施老化问题;提供更多资金以加速两个关键的核力量现代化项目,投资 4.14 亿美元研发地基战略威慑项目,取代服役多年的"民兵Ⅲ"型洲际弹道导弹,投入 7 亿美元发展远程防区巡航导弹,比政府预算要求多出 8 500 万美元。此外,能源部得到 112 亿美元的拨款,用于核武器的研发与维护。

(二)国防研发预算

2019 财年美国国防研发预算大约为 930 亿美元,比上年增长 11%,为增幅第二大的拨款项目,仅次于采购预算的增幅。预算法案将国防研发活动分为 7 大类:基础研究、应用研究、先进技术开发、先进组件开发、系统开发与演示、研发管理支持、操作系统开发。详细预算情况见表 2-6。

表 2-6 2019 财年国防研发预算(2019 财年不变价格,单位:亿美元)

研发活动	陆军	海军	空军	国防部机构	合计
基础研究	4.63	6.22	5.23	7.22	23.30
应用研究	9.45	9.12	13.57	19.65	51.79
先进技术开发	10.83	7.90	8.57	37.51	64.81
先进组件开发	11.12	42.13	67.00	92.05	212.30
系统开发与演示	32.72	59.36	55.00	9.84	156.92
研发管理支持	13.62	10.27	28.86	11.37	64.12
操作系统开发	18.53	50.52	231.69	52.08	352.82
合计	100.90	185.52	409.92	229.72	926.06

数据来源:根据美国《2019 财年国防授权法案》整理得到的具体数据。

由表 2-6 可知，2019 财年空军的研发预算最多，约占整个研发预算的 44.08%，远远超过海军和陆军的研发预算，主要是因为空军在操作系统开发上投入了 231.69 亿美元，占空军研发预算的一半以上。操作系统开发、先进组件开发和系统开发与演示这 3 类研发活动预算投入最大，占比将近 80%，基础研究和应用研究投入占比最小。此外，根据参议院军事委员会的报告，为了在尖端军事科技上占据优势，国会在总统预算申请的基础上增加了对先进技术的投资，主要包括增加 1.5 亿美元用于研究高超音飞行技术，增加 1.1 亿美元用于推进"太空星座"项目，增加 5 000 万美元用于研究火箭推进技术，增加 4 000 万美元用于开发定向能武器，为量子信息科学增加 2 000 万美元的研究经费，增加 1 500 万美元支持国防高级研究计划局（DARPA）的电子复兴计划。

扩展阅读 2-10：美国安全保密资格审查制度[①]

在美国，承担武器装备科研生产的单位大多数是私营企业（或者说民营企业），政府与企业之间的关系是合同关系。目前，美国国防工业领域也仍然有一些国有企业，如在武器生产方面有隶属于政府的兵工厂及海军造船厂；在后勤支援方面有一些大型的维修基地；在研发方面有政府拨款及管理的研究所等。但总体来看，美国国防工业的主体是私营企业，有 2.5 万~3 万家私营企业是军品供货主体，对于国家武器装备的科研生产任务，由有相应资格的国防承包商竞标获得，90% 的武器装备由私营企业生产[②]。

（一）美国安全保密资格审查的主要法律依据和行政管理机构

面对大量的国防承包商，为了保障国防工业涉密信息的安全，美国政府于 1993 年颁布了第 12829 号总统行政命令《国家工业安全法案》（*National Industrial Symbiosis Programme*，NISP）。《国家工业安全法案》以法律的形式明确了 NISP 是作为保障美国国防工业信息安全的完整的、统一的法案。美国配套制定发布《国家工业安全法案操作手册》（*National Industrial Security Program Operating*

[①] 王海洪，潘泉，郑鹏. 国外武器装备科研生产安全保密审查制度及对比研究 [J]. 保密科学技术，2018（4）：30-37.

[②] 艾克武. 军品市场准入制度导论 [M]. 北京：国防工业出版社，2009.

Manual，NISPOM），手册详细规定了防止国防工业涉密信息泄露的保密制度和安全措施，明确了国防承包商要竞标涉及国防机密的合同时，必须要接受安全保密审查并取得单位接触涉密信息安全许可（Facility Security Clearances，FCL）。

美国信息安全监督办公室（Information Security Oversight Office，ISOO）负责监督实施《国家工业安全法案》，国防部部长负责指挥具体执行。此外，根据NISP规定，美国成立了专门的安全审计认证机构（Cognizant Security Agency，CSA），统一协调全国各个部门的安全保密工作。CSA由美联邦涉及国家工业安全最重要的4个部门组成，即国防部、能源部、核管理委员会、中央情报局。这4个部门承担了国家所有涉密信息管理与安全保密审查工作。其中大部分审查工作都由国防部完成，其他3个部也会负责非常少量的特殊审查。

《国防工业安全法案》规定了由4个部门组成的审计认证安全机构拥有安全保密审查的最高权限，负责管理国防涉密信息和涉及涉密信息的承包商，保障国防工业涉密信息安全。除了安全审计认证机构，涉及对国防工业涉密信息和国防承包商进行管理的联邦部门还有27个，包括国务院、国家航空航天局、国土安全部、商务部、教育部等各个国家重要部门。

国防部是美国国防科技工业最主要的管理部门，是保障国防工业领域机密信息安全的最重要的机构。在国防部，直接落实国防承包商安全保密审查工作的部门是国防保密业务部门（Defense Security Service，DSS）。国防保密业务部门代表国防部以及其他27个联邦部门统一对承担涉密武器装备科研生产任务的承包商进行安全保密审查和管理。因此美国国防保密业务部门也是对国防承包商进行安全保密审查最直接的执行部门。根据国防保密业务部门网站的数据，国防保密业务部门在2013年发放的单位接触机密许可数量为1 301个；目前已经通过美国单位接触机密安全许可审查，并得到许可的承包商总数大约有13 500个。

美国国防工业保密行政管理机构如图2-8所示。国防保密业务部门下设两个办公室：一个是涉密单位管理办事处（DSS Feild Office），负责审查和管理单位接触机密安全许可；另一个是涉密个人管理办事处（Personnel Security Management and Oversight for Industry，PMSO-I），负责审查和管理个人接触机密安全许可（Personnel Security Clearances，PCL）。国防承包商通过接触机密安全许可审查之后，国防保密业务部门的涉密单位管理办事处会指派一名国防工业安全保密代表（Industrial Security Representative，IS Rep）到该涉密企业，主要负责监督该企业保密工作的落实情况，以及不定期对该企业保密管理工作进行复查。涉密企业也需要从自身的核心涉密人员中指派人员担任安全保密指挥官（Facility Security Officer，FSO），负责该企业接触机密安全许可申请的各项事务，与国防保密业务部门进行沟通，执行各项安全保密政策，提交各种相关报告并与国防保密业务处的保密代表一起负责监督指导该企业的安全保密工作。

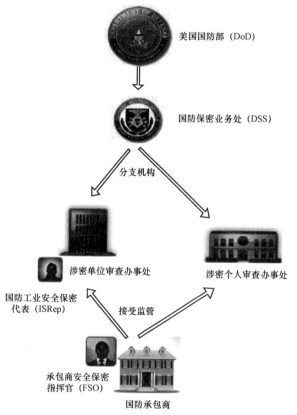

图 2-8 美国安全保密审查行政管理结构

（二）美国军工安全保密审查的基本概念和程序

1. 美国的国防工业企业通过安全保密审查后会获得单位接触机密安全许可。接触机密安全许可本质上是美国国防安全领域的一种联邦政府许可，用于对接触机密信息的企业或者组织进行的安全保密审查。美国国防涉密信息的密级分为机密（Confidential）、秘密（Secret）和绝密（Top Secret）3级，相对应的接触机密安全许可也分为3个等级。

值得注意的是，国防承包商并不能无故申请接触机密安全许可，只有在该企业有充分理由需要接触国家秘密时才有资格申请。一种最常见的情况就是由于公司拟承担涉密武器装备科研生产任务，需要签订国防采购合同而申请FCL。不仅如此，申请FCL的企业还需要有一个担保机构为本单位做保密担保，担保机构只能是相关的美国联邦政府机构或者已经获得FCL的企业。

2. 申请单位接触机密安全许可的基本要求

美国对于需要申请单位接触机密安全许可公司的申请条件十分严格。主要有两大类前提要求：必要前提要求和弹性前提要求。

必要前提条件主要有3点：第一，申请公司必须在地理上位于美国领土或美国控制的区域范围内；第二，申请公司必须是按照美国各个州的法律要求进行组织和运作的；第三，申请公司必须有一个担保机构作为公司的担保者，担保机构只能是美国联邦政府机构或者已经获得FCL的公司。

弹性前提要求有两点：第一，申请公司不能被外国个人或团体拥有、控制，也不能受到外国利益团体的影响；第二，作为公司申请FCL过程的一个步骤，公司中至少有一名特定的员工，该员工必须是美国公民，并已经获得了个人接触机密许可PCL。

3. 申请单位接触机密安全许可的基本程序

美国国防承包商申请由国防部颁发的FCL的程序可以概括为如下几个步骤：第一步，申请公司需要找到一个已经获取FCL的承包商或者相关的政府机构为自己做担保；第二步，美国国防部获取申请公司的相关信息，包括公司的组织形式、管理方式、所有权和经营范围等各个方面；第三步，由申请公司与国防部共同确定公司中需要先行通过个人涉密安全许可的人员，一般该人员是拟签订的涉密武器装备科研生产合同的主要项目负责人或主要技术负责人，这是安全保密审查的一个重要步骤；该人员必须填写一系列的调查问卷，必须详细填写财务、工作和教育经历、犯罪记录、人际关系等个人信息；第四步，申请公司必须签署国防部规定的安全协议,承诺采取必要的安全防护措施保护机密信息安全;第五步,国防部通过对申请公司的全面调查和获得个人涉密安全许可审查人员信息的全面审核,最终做出决定授予或拒绝该公司对 FCL 的申请。

如果国防部由于一些具体的原因拒绝了该公司对 FCL 的申请,在某些情况下该公司还可以采取整改行动来解决这些问题以便再次申请。一旦通过审查并获得了 FCL,该公司就必须要熟悉并严格遵守有关保护机密信息的法律法规,比如《国家工业安全法案操作手册》。

此外,国防部从承包商的角度考虑,建立了专门的网站和咨询人员为承包商服务,例如在国防部国防工业保密业务处的官网上就有大量的电子文档和保密培训资料供涉密人员学习。企业通过接触机密安全许可审核后,国防部指派的国防工业安全保密代表也会帮助承包商制订完善的保障计划,来保护国防涉密信息的安全。而国防部专业的安全保密代表与配合公司的安全指挥官共同负责该公司的安全保密管理业务,这不仅能给国防承包商提供专业保密管理经验,还能有效保障保密工作的执行力,也体现了美国保密管理制度实施的有效性。

(三)美国安全保密审查的监督机制

美国对于已经获得接触机密安全许可的承包商建立了有效的监督机制。对于承包商来说,签署国防部的安全协议(DoD Security Agreement)就意味着同意并严格遵守《国家工业安全法案操作手册》中的所有条款,承包商必须按照规定的方式保护涉密信息的安全。在美国联邦政府方面,由国防保密业务处代表国防部以及 27 个其他的联邦部门对承包商进行监督,并且对于未严格遵守《国家工业安全法案操作手册》的承包商采取相应措施。

如果承包商采取的保密措施未达到《国家工业安全法案操作手册》的要求,例如在未审查的信息系统中处理了涉密信息,国防保密业务部门根据实际情况可能采取如下措施:降低该企业的 FCL 安全等级,将该承包商的安全等级降至最低,并给予该承包商相应的通知;禁止当前 FCL 的有效使用,这使得承包商不能再接触新的涉密合同和秘密信息;撤回对承包商发放的 FCL。

对于负责进行安全保密审查的政府部门来说,各个机构职责明确;涉密公司安全保密审查的每个阶段都有极其严格的管理步骤和实施规范,体现了美国政府国防工业保密管理制度的成熟性。对于申请 FCL 的公司来说,也有专业的咨询服务机构作为顾问,能够保障承包商以最高的效率通过接触机密审查,提高国防工业生产效率。这两方面对于我国军工保密资格审查有一定的借鉴意义。

二、俄罗斯

1. 国防科研生产法规制度现状

俄罗斯发展国防工业与美国的思路不同。俄罗斯在国家经济改革之后,对国防工业也进行了市场化改革。2001 年 10 月,时任总统普京召开国家安全委员会联席会议,决定对国防工业企业进行结构重组,建立企业现代化管理机制。同期发布两个纲领性文件《俄联邦国防工业综合体至 2010 年及远景发展的基本政策》和《国防工业综合体 2002—2006 年改革及发展》联邦目标纲要,以推动这项改革。但俄罗斯国防工业改革并未如愿,走了一段曲折之路,除了国内经济的反复等原因,相关的法律体系没有健全,许多设想还停留在政策层面,缺乏操作性,也是一个很重要的原因。

政府出台政策,促进军工企业"军转民"。1991 俄罗斯政府制订的《1991—1995 年国防工业"军转民"计划》和 1996 年的《1995—1997 年俄联邦国防工业"军转民"专项计划》是这个时期的基本计划。1992 年年初政府开始建立"军转民"管理体制,这时集中出台了大量的法律文件和规章命令。1993 年 3 月 20 日通过的《俄罗斯联邦国防工业转轨法》是最基本的一部法律文件,它规定了"军转民"的原则及其计划和社会保障措施,如何对转轨企业进行补偿等[①②]。进入新世纪俄罗斯国防科技工业改革进入一个新的转折点,政府相继出台了一系列的政策措施来进行改革,如《2002—2006 年国防工业改革和发展联邦规划》《2010 年前俄罗斯联邦国防工业改革和发展规划》等[③]。

俄罗斯在军转民战略思想指导下,出台了《俄罗斯联邦共和国国防工业军转民法》《1991—1995 年国防工业转产纲要》《1995—1997 年俄联邦国防工业

---

① 王伟. 俄罗斯国防工业"军转民"的经验和教训 [J]. 中国军转民. 2006(8): 72-75.
② 余晖. 江西省军民工业合作发展研究 [D]. 南昌:南昌大学,2007.
③ 黄海涛. 俄罗斯国防工业改革的经验教训及对中国的启示 [J]. 俄罗斯中亚东欧市场. 2009(3): 17-24.

转产专项计划》《俄罗斯国防工业军转民法》《1998—2000 年国防工业军转民和改组专项规划》等相关政策。普京当选总统后，主持制定了《2002—2006 年国防工业改革和发展联邦规划》和《2010 年前俄罗斯联邦国防工业改革和发展规划》，还制定了《2015 年前国家武器纲要》等。但是，由于整体经济实力欠佳，许多政策法规很难得到落实，其中涉及军民结合发展高技术以及技术转移的成功案例不多。

俄罗斯国防科技创新体系中法规制度的调整举例：

俄罗斯国防科技创新体系是结合历史沿革、当前国防工业基础以及社会经济发展而形成的，有着不同于欧美的运行特点。在 2008 年经济危机后，俄政府希望国防科技领域成为创新的驱动力，从而拉动社会经济的全面发展，由此也逐渐形成了充满"俄式"色彩的国防工业创新发展模式。

1）创新规划体系

苏联解体后，俄罗斯继承了其主要国防工业遗产。为解决经济发展中的创新积极性不高，大部分军工企业面临的技术和工业体系落后、机械设备老化、企业竞争力低下等问题，俄罗斯积极推进创新带动发展的战略，并逐步建立了较为完善的创新架构，通过完善的规划计划体系为国防工业军民协同创新提供了制度保障。俄罗斯政府组织制定了"创新发展战略""国家技术创新计划"，并成立了工业发展基金、科学基金、基础研究基金等，已通过的有关创新发展的联邦级和地区级法律、法令、决议、决策及战略规划达 170 多个。

政府层面

2011 年 12 月 8 日俄罗斯政府批准并发布了《2020 年前俄联邦创新发展战略》，对包括国防行业在内的科技创新起到了极大的引领作用。2016 年 4 月颁布的《国家技术创新计划》是俄罗斯为在 2035 年左右开辟新的国际市场，占据国际主导地位而制订的，该计划将市场、技术、基础设施和研究院四大理念相结合，通过基础设施和研究院为整个计划提供人力和财政等方面的支撑，最终确定了包括航空网络、能源网络、汽车网络、健康网络、海上网络等在内的 9 大市场网络，以及数字建模、新材料、增材制造、量子通信、生物技术、大数据、新能源等 13 个优先技术方向。

企业层面

俄罗斯国防工业大型集团公司都通过制订创新计划落实国家创新战略，例如，俄罗斯国防工业公司（俄罗斯直升机公司和联合发动机制造公司的母公司）将升力螺旋桨和舵面螺旋桨电传动研究、树脂基复合材料一体化结构研究、用于未来发动机的新一代耐高温材料制造的涡轮零件设计要求制定等作为未来科技创新主要方向。联合飞机制造公司将大范围采用复合材料机身、飞发一体化结构、综合航电系统或一体化机载设备系统，以提高作战效能，超级计算机技术、全寿命周期数字化支持系统等作为科技创新发展的重点方向。

基金层面

为促进国防科技创新发展，俄罗斯于2012年10月成立了先期研究基金会，其职能类似美国防部国防高级研究计划局（DARPA），对国防前沿技术研究项目给予资助，资助范围包括物理技术、生物化学和医学技术、信息技术等。

2）创新途径

俄罗斯国防创新主体结构繁杂，政府、科学院、大型企业、小型企业都有相应的创新计划，体现出各异的创新特点。例如，为了给企业与研发机构的紧密合作创造条件，2010年俄罗斯政府启动了国家公共技术平台建设计划，包括了通信与航天、医疗、节能技术、信息技术、核能技术领域，体现了国防科技创新的开放式特点；俄罗斯国防科技创新的具体项目很多都包含在各大军工集团的创新计划之中，体现了创新的集团化特点。

推动国防工业企业多样化经营，拓展资金渠道。2017年2月底，俄罗斯在"索契-2017"论坛上召开了"国防工业系统多样化和地方化发展"的圆桌会议。会上政府总理梅德韦杰夫和副总理罗戈津的发言充分体现了当前俄罗斯军民协同发展的新理念，也带动了对国防工业系统创新发展模式的积极探索。

俄罗斯军事工业委员会副主席罗戈津不止一次强调要转变国防工业发展思路，加强"多样化经营"，某种意义上说是俄罗斯"军转民"思想在国防工业企业中的体现，旨在增加民用产品在国防企业收入中的比例。俄罗斯工业领域传统上的军强民弱的特点造成了"多样化经营"羸弱的基础，但由于在可预见的未来（2020年后）俄罗斯在实现武器装备现代化目标之后，国防采购的数量难以持续增长，加之国内经济形势的不确定性，促使"多样化经营"的概念近期获得俄国防工业管理人员的极度青睐。在第八届莫斯科航展上，俄罗斯联邦总统普京亲自主持了"民用航空制造业发展问题"会议，显示了俄罗斯自上而下对民用市场的厚望。对俄罗斯国防工业企业来说，"多样化经营"概念的核心是在保障国防订货完成的同时加大民品生产力度，转变商业模式，拓展资金渠道，通过开辟民用产品市场维持企业的稳定和发展。

2. 国防采购法规制度现状

从1991年秋起俄罗斯陆续出台了一批法律文件，建立了新的国家采购制度。2006年俄启用新的法律文件——第94号联邦法。这部法律的主要成就是确定了供应订货的程序及保障，但该法律也存在一系列疏漏，如削弱了对参加招标者的专业要求等。目前，俄正在制订新的法律草案。

1991年与1992年之交，俄罗斯开始废除原有的管理体制，包括国家采购制度。1991年10月15日俄联邦总统第143号令《关于在1992年建立经济联系及供应商品的命令》和1991年10月23日第558号政府令《关于在1992年组织俄罗斯国民经济物质技术保障的命令》共同完成了一项使命，即废除原有的物质技术保障、中央集权的物质技术供应、强制的国家订货及强制建立经济联系等制度。

但是，破旧必须立新，1997年4月8日出台了第305号总统令《在组织国家采购时防止腐败并减少预算开支的首要措施》。在俄发展的新时期，该法令在建立文明的国家采购市场方面取得了突破。1999年5月6日，俄通过了第97号联邦法《在供应订货、完成工作、为国家需求提供服务方面的竞争》。在国家采购领域，该法令退回到七年前的状态，因为竞争性招标成为自愿，开始着手限制竞争，外国供货商不能参与竞争，该法律丧失了公认的确定招标优胜者的标准。与第305号总统令相比，第97号联邦法的法律适用范围明显缩小了。该法不调节联邦各主体的国家采购，甚至没有提及地方采购的问题，在所有联邦订货人中只剩下联邦行政机关，也就是说很多国家机关包括立法者本身及司法机关等都被排除在外。

这两部规范的法律文件一直使用到2006年1月1日之前，此后2005年7月21日通过的第94号联邦法《供应订货、完成工作，为国家和地方需求提供服务》

开始生效。

第 94 号联邦法的主要成就是通过商业和非商业程序确定了供应订货,完成工作,为国家和地方需求提供服务的统一秩序。公开和非公开竞争、公开和非公开拍卖都属于商业程序,而请求报价和在唯一的供货产地采购则属于非商业程序。该法律只是详尽地研究了一个采购阶段——订货阶段,这个阶段包括订货人确定供货商的行为,从决定订货方案到缔结供货合同。该法律还包含一些过程和行为,即订购人确定需求、制订发展和进行国家采购的计划、制订预算和金融计划、对采购的商品进行订货、确定供货合同、对合同的执行情况进行监督管理、对所采购的商品是否得到有效利用进行监督管理等[①]。

1)俄罗斯政府采购的特点

① 法律法规体系非常完善和健全,尤其是制定了许多与法律配套的可操作性规定,如《国防订货法》《俄联邦国有企业法》,使各种活动都能做到有法可依,有章可循。

② 重视政府采购的公开透明。俄罗斯政府采购法律制度中规定:政府采购要以公开招标方式为主,凡是能达到国家公开招标的都要实行公开招标采购,采购信息必须向社会公开。

③ 严格国防采购合同的监管。合同是整个政府采购活动的结果和支付依据,采购合同管理好了,政府采购就不会出现问题。因此,俄罗斯政府非常重视合同管理,不仅在地方和各部门设立了审核合同的分支机构或人员,还规定了具体审批办法,以提高管理效率。

④ 政府采购必须编制政府采购预算,从而超出预算和没有预算的项目都不得采购。所有政府采购合同,必须由采购人签订。招标可以自己招标,也可以委托第三方代为招标,但是合同必须自己签,否则无效。

2)俄罗斯制定公共采购法规制度的特点

① 制定武器装备长期发展规划,调整国防科技战略,确定国防科技重点发展领域。根据 1992 年的《建军令》、1993 年的《俄联邦军事学说基本原则》

---

① 萨马克鲁托娃·O.Г,王超. 俄联邦国家采购制度的特点 [J]. 西伯利亚研究,2011(6):30–31.

以及 1996 年的《国防法》提出的质量建军和"全方位防御"的新战略，俄罗斯相继制定了陆、海、空、战略火箭军等武器装备研制和生产的 10 年联邦规划（包括科研试验和设计工作），并将预期目标列入国家规划，要求各级部门按计划实施。

② 加大科研投入。俄罗斯在军事预算总额减少的情况下，增加科研试制工作的拨款，加大科研试制费用在武器装备费中的比例。1994 年，俄罗斯政府把国防科研费在整个军事预算中所占比例从 3.5%提高到 10%；1997 年，又将这一比例提高到 15%。俄联邦还设立保护国家技术基础的专项拨款，由国防部和原国防工业部联合筹措中央基金，向科学研究和试验设计工作进行预算外补充拨款，并制定有关条例，向制造最新武器和军事技术装备的部门优先拨款。预算外中央基金的筹措来源主要是武器和军事技术装备的出口收入提成（占产品销售额的 10%）和吸收国内外商业机构的投资。另外，俄在 1994 年度和 1995 年度的财政预算中增加了军民两用技术的投资力度，其军工系统中 70%以上的技术可军民两用。《俄联邦军事学说基本原则》也明确指出，要根据国家和生产单位的利益，经常交流和共同使用两用技术。实际上，目前俄确定的重点发展的关键技术，大部分也都属于两用技术。

③ 加强法制建设和管理。为确保国防订货工作顺利完成和订货资金及时到位，俄罗斯制定了多部相关法律，如《国防订货法》《国防工业法》《俄联邦国有企业法》等。《国防订货法》确定了国防订货的一般法律和经济原则，以及编制、配置、拨款、执行的程序和协调订货方面的关系。规定研制、生产及提供作战武器、弹药、武器装备、配套产品和材料，以及提供相应的服务为国防订货的内容；国防订货的主体是具备军队和武器装备管理职能的联邦机构，并负责具体管理武器装备及研究、运用新生产工艺的科学试验和设计工作。《国防工业法》《俄联邦国有企业法》规定了承担军品研制与生产任务的承包商的职责、权利和生产活动的经济保障，以及情况变化时对企业的保护措施。将国防订货与军工企业的经济利益进一步挂钩，根据产品种类规定国防订货的利润率，以保证军工企业有稳定的收入。接受军事订货的承包商在俄联邦法律、法规规定的程序和范围内享受一定程度的免税和其他优惠政策。对研制和生产军品完全符合合同标准的人员颁发

奖金，对违背者给予经济制裁。政府每季度从财政预算中支付国防订货经费数额时考虑通货膨胀；按季度或按阶段的拨款额不得低于该季度或阶段财政拨款额的40%。确定国防订货拨款时间表，规定向国防企业订货付款的期限；订货单位对周期在6个月以上的项目预付产品设计和生产订金（预付金额不超过该项目年度预算的20%，对于1996年的订货应预付40%的订货款）；由国家调整国防企业为完成国防订货所使用的能源和冶金材料的价格[①]。

④ 明确武器装备采购、研制和生产工作中的一些原则方针。为保证以合理的费用获取先进的武器装备，并防止在采购工作中各行其是，俄国防部明确武器装备采购工作中的一些原则要求：A. 改进计划工作，按耗资最少的研制周期来计划武器装备的研制与生产，确保军品采购的数量和结构符合够用的防御原则；B. 将科研设计工作改为招标制，以改进武器研制工作，降低费用；C. 选择性能和费用最理想的产品设计方案，不准采购陈旧的系统；D. 通过生产厂家与用户直接联系的办法来供应部分军用产品；E. 只有各军种的订货主管部门才有权签订国防产品合同；F. 必须保证武器装备的标准化和通用性等。

扩展阅读 2-11：俄罗斯的保密资格审查制度

俄罗斯通过相关政府决议和法律明确规定，国家对军品科研生产实行保密资格管理制度。1994年7月俄联邦政府发布了《关于向武器装备、军事技术及弹药的研制生产颁发许可证办法》的政府决议，明确规定"凡是不具有许可证而从事武器装备、军事技术和弹药研制生产的法人及自然人将根据俄联邦有关法律追究其责任"。俄罗斯的军品科研生产许可证由俄联邦国防工业委员会同相应军品订货主体（俄联邦国防部、俄联邦内务部）向武器装备、军事技术、弹药的研究、设计、试验及生产单位发放。而要取得军品科研生产许可证，单位需要提前通过质量体系认证和保密资格审查。可见，武器装备科研生产单位的保密资格是对单位承担涉密武器装备科研生产任务设定的前提条件。

与美国国防承包商的单位接触机密许可不同的是，俄罗斯的军工科研生产单

---

① 刘忆宁. 俄罗斯国防科研和武器装备采办管理的主要做法 [J]. 国际资料信息，2000（5）：17-19.

位不需要"一事一审",而是一种"一劳永逸"的方式。1995年11月俄罗斯通过了《俄罗斯联邦国家国防订货法》,在该法中明确规定"国防订货总承包商（承包商）的选择,必须在平等的基础上进行,无论何种法律组织形式和何种所有制形式的科研生产单位,只要它具有从事完成国防订货任务的许可证,都可以成为国防订货的总承包商（承包商）"。从《俄罗斯联邦国家国防订货法》也可以得知,单位不需要针对每一个武器装备科研生产合同接受保密资格审查,整个单位只需要一个相应等级的保密资格证即可,与我国目前的军工保密资格审查认证制度类似。

三、欧盟

随着世界政治经济形势的变化,欧盟的几个经济大国,在谋求政治、经济和军事地位的共同目标下,为摆脱对美国防务技术的依赖,不约而同地提高了武器装备建设步伐,下大力气对本国国防产业加以扶持,增加国防科研投入。首先,国防工业企业采取寓军于民的基本模式自成体系;其次,各国均视国防工业产业为国家的战略支柱产业,在产业政策方面给予大量倾斜;再次,积极开展国际军火贸易,为国防产业注入强大的动力。

从全球范围看,西方国家国防采购的规制长期以来没有一个专门的统一法律,欧盟国家的国防采购按照《欧盟运行条约（TFEU）》《公共部门指令》《公共事业指令》的相关条款以及一些地区性组织如北约（NATO）、联合军备合作组织等有关装备采购的规定进行管理,存在着条块分割、相互重叠、相互矛盾的情况,尤其是部分国家在装备采购过程中滥用《欧盟运行条约》中有关国防采购的例外条款,使国防采购没有纳入统一的管理之下。经多年准备与讨论之后,欧盟于2009年7月13日发布了"在国防和安全领域协调采购当局或实体在某些工程合同、供应合同和服务合同的决标程序,并对《指令2004/17/EC》和《指令2003/18/EC》进行修订",即《国防指令》。它是欧盟一揽子国防法规的一部分,目的是建立一个与国防安全有关的货物与服务的内部市场,对欧盟一系列采购指令形成补充,使之更加完整。《国防指令》颁布后成为欧盟统一的国防采购指南,各成员国纷纷将指令移植到本国法律框架之内,形成了本国的国防采购法。到2013年,欧盟所有国家已完成《国防指令》向国内法的转变,形成了一个统一的国防采购法律体系。

欧盟成员国 2004 年通过的两部公共采购基本指令，目前仍有效，并仍在欧盟范围内的公共采购实践中发挥着重要作用。这一基本指令的内容包括两部分：欧盟 18 号指令，关于协调授予公共工程合同、公共供应合同和公共服务合同的采购指令；欧盟 17 号指令，关于水、能源、交通和邮政服务部门实体协调采购程序的指令。

在授予公共采购合同时，必须遵循平等待遇、非歧视和透明性的原则；在授予标准方面，两个指令是相同的。合同授予机关（实体），也就是国家、地区或地方政府，或者根据公共法律进行行政治理的实体，被要求须基于最具有经济优势（包括质量、价格、技术优点、环保特征、价格有效性以及交货数据等），或者仅仅基于最低价格授予投标者公共合同。

18 号指令：适用 12.5 万欧元以上货物服务合同。

适用范围：

适用于该指令没有排除在外的公共合同，其价值约相当于或超过如下门槛：

除第 2 款标明各项外，12.5 万欧元（1 欧元＝7.136 2 人民币）以上的公共供应和服务合同；关于国防领域合同授予机关授予的公共供应合同，指令仅适用于附录 V 所列产品涉及的合同；以及 19.3 万欧元以上的除附录 IV 所列之外的合同授予机关；附录 IV 所列国防领域机关所授予的公共合同，但不涉及附录 V 所列国防有关产品；合同授予机关授予的公共服务合同，内容为附录 II（A）中目录 8 或者目录 5 所列服务项目；484.5 万欧元以上的公共工程合同。

排除范围：

欧盟 17 号指令中规定的水、能源、交通和邮政服务部门履行采购程序授予的公共合同；公共电信网络和服务；保密合同以及需要特殊安全措施的合同；由两个成员国以及一个或几个第三国缔结的国际条约约束的公共合同；根据国际条约规定，和驻军有关的公共合同；国际组织根据国际程序达成的合同。

特别例外：

欧盟 18 号指令不适用于以下公共服务合同：土地或不动产的购置或租赁；用于广播节目之材料的购置、开发和生产；雇佣合同；仲裁和调解服务；与保险产品有关的出售、购买和转让，相关的金融服务；服务特许；基于专属权基础授予的服务合同。

合同保留：

当被庇护的就业项目其雇员大多数都是残疾人时，成员国可保留相应权利，参与公共合同授予程序以庇护残疾人就业或者授予此类合同。

国防采购：

当某些特定的工程合同、供应合同和服务合同的授予机关或实体涉及国防和安全领域时，协调其合同授予程序的国防采购受欧盟 81 号指令约束，以及受欧盟 17 和 18 号指令修订版的约束。

17 号指令：适用不低于 38.7 万欧元货物服务合同。

适用范围：

适用于合同估价不低于 38.7 万欧元的供应和服务合同以及合同估价不低于 484.5 万欧元的工程合同。

排除范围：

由涉及天然气、供热、电力、水利、交通服务和港口服务的合同授予实体授予的工程和服务特许合同，以及石油、天然气、煤炭及其他固体燃料的开发开采，港口和航空港建设等；以向第三方再出售或转让为目的的合同授予；合同的授予目的是为寻求在第三国开展合同业务；秘密合同或需要特别安全措施的合同；依照国际条约授予的合同；授予附属单位或合资企业的合同。

源自第三国产品的投标：

拥有源自欧盟以外第三国产品的投标者，应当遵守欧盟 17 号指令第 58 章载明的特别条款。根据本章规定，如果投标者所提供产品中含有欧盟尚未与之签署双边或多边协定的第三国生产的产品，不能保证欧盟公司相应有效地进入该国市场时，这些投标者的相应第三国产品将被拒之门外，正如欧盟海关条例所规定的，"超过总值 50%的产品等同于整个投标"。

低于必要门槛价的合同：

低于两个指令都载明的门槛价的合同，应当遵守源自《欧盟条约》的一般性原则。以下公共合同，全部或部分处于两个指令的管辖范围之外：

低于应用两个指令的门槛价的合同,也就是根据欧盟 18 号指令第 7 章和欧盟 18 号指令第 16 章规定提供的门槛价;欧盟 18 号指令附录Ⅱ(B)和欧盟 17 号指令附录ⅩⅦ(B)中所列的服务合同;服务特许合同。以上公共合同的授予受一系列标准的制约,这些标准是欧盟法院根据欧盟条约基本准则和条例做出的判例。因此,基于国别的平等待遇和非歧视的原则,在合同授予过程中需要一些透明度。欧盟法院坚持"一贯保证任何一个潜在投标者的利益,一定程度的公告效率,保证服务市场的开放性竞争,以及监督程序的公平性"。

扩展阅读 2-12:欧洲主要国家军民协同式发展的基本经验[①]

根据欧洲主要国家军民协同的主要做法,可以看出,军民协同的核心和本质是要打破军民界限,在国家利益的平台上配置军民资源,从而提高整体资源利用率。

1. 从宏观层面看,制定相关政策法规,指导军民协同发展

从宏观层面看,军民协同就是指国防建设与经济建设有机结合、资源共享,寓国防实力于国民经济之中,同时发挥国防建设的"溢出效应",促进和带动国民经济发展。英国、法国、德国政府在指导军民协同式发展中都发挥了积极作用。英国政府制定了一系列政策,淡化军民技术之间的界限,促进军民技术融合,建立一种国家基础上的创新体系。1998 年的《国防多种经营:充分利用国防技术》绿皮书中指出:"加速国防科技成果在国民经济中的推广使用,有助于巩固国家的技术基础和制造业基础,从而更好地服务于武器装备发展需求,并丰富制造业的产出,增加就业机会。"

法国政府在制定相关政策与管理措施上,鼓励军民结合,这些政策包括:一是明确国防科技工业实行独立研制、合作生产和直接引进"三结合"的发展战略;二是将军工企业进一步推向市场,减少国家控股份额,主要军工企业陆续实现股票上市;三是在武器装备研制生产上引入竞争机制,建立军方与企业新型合作关系等。

德国政府制定相关政策,在采办工作中尽量采用民用标准和产品。为了解决

[①] 宋纯武,宋纯利,李汉雨. 欧洲主要国家军民融合式发展研究 [J]. 中国军转民,2015(5):70-74.

发展武器装备与财政力量有限的矛盾，国防部把降低、节约费用作为考虑的首要方面，尽量采用民用标准和产品。

2. 从中观层面看，优化军民两部门间的资源配置，提高整体资源利用率

从中观层面看，军民协同就是统筹军工企业与民用企业布局，最合理地分配和最有效地利用两部门间的资源，以获得最佳效率，确保武器装备和民品研制生产的共同发展。英国、法国、德国都重视合理配置两部门间的资源。采取的措施一是"军转民"和"民转军"，二是大力发展军民两用技术，三是研究开发互促、成果快速转化，四是建立协调和沟通机制，鼓励国防科研机构与工业界进行合作，互相利用各自领域的人力、物力、财力、技术、信息资源等。在上述军民协同方法中，已有很好的论述，其最终结果是形成军民良性互动、共创双赢的良好局面。

3. 从微观层面看，重组军工企业，提高核心竞争力

从微观层面看，主要是指国防工业企业发挥技术优势，具备开发民品市场的能力；民用企业也能够发挥自身优势，公平竞争融入国防建设当中。民用企业进入国防领域，英法德已有较多的做法，这里仅论述军工企业如何提高竞争力，进入民品市场。一般采用两种措施，一是对大量的军工企业进行私有化；二是注重在企业层面进行重组，提升核心军工能力。

英国早在撒切尔夫人执政时期就开始军工企业的私有化运动，着手进行不同形式的兼并重组。20世纪90年代初以来，国防部除国防科研单位外，已几乎将全部国有军工企业卖给了私营企业，从而把军工企业进一步推向了市场。2000年，英国政府决定将最主要的国防科研单位国防鉴定与研究局的大部分研究部门推向市场，出售给私营企业。

英法德的领导者认为，不管如何调整，国防科技工业中总有一部分永远纯军用的，对军品科研生产、国家安全都很必要，必须重点保护。因而，他们在压缩国防工业规模时，普遍保留甚至加强军工企业的核心能力，采取的政策主要有：保护重点军工企业和主要军品生产线，鼓励军工企业发展核心业务，政府对其重点保护。

法国为保持军工企业的竞争力，各大军工产业结构调整重组力度非常大，形成了几个特大型企业集团，均已改组为上市公司。1998年后，法国最大的装甲车辆制造商威格曼公司和"豹"式主战坦克制造商克劳斯-玛菲公司合并，新组建的克劳斯-玛菲·威格曼公司成为法国最大的军工制造企业。2003年法国军用舰艇主要生产单位舰船建造局改组为股份公司，并与著名电子企业泰勒斯公司的船舶业务进行重组；2006年9月，地面武器集团公司GIAT改组为NEXTER公司等。

四、日本

1. 国防科研生产法规制度现状

日本国防工业水平在亚洲地区处于领先地位，能够独立研制和生产坦克、飞机、舰艇、导弹等主要武器系统，其自行研制的坦克、战术导弹、电子化作战指挥系统和舰艇已经接近世界先进水平；此外，日本国防工业生产潜力巨大，拥有十分惊人的战时转产能力，一旦战事需要，其武器装备生产能力将会快速增长。技术自主是日本在工业化进程中的一项长期战略考量。19世纪中期以来，日本一直通过技术自主避免在技术上落后和依赖他国。日本几乎所有的工业政策文件都包含发展自主技术或技术本土化的目标。在国防工业领域，日本1970年颁布了《武器装备研发与生产基本方针》，确立了"国产化"和"技术自主"的国防工业发展方针，其中主要的原则有以下4点：以国家的工业能力、技术能力为基础；鼓励采购本国生产的武器装备；最大限度利用民间企业的开发能力、技术能力；制定好远景规划以为装备采办计划打下基础。

日本政府出台了许多优惠政策，激励中小企业积极参与和拓展军品科研生产业务。如根据《中小企业开拓新领域协调法》对这些企业在补助费和税制上实行优惠政策，按照每年度内阁会议决定的《关于中小企业国家合同方针》，在防卫省设置协商窗口，向中小企业提供每年度武器装备订货信息，还对军品产值在企业销售额中占比较大、拥有自主知识产权的独特技术的中小企业尽量做到分散订货，让中小企业有更多的机会获得军品订货，使众多的中小企业形成一种合理有序的竞争局面，避免企业因国家削减装备采购费而陷入困境。

2. 国防采购法规制度现状

日本是WTO《政府采购协议》（GDA）最早的签署国之一。因此，日本开展政府采办活动的时间也较早。日本的中央政府、地方政府及政府相关机构的采购均纳入该协议，包括了 47 个都道府县和 84 家公共组织。其政府采购的特点、法律规范和政府采购质疑机制有很多是值得我们学习和借鉴的。

① 日本政府采购实行的是典型的各部门"分散采购制"，由各部或委员会依照自身需要制订采购计划和执行采购工作。日本政府在投招标法规中明确规定了三种招投标采购方式：一般竞争方式、指明竞争方式和随意契约方式。不论采用何种竞争方式，都必须通过中央政府的官方刊物或与其类似的地方政府公告，发布招标公告、资格预审公告等信息。同时这些信息还需发布在日本政府规定的网站上。

② 日本政府采购法律体系。日本作为 WTO《政府采购协议》缔约国之一，一直遵守该协议并规定了适应协议的采购实体和范围。除此之外，日本有关采购的国内一般性法规还有《会计法》《预算决算与账目公开条例》《合同式商业交易法规》等。日本为了地方政府适应《政府采购协议》，还特别制定了"地方自治法规行令"。《政府采购协议》《会计法》和《地方自治法》基本法，综合中央政府各部门以及地方政府采购的相关法律法规细则，日本形成了独具特色的政府采购法律体系。

③ 日本政府采购中的质疑机制。日本政府为保护本国供应商的利益，建立了"非歧视的、透明的、及时的和有效的"程序，并利用法院或其他公平、独立的审查机构审理有关质疑，即政府采购申诉新体制。

日本《国防工业战略》指出，"日本自身需要维持必要的国防工业基础，生产符合日本安全政策和自卫队需求的装备，以防备国外实行武器禁运，做到独立自主地维护国家安全"，"在满足成本与周期等条件下，最理想的是由了解本国国情的日本国内企业来制造武器装备，特别是无法公开需求、无国际采购渠道、必须走国内研发途径的装备"，以确保维护国家安全的自主性，规避潜在风险。

国防开支是一国武器装备建设和国防工业生存与发展的主要经济来源。日本受 1976 年内阁通过的"国防开支不超过 GNP/GDP1%"规定的约束，国防开支始终受 GNP/GDP 总量的限制。除 1987、1988、1989 和 2010 年曾突破"1%标准"外，其余年份的国开支都在 GNP/GDP1%以下。但由于近 40 年来日本的 GNP/GDP

始终处于世界前列,其国防开支的总额仍然很大。因此,对国防开支设置上限的规定,无法构成影响日本军力发展的主要因素。

根据日本防卫省公布的数据,2002—2012 年,日本国防开支总体呈下降趋势。安倍晋三重新执政以来,日本正式成立"国家安全委员会",出台首份《国家安全战略》和《国防工业战略》,发布第 5 版《防卫计划大纲》和《中期防卫力量整备计划》,将武器装备建设和国防工业发展置于维护国家安全的重要地位。2013 年以来,日本国防开支呈逐渐增长趋势,2014 年与 2015 年的国防预算开支总额分别为 48 848 亿日元和 49 800 亿日元,创下近 10 年来的新高。在日本国防开支中,人员及运行费用占到 2/3 左右,装备采购及国防研发费用相对较低,仅为 20%左右。

此外,日本的"隐性国防开支"数额巨大,其航天、海上保安厅等用于国防领域的开支并没有列入防卫省预算,而是通过其他部门,或以其他形式支出[①]。

日本的《会计法》中规定了涉及国际级政府采购合约的基本条款。日本没有专门的采购机构。各个政府机关负责管理各自的政府采购合约,各个政府机关都有自己的合同管理条例。《地方自治法》规范了地方政府采购事宜。本书着重论述国家级政府采购。对于大宗政府采购合同,适用世界贸易组织(WTO)《政府采购协议》(GPA),还可以适用内阁特别命令。

1)公开招标

根据《会计法》规定,公开招标是标准的政府采购方式。然而,当合同金额很小时,也可以避免使用公开招标。参加公开招标的公司通常需要资格预审。政府部门通常针对各种类型的招标协议公布资格预审条件,包括建筑工程、制造业和货物销售。政府机构要公布通过了资格预审的供应商名单。另外,如果有必要,根据特别采购项目性质和目的的要求,政府部门还可以对供应商进行专业资格预审。为使招标程序更有效率,2001 年,日本政府统一了参加制造业和产品销售有关的招标合同供应商的资格预审程序。日本政府通过一个网站提供招投标信息、接受投标申请。

---

① 魏博宇. 日本国防工业概貌 [J]. 现代军事,2016(6):108 – 112.

政府采购公告在官方公报（官报，日语 Kanpo）、其他媒体（比如：新闻报纸）或政府网站上发布，公示期直到开标前一天。在最近期的案例中，这个公示期可以缩短到 5 天。参加招标的供应商必须按照采购项目估价的 5%或更多向采购机关缴纳保证金。如果参与者不能有效执行合同也可以保证政府机关的利益，此情况下政府机关也可以免除投标参与者的保证金；或者当只有唯一通过资格预审的供应商能参与投标时，政府机关也可以免除所有投标参与者的保证金。

政府机关必须在招标之前确定一个"期望价格"（即"最高限价"），这个价格必须书面公布，公布文书必须放置在招标场所的显眼位置，以便投标者阅览。在政府机关为所需服务和货物付款的采购项目中，这个期望价格起到最高限价的作用；在政府机关收费的采购（拍卖）项目中，这个期望价格起到最低限价（起拍价）的作用。当期望价格作为最低起拍价时，投标者投出高于此期望价格的最高价者获胜；当期望价格作为最高限价时，投标者给出低于此期望价格的最低价者获胜。在后者情况下，有几种有限的情况，当采购项目是建设工程或者制造业项目，且期望价格在 1 000 万日元（11 万美元）或以上时，政府部门可以将合同授予投出第二低价格的投标者。这些情况包括：投标价太低，投标者可能提供不了相应品质的服务或产品，授予该投标者合同会产生不公平或者阻碍市场公平竞争。举例来说，这种情况可能发生在一个投标者出于荣誉感（比如，被授予一个为皇家建房屋的合同是非常光荣的），投出了比合理商业价格低得多的价格时，如果按照这个价格，竞标者很可能会牺牲质量，因为他根本负担不起低价带来的损失。

当政府机关出售动产时，采购可以通过拍卖的形式进行。当政府机关的代表和投标（拍卖）优胜者达成协议后，除非合同数额很小，一般都会签署政府采购合同。签订合同双方必须缴纳合同金额的 10%作为保证金。如果合同的执行确有保证，或者竞标者预先经过资格预审，保证金也可以免于支付。

2）限制招标

当供应商数量有限或者公开招标对政府机关不利时，可以使用限制招标方式。实践中，在 WTO 政府采购协议（GPA）在日本生效之前，公开招标方式很少使用，而限制招标在政府采购过程中通常使用。根据相关法律，那时非常有限数目的公司拥有许可证,因此,典型的情况是只有有限数量的公司参加采购。比如,当采购一架飞机的建造项目时,日本并没有很多家飞机制造商持有相关许可证。

公开招标会对有关政府机关不利的典型情况如下:

竞争者私下串通;

非常难以检查建筑物或货物的质量,因为它们非常特殊;

合同内容透露将给政府事业带来严重损失。

当某政府机关因上述以外的原因采用限制招标采购方式时,该机关必须就相关事宜与大藏省(财务省)进行协商。政府机关指定可以参加限制招标的公司。类似于公开招标的资格预审程序,政府机关必须为各种类型政府采购设定可以参加投标的竞标者条件,并公布适当标准。政府机关应当公布通过了资格预审的限制招标参与竞标者的名单;如果存在如下情况,也可以不公布通过了资格预审者的名单:

如果一项限制招标项目参与者的条件要求与某公开招标项目的要求相同;

如果该类型政府采购中仅有很小采购金额需要紧急招标;或者存在其他特殊原因。

政府机关必须设定招标标准并在招标程序中指明,还要将此标准报告给财务大臣(大藏大臣)。如有可能,各机关必须指定 10 个或更多可以参加限制招标的投标者。限制招标的具体程序和公开招标通常是一样的。

3)直接磋商(谈判)

当采购项目不适合竞争,或者时间紧迫无法使用其他采购方式,或者使用公开招投标方式有明显损害时,可以使用直接谈判方式。另外,如果一个招投标项目已连续失败两次,政府机关可以在招标各项条件要求框架内,与供应商进行直接谈判。如果竞标优胜者没有进入签订合同,政府机关也可以直接谈判。在政府机关与供应商进行正式谈判之前,政府机关必须和公开招标一样,事先估算出期望价格。如有可能,政府机关官员必须了解两家或以上供应商的估价。政府机关决定授予合同后,必须在书面合约上签字。

4)反串标立法

2000 年,公共工程采购领域一系列贿赂和串标案件被公之于众之后,国会(众议院）通过了《公共建设工程投标及合同适正化促进法》，该法案同时规范国家和地方的公共工程采购。法案更加强调公共工程信息公开，并为公共工程采购设定了指导原则。2002 年，该《排除和禁止政府官员卷入串标法》得以通过，该法对策动、帮助或合作进行串标的政府官员进行惩罚，包括监禁等。

5）中小企业

《中小企业基本法》规定，中央政府采取措施，通过向中小企业提供更多政府采购机会的方式，增加中小企业的商业机会。在这部法律的基础上，经济产业省起草了《确保中小企业获取政府和公共实体订单法案》，要求政府机关制定有利于中小企业获取政府合同的政策。这个法案实施以后，政府每年都会发布关于中小企业获取政府合同的指导目录。在每个财政年度结束时，每个政府机关都必须汇报与中小企业签订合同的情况。

日本是《关贸总协定》（GATT）、《政府采购协议》（GPA）成员方，政府发布了内阁令和部长条例，以实施该协议。国家级政府采购项目适用《促进政府采购特定产品或专业服务的内阁令》，该内阁令为迎合 WTO 协议的需要，对《有关预算、结算和会计的内阁令》做出了例外规定。地方政府采购适用《促进地方政府实体采购特定产品或专业服务的内阁令》。当政府采购项目的估价达到或超过日本在该协定的附录 1 中规定的相应门槛价时，适用 GPA 规定。防务省的采购或涉及国家安全的采购项目排除在协议和这些内阁令适用范围之外。

《促进政府采购特定产品或专业服务的内阁令》规范外国供应商参加政府采购招投标事宜。在财政年度开始时，每个政府机关都被要求公布预先进行资格审查的公告，每年都会进行几次资格预审。公开招标的公告必须在招标之前至少 40 天发布，在紧急情况下可以缩短为 10 天。在限制招标的情况下，除了超级计算机、电信、医疗技术和非研究开发目的卫星采购项目的需求论证和公示期为 40 天以外，一般最低公示期为 20 天。根据 GPA 规定的情况，某些适用 GPA 条款的采购项目可以使用直接谈判的采购方式。内阁令要求根据《会计法》应用直接谈判采购方式的项目要与 GPA 衔接一致。

除了内阁令要求政府采购实施 GPA，日本政府还自发扩大了国外公司进入政府采购程序的入口。日本试图为国外供应商扩大市场准入，比 1985 年通过的"提高市场准入行动计划"中关贸总协定要求的市场入口更大。1985年的行动计划规定了6大领域的行动，包括海关、进口限制以及政府采购等。行动计划实施推进委员会管理该项目的进程，其中三个项目已于1988年完成实施。委员会继续监督剩余其他三个项目，包括标准和认证、进口程序以及政府采购等。

1991年，委员会制定了《政府采购安排方案》，该方案包括财年初的预审公告、公告期的延长等以及其他安排。日本政府还通过降低关贸协定签署初期制定的应用政府采购的预估门槛价，扩大了GPA要求的范围。

自从1993年公共工程领域很多串标案件浮出水面，以及面临来自美国方面要求提高政府采购公平性的压力，委员会于1994年制定通过了《政府采购相关行动计划和政府采购货物指导方案》。1995年GPA生效前夕，该委员会又进一步通过了旨在与该协议相接轨的《政府采购服务指导方案》。这些指导方案的目标是提高政府采购程序的透明、公平和竞争性，以及改进公告方式方法。指导方案创设了政府采购监督委员会，接受一定门槛价以上的中央政府机关采购项目的有关投诉。总之，日本立法向外国开放其政府采购市场的程度比GPA的规定更大。

五、其他国家

1. 印度

1）国防科研生产法规制度

印度的国防能力严重依赖进口，莫迪政府希望通过鼓励私有企业参与国防创新，弥补印度武器装备科研生产基础能力薄弱、严重依赖进口等问题。

印度历届政府都对科学技术创新给予了极大重视，先后制定颁布了三份重要的科技政策文件——《科学政策决议》《技术政策声明》《新科技政策》，这些具有战略意义的重要科技政策文件是指导印度科技发展的大政方针。《科学政策决议》是印度开始通过立法形式和计划模式推动科技进步的标志。《技术政策声明》进一步强化了印度对内强调技术的自主开发和对外强调技术引进消化吸收的技术政策目标，强调进行技术设备的全面更新。其中基本目标涉及资源有效利用的有：在战略和关键技术领域，最大限度地利用本国资源，对设备和技术进行现代化改造。《新科技政策》对印度科技发展做出了全面的指导和规划，强调进一步加强科学技术在促进社会各行业发展中的作用,为经济发展提供强大支撑。虽然印度科技政策几经修订,但是历次的科技政策都强调了对人才的培养、对自主创新的鼓励、对知识的尊重,以及推动科技与经济和社会发展相结合[①]。

印度重点支持私有企业承担武器装备小型项目和进口替代产品生产。印度政府2016年4月出台的新版《国防采办规程》明确提出,由政府出资且开发成本不超过1亿卢比的制造项目,首先选择私有企业。同年5月,印度国防部制定了允许私有企业生产的23种平台和武器系统清单,所列物项此前均依赖进口。建立国有企业同私有企业的长期战略合作伙伴关系:2017年6月8日,印度国防部发布了《国防采办规程2016》的第七章"通过战略合作伙伴关系改造国防工业生态系统",计划在潜艇、直升机、战斗机等高端国防项目中,建立国有企业同私有企业的长期战略合作伙伴关系,希望借助私有企业吸收国外先进技术,解决印度国内技术瓶颈。

2)国防采购法规制度

2020年3月20日,印度国防部长拉格纳特·辛格公布《国防采购程序2020》草案。该程序定于4月1日生效,将指导未来5年印度的国防采购事项。

(1)推动武器装备国产化

《国防采购程序》是印度政府指导国防采购的纲领性文件。早在2019年8月,印国防部采购部门总负责人钱德拉领导的一个高级别委员会就开始对《国防采购程序2016》进行审查,并推出《国防采购程序2020》草案。新版本相较上个版本有47处大的修改,旨在推动"印度制造"计划和提升装备国产化水平。

辛格在发布会上宣称:"我们的目标是让印度在国防工业领域实现自给自足,并建立实力雄厚的国防工业基地,推动印度成为全球武器制造业集散地。未来,我们将使用国产原材料,在本国制造工艺和软件技术支持下制造真正的国产装备。"

他还强调,《国防采购程序2020》草案本着加速武器装备采购、刺激印度经济发展的原则,对军事采购流程进行了合理简化,此举将有助于提高采购效率,实现采购与后勤保障两个部门的无缝对接。

---

① 赵晶晶,贾怡,张楠楠. 国外国防科研设备设施共享管理制度与法律基础浅议[J]. 中国航天,2017(11):25-28.

根据《国防采购程序2020》草案对"购买"的定义，印军采购的外国武器装备应在印度国内生产，并部分使用该国设计的零部件，这类武器装备的总占比将达50%，比上个5年提高10个百分点。

草案还规定，必须延长进口装备的"生命支持周期"（即保修期），"在正常保修期之外，还应延长3～5年"。

（2）首次允许租赁武器装备

"印度国防工业"网站发布，印度国防部史上首次在《国防采购程序》中允许印军从友好国家租赁部分武器装备。尽管这种现象早已有之，但从未被列入国防预算。新程序草案确认，租赁将成为印军在采购和制造之外获取武器装备的重要方式，可大幅减少直接购买武器和技术所带来的高昂费用。

印度《商业标准报》称，印度政府已为武器装备租赁划拨专项资金。按规定，印军可以租用不直接参与作战行动的武器装备，如运输机、运输舰、训练装备和模拟器材等。

扩展阅读2-13：印度扶持和引导风险投资业进入军工科研生产[①]

印度的战略目标是保持南亚次大陆第一军事强国的地位，并力争21世纪跻身世界军事强国之林。1998年夏，印度进行了5次核试验，就是为实现这一目标而采取的行动。据统计，冷战后印度国防研发费年递增率为16%左右，1994年就制定了《自主防卫10年规划》，提出到2005年国防研发费用要占国防预算的10%以上，但是由于经济困难、工业基础薄弱和外汇短缺等原因，印度国防工业发展受到限制。然而，印度政府为了实施印度的武器装备生产计划，制定政策，促进国防工业军民结合，引进风险资金支持国防建设和国防科研生产。印度从20世纪70年代起，为促进产业结构调整，扶植高技术产业，加快技术成果转让和高新技术产业化，便开始发展风险投资。

1. 金融机构兼营风险投资

印度的金融机构部分具有风险投资功能，如国家在印度工业银行、印度工业

---

① 范肇臻. 印度扶持和引导风险投资业进入军工科研生产研究[J]. 中外企业家，2014（8）：264-266.

投资公司、印度工业信贷与投资公司等金融机构建立风险基金，通过这些金融机构进行风险投资。

印度建立专营风险资金和技术投资银行的实践是成功的，有效地促进了科技成果的商品化和加快技术转让。

2. 建立专门的风险投资公司

为了风险投资基金的正常运行，印度政府建立专门的风险投资公司，如"印度风险投资资金与技术投资公司"。这种专业风险投资公司实际上是金融机构风险投资领域的延伸。印度风险投资公司的投资范围和方式鲜明地体现了国家目标、注重投资高技术领域，特别是国家技术重点项目以及对国民有重大意义的项目。武器装备追求领先的本质属性和内在要求，决定了国防科研是一项高投资的系统工程，其发展需要消耗大量人力、财力资源。

3. 风险投资基金在计算机产业的应用

印度的计算机软件产业10多年来的超高速发展，得益于风险投资强有力的推动。2000年，印度计算机软件业总值为82.6亿美元，美国《财富》杂志公布的全球500家大公司中，有近200家采用印度计算机软件。印度的高级产业发展迅速，20世纪90年代末计算机达到大规模、超大规模集成电路的国际标准第四代水平。印度还是少数几个启动"全国信息高速公路"工程的国家之一，全国通信网络已达到相当规模。1999年，印度因特网用户为100万个；在世界信息产业中，印度已占近20%的市场份额，仅次于美国，居世界第二。1992—2001年，印度软件产值年平均增长60%。其中，1999—2000年，软件产值达59亿美元，仅出口就占39亿美元，占全国出口总额的8.6%。软件优势吸引国际商用电器公司、得克萨斯公司、西门子公司、惠普公司等这些世界计算机行业的知名大公司加盟，带动了印度计算机产业的迅速发展。计算机软件产业及其相关高技术产业的发展，使印度的国防工业获益匪浅。风险投资培育出的许多高技术成果，不仅直接用于军事领域提高了其军事工业的技术水平，而且还在引进吸收、改造过去苏联进口的武器系统方面发挥了重要作用。印度成功实践和独具特色的发展模式，为我们提供了有益的借鉴。

扩展阅读 2-14：俄印军事技术合作的总体情况[①]

半个世纪以来，国际形势复杂多变。俄罗斯和印度从各自国家战略利益出发，逐步建立了广泛的军事技术合作关系。印度通过军事技术合作得到了军队急需的高技术武器装备，建立了较为先进的国防工业基础，加速了军队武器装备现代化进程，显著增强了军队的作战能力，提高了印度的国际地位，但也使印军武器装备的使用维修以及国防科研生产对俄产生了某种程度的依附。俄罗斯通过这种合作，不仅增强了对国际事务特别是对南亚事务的影响力，而且获得了大量外汇，为振兴其军工企业和国家经济注入了活力。

自从 1956 年苏联向印度低价出口两架伊尔-14 军用运输机至今，俄罗斯已向印度提供了超过 500 亿美元的先进武器，印度陆、海、空三军的武器装备 70% 以上都是来自俄罗斯。目前印度已成为俄第二大军火购买方。

两国的军事技术合作始于 20 世纪 50 年代。1955 年苏联领导人赫鲁晓夫访印时，签署了两架伊尔-14 军用运输机的供货合同，标志着印苏军事合作的开始；1962 年，印苏双方又签订了购买米格-21 战斗机和按许可证生产的合同。印度以此为契机，不仅获得了当时具有先进水平的作战飞机，而且凭借战斗机生产线的建立，在原本空白的基础上建立了初具规模的国防工业，使印度武器装备传统上依赖英美等西方国家的局面开始改变。1973—1977 年，印度从苏联引进的武器装备占其外购装备总量的 85%；1985—1989 年，印度进口武器装备总价值达 137 亿美元，成为世界第一大武器进口国。在经历了冷战后短暂的冷淡期后，1995—1997 年两国在该领域的交易额上升到了约 30 亿美元。

自 2000 年至今，俄印两国在军事技术合作领域的贸易额每年平均都稳定在 15 亿美元左右，俄罗斯向印度出口武器总额超过 100 亿美元。两国在 2010 年前的军事技术合作计划包括 200 多个项目，总价值约 200 亿美元，其中很多项目已经完成。

在 2002 年的军事技术合作中，俄印签署多项合作议定书，俄向印度提供多

[①] 刘忆宁. 俄印军事技术合作及其特点 [J]. 国际研究参考, 2008（1）: 11-14.

管火箭发射器，提供最新型和多用途的苏-30МКИ 歼击机，为印度火炮配备弹道测量系统，帮助改造俄以前向印度出口的 877EKM 型常规潜艇，尽早向印度交付 T-90C 坦克，以及共同研制高科技武器等。在纯装备引进的同时，附加了许可证生产、技术服务和零配件供应等项目，并占了双方合作的绝大部分。另外，在该年份里俄的竞争对手也在采用一些非传统方式抢夺印度市场。

以色列计划为印提供米-24、米-8、米-17 直升机、米格-21、米格-29、苏-22、苏-25、苏-27 战机和 T-72 坦克的改进服务。结果是 2002 年以色列得到 20 亿美元的收益，而俄印的贸易额仅为 10 多亿美元。

2003 年俄印签约 30 亿美元军贸合同，主要涉及购买航母项目。俄方提出印度购买"戈尔什科夫元帅"退役航母要与印急需的核潜艇的销售挂钩，同时印还需一揽子购买随舰配置的至少两架米格-29K 战斗机。按照现代空军通行的重型飞机和轻型飞机 1:3 的比例，印度至少需要购买 400 架米格-29M。

另外，在 2003 年俄印军事技术合作发生了争端，印度方面拒绝按俄印已经签署的合同接收一批苏-30МКИ 歼击机，称发现这批飞机上的发动机有缺陷。根据合同，俄将向印提供 50 架苏-30МКИ 歼击机，其中 20 架已经交付完毕，另外 8 架要在 2003 年年底前交货。这些飞机上首次批量安装俄新型 AJI-31ФМ 可控推力矢量发动机。

2004 年俄印确立了战略合作伙伴关系，签订了许可印度生产 140 架苏-30МКИ 战斗机，60 架米格-29K 航母战斗机，310 辆 T-90C 坦克，以及俄罗斯帮助印度修建相关基础设施等数十项合同，贸易总额约为 20 亿美元。

2006 年俄罗斯与印度政府间军事技术合作委员会第五次会议宣布，俄印两国 2010 年前双方的军事技术合作计划共包括 200 多个不同的项目，涉及的总金额约为 200 亿美元。合作项目中最引人注目的是俄承诺向印度开放的"高科技舰船"制造技术，有专家认为这种技术实际上就是初级核潜艇技术。

2007 年俄印首脑积极评价两国在军事技术领域的合作，称两国间的军事合作正在稳步地由购销关系向联合进行科研、生产、市场开发、部门间定期联系和举行联合军演的方向发展。

2007 年 10 月 19 日，在俄印军事技术合作委员会第六次会议上，双方签署了合作研制和生产代号为 PAK-FA 的"第五代"先进多用途战斗机协议。第五代战斗机的研制费用可能高达 100 亿美元，俄罗斯和印度将平均负担研制费用。印度科研人员从一开始将参与包括机载武器在内的第五代战斗机的所有研制工作。双方声称其性能超过美 F-22。这一项目将成为俄印两国政府在军事领域内数额最大的一个联合研发项目。此外，双方还签署了金额约为 16 亿美元的生产 40 架苏-30MKИ 战斗机机体尾翼部件和在俄制苏-30MK 型战斗机上安装这些部件的合作协议。该战机将由位于俄罗斯伊尔库茨克州的伊尔库特飞机制造公司生产，交货期一直持续到 2010 年。伊尔库特飞机制造公司多年来一直负责为印度生产苏-30MKИ 型战斗机。伊尔库特飞机制造公司总裁杰姆琴科说，从 2008 年年初起，他的公司将开始为印度生产第一批 4 架战斗机。

扩展阅读 2-15：印度国防采购政策将向国内企业倾斜

2013 年 3 月，印度国防部负责国防采购的最高权力机构——国防采购委员会（DAC）就国防采购政策调整召开了会议。未来，印度将可能改变其国防采购政策，将更多的优惠政策倾向于国内企业，其中就包括在国防全球采购中优先考虑印度本国企业。目前，印度的武器装备和设备中有近 70%需要依靠进口，急需提高国内工业能力，减少对进口的依赖。这次会议对印度发展缓慢的国防工业也进行了讨论。

2. 以色列

以色列的采购与生产管理局在武器装备采购立项之后，按照法律规定程序，进入招标或委托承包阶段，根据情况分别向国内或国外承包商采购。国内采购主要面向国防部下属军工企业和私营企业，由于以色列特别强调武器装备生产的自力更生，目前其武器装备的自给率已达到 85%，其中陆军武器装备的自给率更是高达 95%，因此武器装备采购合同主要是由国内军工企业承担。

20 世纪 90 年代初，以色列对国防部所属机构和企业进行改制，推行国有军工企业自主经营、自负盈亏的政策。为吸引国内外投资，以色列政府出台了各种类型的鼓励投资研发和出口的政策措施。例如，鼓励研发方面，出台《工业研发鼓励法》，规定政府可以企业日后专利权使用费为交换，资助研发或分担技术开发的风险；鼓励投资方面，出台《资本投资鼓励法》，规定企业可根据相关条件，获得拨款和税收减免；《工业（税收）鼓励法》规定了对国防经济有利的指定领域内投资的鼓励措施。

以色列在国防工业的发展中，重视吸纳各方面的管理和技术人才，制定鼓励发展"知识经济"和重视知识分子的政策。政府一方面自主培养科技人才，另一方面重视广纳世界科技人才。以色列通过引进移民大量吸纳国外军事技术人才，并把有专长的专家和学者安排到重要军工部门，推动先进武器系统的研制生产。

在军贸出口战略上，以色列始终把"军品必须打入国际市场"作为基本政策。为鼓励出口，以色列制定了《鼓励出口的投资激励政策》，设立"促进海外市场活动基金"，建立免税贸易区与自由港，鼓励企业通过武器装备和军事技术出口为国家获取大量持续发展经费，为不断开展新一代武器装备的研制和关键技术攻关创造良好条件，并使武器装备的研制销售进入良性循环。

扩展阅读 2-16：世界武器装备科研生产趋势与特点

为顺应新时期世界武器装备发展的新趋势，满足新形势下武器装备的需求，世界主要军事大国和军工行业部门也积极应变，不断调整武器装备科研生产的重心和发展模式，主要呈现出以下 6 个方面的特点：

1. 注重技术储备，以高新技术保障"高精尖"武器装备发展

高新技术水平是"高精尖"武器装备发展的关键，世界各军事大国充分重视高新技术储备。美国制定了一系列与武器装备新技术储备相关的战略规划，特别是美国的《国防授权法》中，很早就从政策上对军民两用技术的研发做出了详细规定，目前美国已建立了较为完整的技术研发、技术转移、成果转化相关的政策体系。同时，为了促进高新技术的研发，美国陆续出台"美国国家创新战略""技术再投资计划""美军关键技术计划""两用技术核心计划""小企业研究计划""合作研究和开发计划""联邦实验室多种经营计划"和"NASA 技术利用计划"等并持续不断更新，有效地推动了高新技术的储备和转移。尤其是《美军关键技术计划（MCTP）》，旨在保障美国国防科技的全面健康可持续发展，其中"样机研

制+有限生产"策略的广泛实行有效促进了技术储备工作。

2. 基于战略需求，重点建设某种武器装备

武器装备的建设既要满足军事战争需求，又要服务于国家的战略需要。武器装备的发展并非要求所有装备均衡发展，而要根据不同的军事战争需求和战略需要，发展重点有所侧重。例如，美国在20世纪90年代"冷战"结束后，重点建设对陆攻击和近海作战武器装备，以支撑"由海向陆"的国家军事战略；21世纪初，在"9·11"事件发生后，美国着重建设反恐和支援特种作战的武器装备，以应对恐怖袭击等不对称威胁；近年来为应对地区性军事大国的崛起，美国又着重发展应对敌方"反介入/区域拒止"的武器装备，支撑美军"空海一体战"的军事作战需求。同样，日本在20世纪90年代后期，以应对朝鲜等区域内国家弹道导弹可能扩散局面的名义，重点建设海基导弹防御系统；近年来，重点发展反潜作战和岛屿攻防武器装备，以支撑海洋扩张战略。

3. 重视智能制造技术在武器装备科研生产中的应用

将智能制造技术应用到武器装备的生产研制中，可以有效缩短武器装备的生产研制时间、降低生产研制成本、提高武器装备质量。

目前，世界各主要军事大国在武器装备科研生产中，纷纷开展智能制造技术实践。比如，欧洲启动"面向知识工程应用的方法和工具"计划，建立共享设计平台，大大缩短了武器装备的设计时间；美国拟"通过下一代可视化技术提高集成设计效率"项目开发软件工具，利用虚拟样机实现缩短设计时间、降低设计成本。此外，机器人焊接系统也在欧美国家的国防科技生产中得到了广泛应用。

4. 联合研制以分摊成本，并提高协同作战能力

在现在战争发展趋势中，联合作战成为常态，这对武器装备通用性提出了更高的要求，不同军种或不同国家联合研制已成为武器装备研制的重要模式。2006年3月，英法两国签订了联合研制较大吨位新型航母的协议。按照计划，英法两国共同制定了通用的航空母舰基础设计方案，来指导英国的未来航母（CVF）建造计划和法国的PA2航母建造计划。虽然此次联合研制由于法国预算原因最后搁浅，但英国通过联合研制获取了多项国外先进技术，法国自身航母技术也取得了进展。此外，洛·马公司主承研制的F-35"闪电Ⅱ"联合攻击战斗机也是一个由多军兵种（海军、空军）、多国（美国、英国、意大利、荷兰、加拿大、挪威、澳大利亚、丹麦、新加坡和土耳其）联合研制的武器装备的典型案例，F-35 "一机多型"的设计方案可以满足不同国家、不同军兵种的不同需求，并能有效分摊研制成本，同时由于联合研制国家主要为北约成员国，相互之间数据互通也能有效促进协同作战。

5. 民技军用，军民协同式的武器装备科研生产体系

生产体系一方面有利于统筹协调国防建设和经济建设，另一方面也能有效提升新技术的两用性。目前，美国、欧洲、日本等世界主要军事大国的武器装备研制生产体系多为军民协同的模式，这些国家多由国家最高层实施顶层决策和宏观管理，通过法律政策推动，采用民为军用的军民协同建设方式，将军民两用技术研发作为着力点，军民协同型企业是创新主体。

第三节 对我国的启示

一、加强人员力量整合

随着国防科技发展以及国家国防战略的需要，国防科研任务必然会从以简单地完成计划任务为导向转向以满足现在及未来武器装备需求为导向，那么也必然要求国防科研机构能够更好地了解掌握军方对未来武器装备的现实需求和潜在需求。

加强军方与科研机构之间在国防科研任务中的整合，由军方安排一些退役高级官员以专家的身份到各主要国防科研组织内担任顾问，加强军队与科研机构的联系，可以使国防科研机构能够更好地按照军方的要求完成相应的国防科研任务。

二、加大军工科研机构支持力度

目前，大多数的军工企业还是以军品任务为主，民品的开发还缺乏深度与广度。但是军品任务有着非常大的时效性，军工企业要谋求长远的发展，必须军民品并重，提高军工企业民品的开发能力。因此，必须加大对军工企业科研机构的支持力度，使其充分发挥军工技术优势，大力发展民品，并逐步由军品技术带动民品技术转变为军品技术与民品技术互相带动，真正地做到寓军于民、军民结合。

三、加强对中小企业的扶持

以国家的工业能力、技术能力为基础，鼓励采购本国生产的武器装备；各个大、中、小型军工企业根据研发实力和专业优势实行专业化分工，由实力强大的企业承担总体设计、总装和主要分系统的研制工作，再由各个模块供应商分包给子模块供应商，形成层次分明的专业化协作网络。西方国家认为中小企业是国防科技与武器装备创新发展的重要动力，通过扶持中小企业参与武器装备采购的竞争，促进技术的创新，缩短民用技术向军用技术转移的周期。通过自主创新避免在技术上落后和依赖他国。

四、制定新法规与修订补充现有法规相结合

国外在国防立法中，十分重视对原有立法的继承和完善，以便做到将原有立法的补充修订与新法的制定结合起来。为维护法律的严肃性和保持立法的长期稳定性，借鉴国外经验，有关部门在制定新的国防法律的同时，要注意对现有法规、规章和规定的整理、消化和吸收，对可继续发挥作用的要进行补充和修订，对已没有法律效力的要废弃，使国防立法在不断修订和继承过程中逐步走向完善。

第三章

我国国防科技工业发展历史沿革与继承

中华人民共和国成立以来,在党中央领导下,我国国防科技工业和武器装备建设取得了举世瞩目的历史性成就。国防科技工业从无到有、从小到大,建立起独立完整的武器装备科研、试验、生产体系,自主创新能力实现历史性跃升,一些关键技术达到或接近世界先进水平;装备体系结构有了重大改善,高新技术武器装备比例大幅提高,武器装备发展实现了历史性跨越,为国家安全和发展提供了强有力的装备保障;国防军工采购体系逐步建立,由国家对资源的计划配置供应转为自主的市场购买,采购模式上转向以集中采购等形式为主。

伴随着我国国防科技工业和武器装备建设的伟大实践,国防科技工业和武器装备建设管理从简单到复杂、从粗放到精细、从分散到集中、从计划主导到市场主导,逐步建立起符合国防科技工业和武器装备建设规律、体现社会主义市场经济特点的管理体制和法规制度[1]。认真回顾我国国防工业和武器装备建设管理体制及法规制度的发展历程,研究总结不同阶段管理体制及法规制度的优势和局限,对于在新的历史起点上开创国防科技工业和武器装备建设新局面,具有十分重要的意义。

我国国防科技工业和武器装备建设管理体制及法规制度的发展历程,可分为两个时期5个阶段,即计划经济时期的探索创建阶段(中华人民共和国成立到20世纪50年代末)、自主发展阶段(20世纪60年代初到70年代中期)、市场经济时期整顿转型阶段(20世纪70年代后期到90年代末)、调整发展阶段(21世纪

---

[1] 陈应勇. 我国国防科技工业管理体制改革研究[D]. 杭州:浙江大学,2004.

初期)、改革完善阶段(十八大以来)。

第一节 探索创建阶段

中华人民共和国成立到 20 世纪 50 年代末,在中国共产党的正确领导和各级人民政府、军事机关的共同努力下,我国国防科技工业和武器装备基础建设得到了较快发展,并在建设实践中探索创建了统一领导、分工协作的国防科技工业和武器装备建设管理体制[1]。

一、初步创建国防科技工业管理体制及法规制度

中华人民共和国成立后,为了加快国防科技工业和武器装备建设与发展,党和国家经过近 10 年的努力与探索,初步创建了统一领导、分工协作的国防科技工业和武器装备建设管理体制及法规制度。

1. 构建政府系统国防科技工业管理体制

中央人民政府成立后,开始全面参与军工管理。1949 年 10 月 19 日,政务院成立了主管全国民用和军用工业的重工业部。各大行政区人民政府也相继成立了军工部门。为了强化对国防科技工业的统一领导,改变各大行政区各自为政、分散管理的状况,1950 年上半年,党中央加大了对军工行业的干预力度,先后在重工业部成立航空工业筹备组、兵器工业办公室(简称"兵工办")、电信工业局和船舶工业局等机构,负责全国国防工业的组建和军工生产、军工企业的调整工作[2]。其中,兵工办除负责管理全国兵器工业的生产计划、产品规格和财务结算等工作外,还归口管理各大行政区军工局的工作。

抗美援朝战争爆发后,为了满足战争对武器装备的需要,党中央于 1951 年 1 月成立了以周恩来总理为主任、聂荣臻和李富春为副主任的中央军委兵工委员会(1954 年撤销),直接领导全国兵器工业的战备生产和建设。1951 年 4 月,政务

---

[1] 韩庆贵. 我国国防科技工业和武器装备建设管理体制沿革研究[J]. 国防,2017(9):50–55.
[2] 杜人淮. 新中国成立以来国防工业运行中的政府职能变迁及启示[J]. 经济研究参考,2009(38):23–29.

院和中央军委决定成立以聂荣臻为主任的航空工业管理委员会，负责组织研究与规划航空工业建设。同时，中央将重工业部兵器工业办公室改组为兵工总局，受中央军委兵工委员会领导，负责统一规划和协调全国兵工的生产和建设；将重工业部航空工业筹备组改组为航空工业总局，负责管理航空工业建设。

为加强国防科技工业建设，尽快提高我军武器装备水平，1952年8月7日，中央人民政府委员会第十七次会议通过《关于调整中央人民政府机构的决定》，决定将重工业部一分为二，成立主管民用工业的第一机械工业部和主管国防科技工业的第二机械工业部。第二机械工业部下设兵器、航空、坦克等工业局，归口管理兵器、航空、坦克等国防工业。同时撤销各大行政区兵工管理机构，实现了中央政府对全国国防工业的统一管理①。1953年4月，电信工业局划归第二机械工业部。此后，各国防工业局在部署与调整国防工业建设与生产过程中相继组建了一批航空、无线电等专业研究所和设计所。

1953年，随着抗美援朝战争和剿匪作战相继结束，第一个五年计划开始执行，国家进入有计划的经济建设和发展时期。1954年9月，第一届全国人民代表大会召开，会议决定设立国防委员会和国防部，取消中央人民政府人民革命军事委员会；在国务院设立八个办公室，协助总理分别掌管国务院所属各部委的工作，其中第三办公室归口管理民用工业和国防工业。

在重视发展常规武器的同时，为了在世界高技术领域占有一席之地，有效应对美帝国主义的核威胁、核讹诈，党中央做出了发展原子弹、导弹等国防尖端技术的重大决策。1956年4月，国务院成立国防部航空工业委员会，负责组织领导导弹的研制和航空工业的发展工作。随后又组建了国防部第五局（即导弹管理局）和国防部第五研究院（简称"五院"），在航空工业委员会的领导下负责导弹的研制与管理。1957年3月，为进一步强化航空委员会的领导，减少机构层次，充实五院建设力量，国防部第五局并入五院。1956年11月，全国人大批准成立国务院第三机械工业部（即核工业部），领导国家核工业建设与核武器研制工作。1958年7月，在北京建立核武器研究所，负责原子弹的研究设计

---

① 腾渊. 建国后军队武器装备管理体制的沿革［J］. 国防科技工业，2009（4）：50-51.

工作。

为解决抗美援朝战争结束后军品订货大幅减少与国防工业生产能力不断扩大之间的矛盾,毛泽东主席在1956年4月召开的最高国务会议上提出"军工企业学会两套本领,既能生产军用产品,又能生产民用产品"。根据毛主席"军民结合、平战结合"的方针①,1958年2月,第一届全国人大第五次会议决定,将第一机械工业部、第二机械工业部和电机制造工业部合并,组成统管全国机械工业的第一机械工业部,兵器、电子、造船、航空等四个国防工业局一并划归该部管理。同时,将管理核工业的第三机械工业部更名为第二机械工业部。新中国的国防科技工业组织管理体制就此基本形成。

2. 调整军事系统武器装备建设管理体制

中华人民共和国成立之初,我国军事领导体制实行的是中央人民政府人民革命军事委员会领导下的总参谋部、总政治部、总后方勤务部三总部体制,军队武器装备建设管理由总后方勤务部负责。总后方勤务部和各大军区、野战军及各级部队均设有军械部门,负责军械装备保障工作。伴随着我国军事领导体制及国防科技工业管理体制的建立与调整,军队武器装备建设管理体制也相应进行了调整。

遵照毛泽东主席"我们将不但有一个强大的陆军,而且有一个强大的空军和一个强大的海军"的重要指示,军委空军、海军、炮兵、装甲兵等军兵种领导机关相继建立。

自第一届全国人民代表大会后,中共中央决定成立党的中央军事委员会,负责整个军事工作的领导②。党中央及中央军委有关军事工作的决定,在内部以中央军委的名义下达,需公开发布的则以国务院或国防部名义下达。国防部未设办事机构,其工作由解放军总参谋部、总政治部、总后方勤务部和国防部办公厅(军委办公厅兼)等机构承担。1954年11月,借鉴当时苏军八总部领导体制,中央军委决定以军委军械部为基础成立总军械部,负责组织领导全军武器装备的供

---

① 怀国模,石世印. 建设现代化国防科技工业的强大思想武器——关于毛泽东国防科技工业思想的探讨[C] // 毛泽东生平和思想研讨会.
② 马福生. 中国共产党军事领导机构沿革概述 [J]. 历史教学,1989 (5): 28-31.

应、管理和维修工作。总军械部下设组织计划局、武器供给局、弹药供给局、基本建设局、武器订购局、弹药订购局、军械科学研究局等主要部门。1957年3月，中央军委决定将总军械部并入总参谋部，成立总参军械部。1958年7月，军委扩大会议通过《关于改变组织体制的决议》，决定实行总参谋部、总政治部、总后勤部三总部体制。1959年3月，中央军委对总参军械部进行调整，除装备规划工作并入总参装备计划部外，其余大部分职能和机构转隶总后勤部，成立总后军械部。

为全面推进国防科学技术研究工作，在1956年4月决定成立国防部航空工业委员会的同时，中央军委决定在总参装备计划部设立科研处，负责筹划常规武器的科研工作。1958年5月，中央军委又决定成立国防部第五部，负责领导特种部队的组建和特种武器的研究、设计、生产、装备部队和维护保养工作。1958年10月，为进一步加强国防科学技术研究工作的组织领导，更好地调动各方面的积极性，实现研究、试制与使用的有机结合，经党中央批准，以国防部航空工业委员会为基础，成立以聂荣臻元帅为主任的国防部国防科学技术委员会（简称"国防科委"），在中央军委领导下，负责国防科学技术研究工作的组织领导、规划协调和监督检查[1]。鉴于国防部第五部的任务与国防科委的部分工作重复，为加强对国防科学研究工作的统一领导，中央军委于1959年4月决定将国防部第五部和总参装备计划部负责常规武器的科研处合并到国防科委。其间，人民解放军总部及各军兵种也先后成立了科研机构。1959年12月，为统筹国防工业建设与发展，党中央决定成立以贺龙元帅为主任的中央军委国防工业委员会（简称国防工委），对国防工业实施归口管理，主要负责对国防工业生产建设的组织协调与督促检查。

二、特点分析

20世纪50年代，为了加强我国国防科技工业和武器装备建设与发展，尽快改变人民解放军武器装备品种繁杂、陈旧落后的状况，在党中央领导下，先后成

---

[1] 袁和平. 毛泽东布局新中国国防工业[J]. 军工文化，2014（10）.

立了重工业部、中央军委兵工委员会、第二机械工业部、航空工业委员会、总后军械部、总参装备计划部、总军械部、国防部第五部、国防科学技术委员会、国防工业委员会等管理机构，初步建成了相对独立的国防科技工业和武器装备建设管理体系以及与国家计划经济体制相适应的管理制度，主要有以下几个特点：

1. 统一领导

在执政党层面，中国共产党是领导我国建设事业的核心力量，我国国防科技工业和武器装备建设，无论是政策的制定，还是机构的建立及其基本职能定位，都是在党中央统一领导下进行的。具体地说，是在毛泽东主席、周恩来总理等党中央主要领导的宏观指导乃至直接参与下完成的。在国家层面，中华人民共和国成立之初，政务院和人民革命军事委员会都是国家最高政权机关——中央人民政府委员会的下属机构，国防科技工业和武器装备建设管理机构，无论设在政务院系统（如重工业部、第二机械工业部），还是设在军队系统，都是在中央人民政府委员会的统一领导下开展工作的。即使在1954年后中央人民政府委员会撤销，国务院与中央军委作为国家最高行政机关和最高军事机关，看似相互独立，但由于周恩来、彭德怀、聂荣臻、贺龙等既是国务院领导，同时也是中央军委领导，因此，国防科技工业和武器装备建设的管理机构虽然分属国务院、中央军委两个不同系统，但实际上都在同一个领导层的组织指挥之下开展工作。所以，我国国防科技工业和武器装备建设管理始终是在统一领导下展开的。

2. 集中管理

20世纪50年代，我国国防科技工业和武器装备建设管理体制，既具有党中央统一领导"统"的一面，同时又具有管理主体和管理对象"合"的一面。其中"合"的一面，主要表现为以下三个方面：一是军用与民用相结合。中华人民共和国成立之初成立的重工业部对军事和民用工业进行统一领导，虽然在1952年为适应抗美援朝战争的需要将重工业部一分为二，成立了主管军用工业的第二机械工业部，但在1958年将第二机械工业部与第一机械工业部、电机部合并组成新的第一机械工业部，统管全国机械工业。二是政府管理与军队管理相结合。50年代，我国国防科技工业和武器装备建设管理机构，有的设在国务院领导下的政府系统（如重工业部、第二机械工业部），有的设在中央军委领导下的军队系

（如总参谋部、总军械部），有的设在国务院、中央军委双重领导下的国防部（如国防科技委员会），这些机构按照各自的分工，对国防科技工业和武器装备建设进行管理。三是科研与生产相结合。50年代前期，政府系统主管国防工业的部门，无论是主管兵器工业的第二机械工业部，还是主管核工业的第三机械工业部，都是集科研管理与生产管理于一身的部门。50年代后期，国防科委成立，主管国防科学技术，并与各国防工业部门构成业务指导关系，但国防科研机构的建制关系并未发生变化，各国防工业部门仍是既管理科研又管理生产的部门。

3. 分工协作

50年代，我国国防科技工业和武器装备建设管理经过了一个由简单到复杂的过程，不同的管理机构有着不同的职责分工，从最初的重工业部负责装备生产、总后勤部负责装备保障、装备订货由总后勤部和重工业部共同办理，到总参谋部负责装备规划、第二机械工业部负责装备生产、总后勤部负责装备保障，经过一系列的整顿调整，到50年代末形成了总参谋部主管装备规划与调配、国防科委主管装备科研、国防工委主管装备生产、总后勤部主管装备保障的分工管理模式。但这种管理分工是在党中央和中央人民政府以及国务院、中央军委的统一领导下的管理分工，是在共同的政策和计划下指导下的分工，这就决定了各管理机构既按照各自的职责范围分工负责，又围绕着共同的目标与方向，从不同侧面、不同领域对国防科技工业和武器装备建设实施管理，相互之间的关系是分工协作，而不是各自为政。

该阶段我国国防科技工业和武器装备建设管理体制，是在面临帝国主义严重的侵略威胁、国家经济技术基础十分薄弱的情况下，按照苏联计划经济的模式建立起来的。政府利用自身在资源配置方面的强制力量优势，集中资源发展国防工业，使我国在"一五"时期就先后组建了兵器、电子、船舶、航空、核等现代国防工业部门，在比较短的时期内建立了比较完备的国防科技工业体系，军工生产能力迅速提升，军队武器装备状况有了很大改善，人民解放军由过去单一的陆军发展成为诸军兵种初步合成的军队。但国家对国防科技工业和武器装备建设管理的手段主要是行政手段和指令性计划，资源配置、行业发展规划和空间布局都集中体现在政府的指令性计划中，国家干预和调节成为我国国防科技工业和武器装备建设资源配置的唯一形式,使社会资源未能得到有效配置。国家作为唯一投资者,承担了国防工业发展的全部风险,不仅使政府背负着沉重的包袱,而且由于企业缺乏应有的经济利益压力和动力,制约了国防科研生产效率和效益的提高。

第二节 自主发展阶段

20世纪六七十年代,面对苏联停援、西方封锁的严峻形势,党中央本着自己动手、从头干起、走独立自主发展道路的精神,为了适应形势和推进武器装备现代化建设的实践需要,党和国家对我国国防科技工业和武器装备建设管理体制进行了一系列调整,形成了与计划经济相适应的相对完备的管理体制和法规制度[①]。

一、形成与计划经济相适应的管理体制及法规制度

1. 调整国防科技工业管理体制

为走出一条独立自主发展我国国防科技工业和武器装备的道路,根据党中央的指示精神,1960年9月,第二届全国人大常务委员会会议决定,把第一机械工业部负责管理国防工业的机构分离出来,成立第三机械工业部,下设兵器工业、造船工业、电讯工业、航空、导弹等业务局。为了加强对国防科技工业的集中领导,经党中央批准,1961年12月,在国务院成立统一管理各国防工业部门的机构——国务院国防工业办公室(简称"国防工办"),列入军队编制,对中央书记处和中央军委负责,归口管理第二机械工业部、第三机械工业部和国防科委、国防工委所属范围工作。我国核工业正式纳入国防科技工业管理体系[②]。为了进一步加强对各军工行业的管理,全面促进国防工业的建设与发展,中央决定组建新的国防工业管理部门。1963年2月,中央决定把无线电工业从第三机械工业部分离出来,成立了第四机械工业部;1963年9月,中央又决定把兵器工业、造船工业从第三机械工业部分离出来,成立了第五、第六机械工业部,同时决定撤销与

---

① 韩庆贵. 我国国防科技工业和武器装备建设管理体制沿革研究(续一)[J]. 国防,2017(10):43-48.
② 姬文波. 20世纪五六十年代中国国防科技工业领导管理体制的形成和发展[J]. 当代中国史研究,2018,25(2):54-65.

国防工办职能重叠的国防工委,其任务并入国防工业办公室;1964年11月,中央决定以国防部第五研究院为基础组建第七机械工业部,统一管理航天工业的科研、设计、试制生产和基地建设工作。经过一系列调整之后,第三机械工业部只负责管理航空工业。同时各省、市、自治区也相继成立了管理国防工业的相应机构。

根据党中央、毛主席关于下决心依靠自己的力量发展国防尖端技术的指示精神,中央军委于1960年初确定了"两弹为主、导弹第一"的国防科技建设方针,要求集中人力、物力、财力,以最大的努力在最短的时间内突破国防尖端技术。鉴于核工业生产和核武器研制技术的综合性和复杂性,仅靠第二机械工业部一个部门很难完成任务,需要全国各方面的配合,1962年9月成立以周恩来总理为主任的中共中央15人专门委员会(简称"中央专委")。其主要任务是:在中共中央的直接领导下,加强对核工业建设和核武器研究、试验工作的领导;组织各有关方面大力协同,密切配合;督促检查原子能工业发展规划的制定和执行情况;根据需要,在人力、物力、财力等方面及时调整。委员会办公室设在国防工办,作为日常办事机构,由罗瑞卿兼任主任[①]。1963年年初,西北核武器试验场和研制基地建成并投入使用。为了统一管理原子弹、导弹的定型工作,国务院于1963年12月成立国务院特种武器定型委员会,办公室设在国防科委。我国第一颗原子弹爆炸成功后,为了尽快解决原子弹运载工具问题,1965年3月,党中央对中央专委的职能进行了调整,除了管理原子能工业和核武器以外,还要把导弹研制工作管起来,并相应地扩充了委员会的成员。

在大力发展国防尖端技术的同时,为促进国防科技工作的全面发展,党中央十分重视常规武器研制工作,注重发挥国防科委在国防科技建设中的领导作用。1960年10月,为了集中科技资源,经党中央批准,中央军委决定将航空、船舶和无线电的相关研究机构从工业部门中独立出来,与军队的有关科研单位进行整合,成立国防部第六研究院(研制军用飞机)、第七研究院(研制舰艇)、第十研究院(研制军事电子装备),列入军队序列,业务工作由国防科委统一领导。总

---

① 怀国模. 投身原子能工业的初创时期(下)[J]. 中国军转民,2014(3):57-59.

参谋部、总后勤部和各军兵种也组建或扩建了一批研究院（所），担负本部门、本军兵种常规武器的论证、研制等任务。1961年2月，又将第三机械工业部所属的7所高等院校划归国防科委领导。1963年9月，中央在决定撤销国防工业委员会的同时明确规定，国防科委仍是军委领导下的国防科学技术工作的业务领导机关，其日常工作接受国务院国防工业办公室指导。1965年5月，为了适应武器装备试验任务发展，加强对试验工作的集中管理，中央军委决定将导弹、核武器、常规武器试验基地和海军武器试验基地划归国防科委建制，由国防科委统一领导和管理。同时，为加强国防科委对基地工作的管理，以总政治部科学工作部、总后第二物资计划部为基础成立了国防科委政治部、后勤部。1965年8月，中央批准中国科学院提出的《卫星发展规划纲要》，并决定卫星研制工作改由国防科委直接领导。1967年在调整国防科研体制时，又将中央专门委员会办公室由国防工办改设在国防科委。1965年2月，为了使国防科学技术与国防工业生产有机结合起来，提高国防科技工业建设效益，经国防工办提议，中央决定国防科技工业实行"部院合并、厂所结合"，将由国防科委领导的国防部第六、第七、第十研究院分别并入第三、第六、第四机械工业部。1965年8月，将炮兵研究院并入第五机械工业部精密机械科学院。

1966—1971年间，我国集中统一的国防工业管理体制受到严重破坏，逐步由集中管理走向分散管理，给武器装备建设和发展带来了负面影响。

1973年9月，中央决定撤销中央军委国防工业领导小组及其办公室，重新成立国务院国防工办，受国务院和中央军委领导，以国务院为主，主要负责对国防工业的生产、建设和科研进行统筹规划、全面安排、组织实施，军队由此开始退出国防工业管理。1974年5月，国务院、中央军委决定调整国防工业管理体制：实行以国务院为主的国务院、中央军委双重领导的体制，第三、第四、第五、第六机械工业部由国务院领导，同时撤销军委航空、兵器、电子、造船4个领导小组；按照"部院结合、厂所挂钩"的要求，将各研究院划归对口国防工业部门领导；各省、市、自治区政府设立国防工业办公室，统管本地区国防工业。1975年1月，第四届全国人大会议决定，将战术导弹的科研生产职能从第七机械工业部中分离出来，成立导弹工业总局，对外称为第八机械工业总局（1979年撤销第八机械工业总局,成立第八机械工业部),同时要求国务院各国防工业部门要对中央下放地方的军工企业进行必要的指导和管理。国务院、中央军委于1975年6月决定成立常规装备发展领导小组,负责对我军常规武器装备的发展方向、装备体制和装备的科研、试制、定型等工作实施统一领导。同时规定,有关常规武器装备的发展方向,装备体制和装备定型等方面的工作,由总参谋部负责办理;有关装备科研、试制、生产等方面的工作,由国防工办负责办理。"文革"结束后,党中央对国防科技战线进行了拨乱反正,先后对中央专委和国防科委、国防工办等机构的领导班子进行了调整充实,使国防科技工业重新呈现蓬勃发展的良好势头。1977年11月,国务院、中央军委决定成立中央军委科学技术装备委员会(简称"军委科装委"),作为中央军委的一个部门,统一领导国防科学技术研究和国防工业生产。

2. 调整武器装备管理体制

20世纪六七十年代,在调整我国国防科技工业管理体制的过程中,为促进军队装备管理现代化、正规化建设,对50年代末形成的总参谋部主管装备规划与调配、总后勤部主管装备技术保障的管理体制进行了进一步调整。

1964年初,中央军委决定,将总参谋部和总后勤部的部分装备管理权力下放到军区、军兵种一级的司令部与后勤部,使得各军区、军兵种有了一定的装备分配、调整、动用的自主权,初步形成了总部—军区(军兵种)—部队三级管理体制。由于过分强调军队物资的集中统管,1969年6月,军委办事组决定将总参装备计划部划归总后勤部,与总后军械部及运输部的汽车、陆军船舶的管理机构合并,成立总后装备部,统管全军武器装备。除空军外,各军区、军兵种也进行了相应调整。1969年12月,随着中央和各省、市、自治区国防工业领导小组及其办公室成立并纳入军队序列,军队开始全面接管国防工业。1970年5月,常规武器的科研单位由国防科委划归总参谋部、总后勤部和海军、空军建制,解放军各总部和军兵种开始履行装备科研管理职能。1973年9月,中央调整国防工业领导体制,重新成立国务院国防工办,受国务院和中央军委领导,以国务院为主,军队由此开始退出国防工业管理。1975年1月,主持军委工作的邓小平发表《军队要整顿》的重要讲话，开始对军队工作进行整顿[①]。1975年3月，军委决定调整解放军总部机构，将总后勤部装备部所属的装备计划工作划归总参谋部，成立总参谋部装备部，总后勤部恢复军械部。随后，各军区、军兵种司令部的装备部门相继恢复。1975年6月，中央决定成立常规装备发展领导小组，对常规武器科研工作实施统一领导，并规定总参谋部负责常规武器装备的发展方向、装备体制和装备定型等工作。经过一系列调整整顿，部队武器装备管理状况逐步得到了改善。

这一阶段是我国国防科研生产及国防采购法制建设起步和奠定基础的重要阶段。主要形成的法规、规章内容涉及国防科研生产的管理体制、规划计划、科研生产管理、采购管理、试验定型、技术基础、经费管理、基本建设、安全保密、劳动保护、教育卫生、对外交流等各个方面。1964年1月，国务院颁布了《军工产品定型工作条例（草案）》；1975年6月，国务院、中央军委批准发布实行《国防尖端武器定型工作条例》；1972年10月，总参谋部、总后勤部发布了《部队武器装备管理规定（试行）》，它们的制定和实施，有力地保障了国防科研生产任务的顺利完成，为我国国防科研生产的法制建设奠定了初步的基础。

二、特点分析

20世纪六七十年代，伴随着国家和军队领导体制的不断调整，我国国防科技工业和武器装备建设管理体制在计划经济的框架内先后经历了几次大的调整。从60年代初的总参谋部主管装备规划与调配、国防科委主管装备科研、国防工办主管装备生产、总后勤部主管装备保障的管理体制，到60年代末的国防科委主管尖端武器研制、解放军总部和军兵种主管常规武器研制、军委国防工办主管装备生产、总后勤部主管装备调配与保障的体制，再到改革开放前的国防科委负责尖端武器科研生产并归口管理第二和第七机械工业部、国防工办负责常规武器科研生产并归口管理第三至第六机械工业部、总参谋部负责装备规划并归口管理常规武器定型与调配、总后勤部负责装备保障的管理体制。这一时期我国国防科技工业和武器装备建设管理体制，是与我国当时高度集中的计划经济体制相适应的，

[①] 佚名. 论邓小平新时期治军大略——写在邓小平同志《军队要整顿》讲话二十周年之际[J]. 军事历史，1995（1）.

其调整变化都是在计划经济的框架内进行的。但我国国防科技工业和武器装备建设管理机构在 20 世纪六七十年代进行过多次调整和变动，缺乏相对稳定性，影响了国防科技工业和武器装备建设的有序推进。

1. 国防科技工业和武器装备建设独立于国民经济之外

由于在国防科技工业发展过程中突出其单纯的军事导向，其高层管理机构如国防工办、国防科委等都置于军事管理部门（中央军委）的领导之下，致使国防科技工业和武器装备建设逐渐独立于国民经济之外[①]。特别是 1969 年在中央军委设立了航空、电子、兵器、造船 4 个领导小组，直接领导第三、第四、第五和第六机械工业部的工作，使国防科技工业变成了脱离国家整体规划的"另外一个天地"。不仅国防工业的发展日益偏离经济效率目标，而且使国防工业只能发挥服务军事的单一功能，不能有效地发挥其服务经济功能。

2. 党政不分、军政不分、政企不分

随着党委与政府对口设部、对口领导和在企业中党委领导下的厂长负责制的普遍实行，党具体管理经济社会及国防事务的机构大量增加，加之各政府部门和企（事）业单位的行政事务管理权，均由本部门、本单位的党组或党委统揽，形成了"重要问题，党委决定、政府执行；次要问题，政府部门党组去办"的权力配置格局，致使党组织包揽了政府机关和企（事）业单位的所有职能。1966 年开始，集党、政、军权于一身的"革命委员会"的出现和盛行，把党政不分、军政不分、政企不分的一元化领导发展到了极端，取消了现代国家管理所必需的基本分工，使包括我国国防科技工业和武器装备建设管理在内的国家管理难以正常进行。

3. 部门林立，多头管理

我国国防科技工业和武器装备建设的管理机构，有党中央直接领导下的中央专委、国防工办，有国务院领导下的第二至第七机械工业部，有中央军委领导下的总参谋部、总后勤部、科学技术装备委员会，有国务院、中央军委双重领导下的国防工委、国防科委、常规装备发展领导小组，这机构虽然都有主要职责、主

---

① 田欣. 我国国防科技工业发展改革之路的历史回溯与思考 [J]. 经济研究导刊，2013（11）：52-54.

管领域，但相互之间的职能区分并不十分明确，都有一定的科研、制造、生产等管理权限，职能重叠交叉的问题比较突出，且大多自成体系、多头管理、重复建设严重，造成资源的巨大浪费。

第三节 整顿转型阶段

党的十一届三中全会开辟了中国改革开放的历史新纪元，在党中央"改革开放"方针的指引下，国防科技工业和武器装备建设管理体制先后在军民结合、政企分开、面向市场等方面进行了一系列调整改革，下放管理权限、裁并管理机构、改革拨款办法、引入市场机制，到20世纪90年代末，从单纯为国防建设服务向既为国防建设服务又为国民经济建设服务转变，从高度集中的计划经济管理模式向由市场调节的市场经济管理模式转变[1]。

一、初步实现了计划经济向市场经济转型

党的十一届三中全会后，我国国防科技工业和武器装备建设管理体制以改革为主线、以市场为导向，进行了一系列调整改革。从其动因及其成效来看，可分为3个阶段：一是整顿阶段，即十一届三中全会后的5年，主要是清理整顿，拨乱反正，挽回损失，使国防科技工业和武器装备建设管理步入正常轨道；二是探索阶段，即以1984年党中央通过《中共中央关于经济体制改革的决定》，提出实行有计划的商品经济为标志，我国国防科技工业和武器装备建设管理体制开始了面向市场的探索与改革；三是转型阶段，即从1992年党的十四大提出建立社会主义市场经济体制的改革目标开始至20世纪末，国防科技工业和武器装备建设管理体制完成了由计划经济模式向市场经济模式的过渡和转型。

1. 整顿阶段

为贯彻党的十一届三中全会精神，1979年4月的中央工作会议确定了国民经济"调整、改革、整顿、提高"的方针。在这个方针的指导下，国务院和中央军

---

[1] 韩庆贵. 我国国防科技工业和武器装备建设管理体制沿革研究（续二）[J]. 国防，2017（11）：51-56.

委采取了一系列措施，纠正和解决国防科技工业和武器装备建设管理中的矛盾和问题，提高管理水平和建设效益。

下放管理权限。为调动地方政府参与国防科技工业建设的积极性，1979年3月，国务院、中央军委决定，第二、第七机械工业部所属的各企事业单位改由第二、第七机械工业部与各省、市、自治区实行双重领导，以部领导为主。

精简管理机构。为贯彻国防科技工业的"军民结合"方针和邓小平提出的"应该纳入整个国家的规划，要结束另外一个天地"的指示，1980年12月，国务院决定第四、第六机械工业部由国家机械委归口领导。1981年9月，第五届全国人大常委会第20次会议决定，将第七、第八机械工业部合并，成立新的第七机械工业部。1982年5月，第五届全国人大常委会第23次会议决定，将第四机械工业部与广播电视总局、国家电子计算机工业总局合并，成立电子工业部；将第六机械工业部与交通部工业局合并，成立中国船舶工业总公司，退出政府序列，变为由国务院直接领导的经济实体；将第二、第三、第五、第七机械工业部分别更名为核工业部、航空工业部、兵器工业部、航天工业部。

开展对外贸易。为贯彻"对外实行开放"方针，1980年2月，经国务院、中央军委批准，国防工办、国防科委及第二至第八机械工业部相继组建了一批以军品对外贸易业务为主的专业公司或联合公司，包括中国新时代公司、中国燕山科学技术公司、中国原子能工业公司、中国航空技术进出口公司、中国电子技术进出口公司、中国北方工业公司、中国船舶工业公司、中国长城工业公司、中国精密机械进出口公司等。不久，国务院、中央军委颁布《国防工业部门开展进出口工作若干暂行规定》，对军品对外贸易及其管理工作进行了规范[①]。

整顿国防科研管理秩序。为科学把握武器装备的发展方向，中央军委于1980年8月决定，组建总参谋部和军兵种的武器装备系统分析论证机构。总参分管有关装备的部门和海军、空军、炮兵、装甲兵、防化兵等机关先后组建或调整充实装备论证机构。1984年4月，国务院、中央军委发布了《武器装备研制设计师系统和行政指挥系统工作条例》，对武器装备研制中以设计师系统为核心的技术指

---

① 杜人淮. 国防工业市场化改革的历史沿革 [J]. 中国军转民，2005（6）：25-28.

挥系统和由各级行政领导干部组成、以计划调度为中心的行政指挥系统的工作分工及相互关系进行了规范，使武器装备研制管理工作走上了正轨。为加强对装备定型工作的领导和管理，1979年5月和7月，国务院、中央军委决定重组国务院、中央军委常规军工产品和战略核武器两个定型委员会，办公室分别设在总参装备部和国防科委科技部。各军兵种和总部分管有关装备部门的二级定型委员会及其职能也相继进行了调整和规范，军工产品定型工作逐渐走上了正规化发展轨道。

在技术基础研究工作方面，国务院、中央军委发布了组织起草、制定了《军用标准化管理办法》（1984年）等法规。技术基础研究工作是国防科研生产的一项基础性工作，技术基础研究工作的好坏，直接关系到国防科研生产的水平。为了加强对技术基础研究工作的管理，国务院、中央军委发布了组织起草、制定了《国防科学技术情报工作条例》（1984年7月）、《国防计量工作管理条例》（1984年9月）。

扩展阅读3-1：《武器装备研制设计师系统和行政指挥系统工作条例》解读

《武器装备研制设计师系统和行政指挥系统工作条例》是国务院、中央军委于1984年4月4日联合发布施行的军事行政法规，共5章21条，是为加强武器装备（含卫星系统，下同）研制工作中的责任制，以缩短研制周期，节约经费，保证质量，加速我军武器装备现代化建设，特制定本条例。主要设计了武器装备研制设计师系统（以下简称"设计师系统"）是由各级设计师组成的跨建制、跨部门的技术指挥系统，负责武器装备研制中的设计技术工作；武器装备研制行政指挥系统（以下简称"行政指挥系统"）是由各级行政指挥组成的在各自行政隶属关系范围内实施行政指挥的系统，负责本部门武器装备研制的组织指挥，计划调度，人员、经费、物资保障等工作，并组织跨部门的协调工作；为加强武器装备研制中的经济责任制，国家重点研制型号应当逐步建立会计师系统。总会计师在行政指挥系统总指挥的领导和总设计师的指导下，负责编制型号总概算，审核科研经费的预、决算和成本核算，并对研制经费使用情况进行监督和检查。总会计师的工作职责另行制定。

扩展阅读3-2:《军用标准化管理办法》解读

《军用标准化管理办法》是国务院、中央军委于1984年1月7日联合发布施行的军事行政法规,共6章32条。其内容包括:总则,标准的制定、修订和审批、发布,标准的贯彻执行,标准化机构和任务奖惩和附则等。《管理办法》规定,军用标准化工作应当认真贯彻"质量第一"的方针、坚持科研、生产,使用相结合的原则;军用技术标准(简称"军用标准")是为满足军用要求而制定的技术标准,是从事国防科研、生产和使用、维修活动的共同技术依据;国家标准凡能满足军用要求的,应当贯彻执行;各部门制定的专业标准(部标准),凡能满足军用要求的,可以直接采用;对国际标准和国外先进标准,必须结合我国的国情,认真研究,区别对待,积极采用;军用标准化规划、计划应当纳入各部门的军事装备发展和国防科研、生产规划、计划。

扩展阅读3-3:《国防科学技术情报工作条例》解读

《国防科学技术情报工作条例》是指国务院、中央军委于1984年7月30日发布施行的军事行政法规,是开展国防科技情报工作的法律依据,共8章34条。其内容包括:总则,工作体系、机构和职责,情报业务,队伍建设,成果奖励、条件保障,加强领导以及附则等。《条例》规定:"国防科技情报工作,应当积极地有计划地逐步建成一个布局合理、各有侧重、脉络贯通、效能显著的国防科技情报工作体系。"

这一体系,"是全国科技情报工作体系的组成部分"。"国防科工委是国防科技情报工作的主管部门。国防科工委科技情报工作主管局是国防科技情报工作的职能机构,在国防科工委领导下进行工作"。"对国防科技情报成果和在情报服务方面取得显著效果的单位和个人,应当按照《国防科技情报成果奖励暂行办法》的规定,予以奖励"。

强化集中领导。为加强对国防科技工业建设的集中领导和统筹规划,解决机构重叠、职能交叉、多头管理等问题,经过充分酝酿,党中央、国务院、中央军委于 1982 年 5 月决定以国防科委为基础，由国防科委、国防工办、军委科装委办公室合并组建中国人民解放军国防科学技术工业委员会，同时称中华人民共和国国防科学技术工业委员会（简称"国防科工委"）。国防科工委隶属中央军委建制，接受国务院、中央军委双重领导，是中央军委统一管理全军国防科学技术工作的领导机关，也是国务院统一管理所属各国防科技工业管理部（核工业部、航空工业部、兵器工业部、航天工业部）的领导机关。同时，还成立了国防科工委科学技术委员会，作为国防科工委的科学技术咨询机构。1983 年 3 月，国务院、中央军委又决定，电子工业部、中国船舶工业总公司有关武器装备科研、生产的业务由国防科工委归口管理，其他业务仍由国家经委管理。

扩展阅读 3-4：国防科学技术工业委员会简介

中华人民共和国国防科学技术工业委员会（COSTIND，简称"国防科工委"）作为国务院 29 个部委之一，主要负责组织管理国防科技工业计划、政策、标准及法规的制定与执行情况监督。

国防科工委的主要职能：研究拟订国防科技工业和军转民发展的方针、政策和法律、法规；制定国防科技工业及行业管理规章；组织国防科技工业的结构、布局、能力的优化调整工作；组织军工企事业单位实施战略性重组；研究制定国防科技工业的研发、生产、固定资产投资及外资利用的年度计划；组织协调国防科技工业的研发、生产与建设，以确保军备供应的需求；拟订核、航天、航空、船舶、兵器工业的生产和技术政策、发展规划、实施行业管理；负责组织管理国防科技工业的对外交流与国际合作；以中国国家原子能机构（CAEA）的名义组织协调政府和国际组织间原子能方面的交流与合作；以中国国家航天局（CNSA）的名义组织协调政府和国际组织间航天活动方面的交流与合作。

根据主要职能，国防科学技术工业委员会内设 17 个职能机构（司、局）：

（一）办公厅：组织协调机关的政务工作；负责国防科工委新闻宣传、出版工作的行政管理；组织起草重要综合性文件。

（二）政策法规司：研究拟定国防科技工业发展和军转民的方针、政策；制定行政规章；指导军工行业的法制建设。

（三）体制改革司：组织研究和实施国防科技工业体制改革；组织国防科技工业的结构、布局、能力调整工作。

（四）综合计划司：组织编制行业发展规划和计划；安排相关投资项目。

（五）经济协调司（民口配套办公室）：组织科研生产资格审查和许可；指导军转民科技开发和技术改造工作。

（六）财务司：编制各项费用的年度预算、决算；负责国有资产管理、财务监督。

（七）科技与质量司：组织科研成果、专利的保护和推广；制定质量、计量标准和安全、技术规范并监督检查；组织质量保证体系认证。

（八）系统工程一司（国家航天局）：组织实施航天工业军转民发展规划和重大民品项目；指导军工电子的行业管理。

（九）系统工程二司（国家原子能机构、国家核事故应急办公室、核电办公室）：组织核电建设；组织实施核、兵器工业军转民发展规划和重大民品项目；承办国家核事故应急协调委员会的日常工作。

（十）系统工程三司（船舶行业管理办公室）：组织实施航空、船舶工业军转民发展规划和重大民品项目。

（十一）安全生产监督管理局（民爆器材监督管理局）：承担重点企事业单位安全生产的监督管理；负责民用爆破器材生产、流通的行业管理；负责民用爆破器材生产、经销的安全生产监督管理和产品质量的监督管理；负责民爆器材行政许可项目的审批。

（十二）安全保密局：组织管理国防科技工业保密工作，指导协调国防科技工业的国家安全、保卫工作。

（十三）国际合作司：组织管理对外交流与国际合作。

（十四）人事教育司：组织人才教育、培训和交流；归口管理社会团体。

（十五）机关党委：负责机关和在京直属单位的党群工作。

（十六）离退休干部局：负责机关离退休干部的管理工作；对直属单位和军工集团公司离退休干部工作进行指导。

（十七）机关服务中心（机关服务局）：负责国防科工委相关办公条件保障和后勤服务工作。

2. 探索阶段

1984年10月,党的第十二届三中全会通过了《中共中央关于经济体制改革的决定》,提出进一步贯彻执行改革开放的方针,改革计划经济体制,实行有计划的商品经济。1985年6月,邓小平主持军委扩大会议,做出了军队建设指导思想实行战略性转变的决定,即从长期以来立足于早打、大打、打核战争的临战准备状态,转变到和平时期建设轨道上来。

为贯彻中央全会和军委扩大会议精神,加速"军转民"进程,尽早结束国防科技工业"另外一个天地"的局面,国务院、中央军委于1986年7月批转《关于国务院各综合部门对国防工业管理分工意见的报告》,决定核工业部、航空工业部、兵器工业部、航天工业部由原来的国防科工委归口管理,改由国务院直接领导;国防科研、生产、航天技术和军品贸易仍由国防科工委管理。从而打破了民用经济与国防经济互不联系的局面。1986年12月,为了统筹规划全国机械行业建设,第六届全国人大常委会第八次会议决定,撤销机械工业部、兵器工业部,成立新的国家机械工业委员会(简称"国家机械委")。同时,为确保兵器工业不散、不乱,国家机械委设立了军工总监,并设置了兵器发展司、武器司、弹药局和军工配套局等管理机构,主管兵器工业的宏观管理和军工配套工作,对重大兵器型号和预研工作进行组织协调。

为适应军队建设指导思想实行战略性转变,提高装备经费管理和使用效益,1985年3月,根据中央军委《关于加强军队财务工作的决定》的精神,总参谋部、总后勤部决定,改革装备购置费管理办法,由过去的总后勤部负责、总后财务部承办,改为总参谋部负责、总参装备部承办;总参装备部设立财务处,具体承办装备购置费,军兵种、总参谋部业务系统的科研费和军贸经费的预、决算,财务拨款、支付、结算等工作[①]。此举标志着我军装备建设开始走上"管事与管钱相结合"的发展道路,解决了因"管装备的不管经费、管经费的不管装备"而产生的一系列矛盾和问题。

为了适应国防建设战略转变的需要,把竞争机制引入国防科研生产,提高国

---

① 新华社. 经中央军委主席胡锦涛批准——中央军委批转《关于进一步加强军队领导干部经济责任审计工作的意见》[J]. 审计文摘, 2008(11): 2-2.

防科研经费的使用效益，国防科工委从 1985 年开始，就着手进行国防科研试制费拨款制度的改革和武器装备研制实行合同制的改革，并在 1986 年试点的基础上，于 1987 年全面推行。上述改革的过程，同时也是立法的过程。为了配合国防科研试制费拨款制度的改革和武器装备研制实行合同制，国务院中央军委发布了同时组织起草《国防科研试制费拨款管理暂行办法》和《武器装备研制合同暂行办法》两个法规，1987 年 1 月，由国务院、中央军委正式发布执行[①]。《武器装备研制合同暂行办法》是我国第一部关于武器装备研制合同方面的专门法规，它的制定颁布，对保障武器装备研制合同制的顺利推行具有重要的意义。国务院、中央军委联合发布了《军工产品质量管理条例》（1987 年 5 月）、《军工产品定型工作条例》（1986 年 12 月）。为同步配套改革，国防科工委还会同国家计委、财政部、总参谋部制定了《国防科学技术应用、基础研究暂行管理办法》（1991 年）、《国防科学技术研究和武器装备研制计划暂行管理办法》（1987 年）等配套规章[②]。通过组织起草、制定上述一系列法规、规章，有力地推动和保障了国防科研试制费拨款制度的改革和武器装备研制合同制的顺利实行。

扩展阅读 3-5：《国防科研试制费拨款管理暂行办法》解读

《国防科研试制费拨款管理暂行办法》是指国务院、中央军委于 1987 年 1 月 22 日批准并发布施行的一个军事行政法规，共 13 条。对《暂行办法》制定的目的、适用范围，国防科研试制费的区分、开支范围、计划使用等做了明确规定。《暂行办法》规定：国防科研试制费分为武器装备研制费，应用、基础研究费和技术基础费 3 部分。其开支范围包括：设计费、材料费、电子元器件费、工资及补助工资、样品样机购置费、外协费、试验费、专用测试仪器设备购置费、必需的零星技术措施和设备安装调整费、工艺装备费、动力燃料消耗费、科研管理费以及不可预见费等。《暂行办法》还规定：各部门、事业单位通过各种渠道自筹经费，进行国防科学技术研究和武器装备研制，应当予以鼓励。

横向科研经费实行合同管理，必须按照项目合同书中约定的经费使用用途、

---

① 胡运权，王秀强，蒋龙成. 武器装备研制合同中的风险分析［C］// 中国系统工程学会第七届年会，2006.
② 邹瑜. 法学大辞典：中国政法大学出版社，1991.

范围和开支标准，执行国家和学校相关办法，合理、规范使用科研经费。科研经费预算经批准后一般不做调整。支出预算中的劳务费、专家咨询费和管理费预算不予调整，其他支出科目在不超过该科目核定预算10%或超过10%但调整金额不超过5万元的，经科研财务管理科审核确认，可以根据项目研究需要调整执行。确因项目研究目标、重大技术或主要研究内容调整而必须对项目经费预算进行调整，超过上述控制范围的，由项目负责人提出调整意见，经科研财务管理科审核后，按程序报主管部门批准。

扩展阅读3-6：《军工产品定型工作条例》解读

《军工产品定型工作条例》由国务院、中央军委于1986年12月31日联合发布，自发布之日起施行，是国家军工产品定型工作的基本依据。分总则、定型机构及其职责、设计定型、生产定型、附则5章，共31条。《条例》规定：产品定型是国家对武器装备新产品（含改型、革新、测绘仿制或功能仿制产品）进行全面考核，确认其达到规定的标准，并按规定办理手续。国家设立军工产品定型机构，专门负责定型工作。凡拟正式装备部队的新型武器、装备器材等产品（不含战略核武器），均应按《条例》的规定实行产品定型。研制的产品必须实行设计定型，确认其达到规定的设计定型标准，并按规定办理审批手续；经设计定型的产品，在正式批量投产前必须实行生产定型，确认其达到规定的生产定型标准，并按规定办理审批手续。

扩展阅读3-7：《国防科学技术研究和武器装备研制计划暂行管理办法》解读

《国防科学技术研究和武器装备研制计划暂行管理办法》是指国家计委、财政部、总参谋部、国防科工委于1987年9月25日联合发布的军事行政规章。共5章。内容包括总则、中长期计划、年度计划、计划的检查考核和修改以及附则等。《暂行管理办法》规定：国家科学技术和武器装备研制计划（简称"国防科研计划"），是国家指令性计划的组成部分，是开展国防科学技术研究和武器装备研制、分配国防科研试制费、签订科研合同（或协议）的依据。

同时规定：国防科研计划按研究任务分为武器装备研制计划，应用、基础研究计划（即预先研究计划，简称"预研计划"）和技术基础研究计划；按时间分为中长期计划和年度计划。国防科研计划实行统一计划、分级管理的原则。

1987年10月，党的十三大提出，有计划的商品经济体制是计划与市场内在统一的体制，应当建立"国家调节市场，市场引导企业"的机制。同时，为了给这种体制机制创造经济社会环境，会议提出要改革行政管理体制，转变政府职能，强化宏观调控，减少微观干预，变直接管理为间接管理。为贯彻十三大会议精神，1988年4月，第七届全国人大第一次会议决定，撤销航空工业部和航天工业部，成立航空航天工业部；撤销核工业部，成立核工业总公司，由能源部归口管理；撤销机械工业部和电子工业部，合并成立机械电子工业部，管理全国机械、电子、船舶和兵器等工业部门的军民品生产。1988年8月，国务院批准成立中国北方工业（集团）总公司，与中国船舶工业总公司一起，由机械电子工业部归口管理，在国家计划单列，实行承包经营，独立核算，自负盈亏。1990年1月，经国务院批准，以中国北方工业（集团）总公司为基础组建中国兵器工业总公司。为推进军品对外贸易，扩大军品出口，1989年9月，中央决定成立国务院、中央军委军品出口工作领导小组，主要负责领导和管理军品外贸工作。为了提高统筹国防科技工业发展和解决军民结合等重大问题的决策能力，1989年10月，党中央决定成立国务院、中央军委专门委员会，取代中共中央专门委员会，仍简称"中央专委"，国务院总理李鹏任主任，国务院副总理姚依林、中央军委副主席刘华清任副主任，办公室设在国防科工委，负责日常工作。

3. 转型阶段

1991年年初，邓小平视察南方，围绕市场经济问题发表了一系列重要谈话，明确回答了改革开放以来困扰和束缚人们思想的许多重大认识问题。1992年10月，党的十四大提出建立社会主义市场经济体制的改革目标，同时，要求按照政企分开和精简、统一、效能的原则，对行政管理体制进行改革。

根据十四大会议精神，1993年6月，第八届全国人大第一次会议决定，撤销航空航天工业部，组建中国航空工业总公司和中国航天工业总公司（对外交往中，可使用国家航天局的名义);撤销机械电子工业部,分别组建机械工业部和电子工业部。至此,原6个独立的军工部门,除电子工业部以外,其余5个均由政府行政部门变为军民结合的国务院直属经济实体(中国船舶工业总公司、中国核工业总公司、中国兵器工业总公司、中国航空工业总公司、中国航天工业总公司)。国防科工委的职能也随之发生变化,总体上只管军、不管民,只管军品任务和武器装备研制、生产业务,不管军工单位(军工部门、企业与科研院所),这标志着我国国防科技工业向社会主义市场经济转轨迈出了重要一步。

为了加强军队装备工作的统一领导,改变装备管理"条块分割""多头分散""工作脱节"的状况,加强军队武器装备工作的集中统管,1992年9月,总参谋部下发《关于装备部体制编制调整精简实施方案》的通知,决定将全军武器装备维修计划及维修费管理工作,由总后勤部划归总参谋部,由总参装备部归口管理;总参装备部增设装备维修计划局,具体负责装备维修相关业务,实现装备购置工作与装备维修工作的相互结合和统一领导。1993年12月,中央军委下发《关于局部调整全军武器装备工作分工问题的规定》[①],决定局部调整全军武器装备工作分工:一是全军武器装备建设在中央军委领导下,由总参谋部抓总,统一规划计划和组织协调;二是总后军械部并入总参兵种部,全军军械工作由总参负责;三是军区后勤部军械部与司令部兵种部负责装备保障的机构合编为军区司令部装备技术部,统一管理军械、装甲、工程、防化装备的技术保障工作;四是后方军械仓库管理工作分别由总后司令部军械仓库管理局和军区后勤司令部军械仓库管理处负责;五是集团军以下部队成立装备技术部(处),统一负责军械、装甲、工程、防化、汽车五大装备的技术保障工作。

1997年,党的十五大做出继续深化经济改革的决定,同时要求加快政府机构改革,为推动经济体制改革创造条件。1998年3月,第九届全国人大一次会议批准国务院机构改革方案,决定以国家计委国防司为基础,将原国防科工委管理国防工业的职能、国家计委国防司的职能以及各军工总公司承担的政府职能合并,组建新的国防科工委,由国务院直接领导,主要负责组织管理国防科

---

① 江有灼. 军代表谈新武器装备形成战斗力[J]. 福建质量管理, 2001(2): 18–19.

技工业计划、政策、标准及法规的制定与执行情况监督；同时，成立国防科工委科学技术委员会（简称"国防科工委科技委"），由若干名专职委员和兼职委员组成，作为国防科工委的高级技术顾问班子。此外，还以邮电部和电子工业部为基础组建信息产业部，负责军工电子的行业管理。1999年7月，为更好地适应国防建设需要和社会主义市场经济体制的要求，按照政企分开、军民结合、适度竞争以及科研力量相对集中的原则，将核、航空、航天、兵器、船舶等5个军工总公司一分为二，改组为10个集团公司（中国船舶工业集团、中国船舶重工集团、中国核工业集团、中国核工业建设集团、中国兵器工业集团、中国兵器装备集团、中国航天科技集团、中国航天机电集团、中国航空工业第一集团、中国航空工业第二集团），在国家计划中单列户头，领导班子由中央组织部管理，行业管理由新的国防科工委负责，资产与财务、企业改革、劳动工资、外事外贸等工作由国土资源部、财政部、经济体制改革委员会、劳动和社会保障部、对外贸易经济合作部等相关部门管理。由此使各集团公司转变为具有独立利益的市场竞争主体。

与政府机构改革相适应，根据党中央的统一部署，1998年4月，中央军委决定，以原国防科工委为基础，将总参装备部以及总参、总后的有关单位合并，成立中央军委领导下主管全军武器装备建设的领导机关——中国人民解放军总装备部，主要负责制定武器装备的政策法规、发展规划和科研采购计划，组织领导全军装备的科研、保障及勤务工作等。总装备部的成立，改变了我军延续40年之久的三总部领导体制和多头分散的装备管理体制，为进一步强化全军装备建设的集中统一领导和加快武器装备发展提供了组织保证。此后，各军兵种、各大军区，直至部队团以上单位陆续成立了各级相应的装备管理部门。

上述调整改革，是我国国防科技工业和武器装备管理史上最大的一次变革，特别是新的国防科工委、总装备部及10大军工集团公司的成立，较好地解决了军队与政府、政府与企业、企业与市场的关系，初步实现了由计划经济模式向市场经济模式的过渡和转型。

同时在1997年全国人大颁布实施了我国第一部基本国防法律《国防法》；国务院、中央军委相继单独或联合制定、发布、修订了一批与国防科研生产及国防采购方面有关的军事法规、军事行政法规和军事规章；国务院有关部委和总部联合或单独制定了大量武器装备行政规章、武器装备规章和标准；军兵种、军区为贯彻落实军事法规、军事规章，结合实际相继制定发布了一系列武器装备规章。初步形成了覆盖国防科研生产、国防采购工作等主要方面，门类较为齐全、配套较为完善的国防科研生产及国防采购法规体系，为依法从严加强国防科研生产、采购活动管理提供依据。

二、特点分析

自1978年年底改革开放以来，我国国防科技工业和武器装备管理体制经历了整顿、探索、转型3个阶段，先后进行了4次大的改革和多次小的调整，从改革开放前的国防科委负责尖端武器科研生产、国防工办负责常规武器科研生产、总参谋部负责装备规划与调配、总后勤部负责装备保障的管理体制，到20世纪90年代初的总参谋部主管全军装备建设规划与组织协调、国防科工委主管装备科研生产的管理体制，再到90年代末的总装备部领导全军武器装备工作、国防科工委管理国防科技工业及军工企业科研生产的管理体制，初步完成了由计划经济管理模式向市场经济管理模式的转变。

1. 由军政不分逐步走向军政分离

改革开放前，在中央一级负有国防科技工业和武器装备建设管理职能的部门或机构，如国防工办、国防科委、总参谋部、总后勤部、第二至第七机械工业部等，都分属于军队和政府两大不同系统，职能交叉、多头管理的问题始终没有较好地解决。经过改革开放后的一系列调整改革，最终形成了两个分属军政两大系统的抓总机构——中央军委领导下的总装备部和国务院领导下的国防科工委，较好地解决了军政不分、职能交叉给管理带来的诸多矛盾和问题。

2. 从政企不分逐步走向政企分开

这一时期，为了适应市场经济的要求，首先，国家本着强化宏观调控、减少微观干预的原则，对管理核、航空、航天、兵器、船舶工业建设的各军工专业部门进行了一系列调整改革，先是把它们逐步改组为军工集团总公司，退出国务院序列；尔后，又剥离其承担的政府职能，使其成为独立核算、自负盈亏的经济实体；最后，又把这 5 大军工总公司一分为二，改组为 10 个军工集团，政企分开取得了阶段性成果，初步实现了由政府管理部门到市场经济主体的转变。

3. 从军民割裂逐步走向军民结合

长期以来，由于单纯强调国防科技工业建设的军事导向，不注重发挥其服务经济的功能，致使国防科技工业逐渐变成了脱离国家整体规划的"另外一个天地"。1982 年 1 月，邓小平提出了"军民结合、平战结合、军品优先、以民养军"十六字方针，通过加速军工技术向民用转移、大力发展民品科研生产等举措，国防科技工业逐步走向经济建设"主战场"。1989 年 11 月召开的全国军民结合工作会议提出，把国防科技工业作为国民经济的有机组成部分进行统筹规划，纳入国家整个经济、技术和社会发展的轨道，由此将军民结合上升到国家计划的高度，为进一步推进军民结合开辟了广阔的空间。

4. 从产研脱节逐步走向产研结合

自 20 世纪 60 年代以来，武器装备的科研经费与生产经费，分别来自不同的渠道。经费渠道的分开，导致工作上的脱节。其间，虽然也针对这个问题在部门职能和相互关系方面进行过一些调整，但产研脱节的状况并没有得到实质性改善。改革开放后，成立总装备部，优化了装备经费供应渠道，为产研结合奠定了体制基础；各军工行业的机构重组特别是集国防科研和生产任务于一体的各军工集团总公司的组建，为产研结合提供了组织保证，使国防科技工业建设逐步走上产研结合的发展道路。

5. 从供需一体逐步走向供需分离

长期以来，政府的干预和调节是资源配置的唯一方式。在国防科技工业和武器装备建设管理方面，政府按照计划将建设经费拨给工业部门及科研单位，组织研制生产，并交付部队使用。政府既是装备建设的投资者，也是武器装备的购买者，既控制着装备需求，又控制着装备供应。这种供需一体的管理体制，必然导致需要与可能脱节，建设效益低下。改革开放以后，通过改革经费拨款办法、实行合同制等措施，使供应与需求逐步分离。1998 年成立总装备部和新的国防科工委后，国务院、中央军委明确规定，总装备部业务归口管理的装备使用部门与国防科工委归口管理的军工科研生产单位，是装备订货与组织生产的关系，是需要与供给的关系，使国防科技工业和武器装备建设管理逐步走上了供需分离的发展道路。

第四节 调整发展阶段

进入新世纪特别是党的十六大以来，在党中央的正确领导下，以建设信息化军队、打赢信息化战争为目标，以推进信息化和工业化融合、提高自主创新能力为重点，按照市场经济发展要求，对国防科技工业和武器装备建设管理体制进行了一系列调整和完善，重组国防科技工业管理机构，优化军品科研生产体系，深化军工企业改革，构建装备建设运行机制，调整军队装备管理体制，初步建立了与市场经济要求相适应的管理体制①。

一、初步建立与市场经济相适应的管理体制及法规制度

1. 优化国防科研生产体系

新世纪新阶段，为了尽快提高国防科研生产能力，国家按照建设"小核心、大协作、寓军于民"军品科研生产体系的目标，对国防科技工业能力结构进行了一系列调整。为适应我国航天事业的飞速发展、业务范围不断扩大的需要，经国务院批准，中国航天机电集团公司于2001年9月更名为中国航天科工集团公司。为了增强我国军工电子企业在国际电子领域的竞争力，2002年3月，国务院决定，将信息产业部直属的46家电子科研院所及26家全资或控股高科技企业合并，成立中国电子科技集团公司。为了克服各航空集团业务重叠和重复建设问题，提升航空工业整体竞争能力，2008年11月，国务院决定以中国航空工业第一集团公司和中国航空工业第二集团公司为基础，成立中国航空工业集团公司。经过上述一系列调整，"小核心、大协作、寓军于民"的国防科研生产体系框架已初步形成。

---

① 韩庆贵. 我国国防科技工业和武器装备建设管理体制沿革研究（续完）[J]. 国防，2017（12）：72-77.

2. 深化军工企业改革

为充分利用社会各方面科技和经济力量进入国防建设，提升国防科技工业的整体能力和水平，国防科工委、发改委和国资委于 2007 年 2 月联合下发了《关于推进军工企业股份制改造的指导意见》，提出采取国有绝对控股、相对控股、参股等多种形式，对一些从事重要武器装备生产的军工企业进行股份制改造，鼓励符合条件的企业通过资本市场进行融资。2007 年 3 月，经国务院批准，国防科工委发布了《深化国防科技工业投资体制改革的若干意见》，提出国防科技工业积极引入社会资本，推进投资主体多元化，建立起政府调控有效、社会资本参与、中介服务规范、监督管理有力、军民良性互动的新型投资体制。通过这些改革，逐步打破了军民及所有制界限，拓宽了融资渠道，进一步增强了军工企业的自主发展和市场竞争能力。

扩展阅读 3-8：《关于推进军工企业股份制改造的指导意见》解读

经国务院同意，国防科工委、发展改革委和国资委联合发布《关于军工企业股份制改造的指导意见》（以下简称《指导意见》）。

《指导意见》首先阐明推进军工企业股份制改造是当前和今后一段时期一项十分重要和紧迫的任务。加快推进军工企业股份制改造，既是适应社会主义市场经济发展的客观需要，也是解决影响军工企业改革发展深层次矛盾和问题的有效措施。推进军工企业股份制改造是国防科技工业领域的一场深刻变革，意义重大。一是有利于打破行业、军民及所有制界限，拓宽融资渠道，充分利用社会各方面科技和经济力量进行国防建设，提升国防科技工业的整体能力和水平。二是有利于军工企业建立规范的法人治理结构，转换经营机制，增强军工企业内在活力和自主发展能力，成为真正的市场主体。三是有利于军工企业国有资本合理流动和重组，实现资源优化配置和军工国有资产保值增值。推进军工企业股份制改造是贯彻党的十六届三中全会精神和中央领导一系列批示要求的重要举措，是建立军民结合、寓军于民新体系的客观要求。要进一步解放思想，转变观念，与时俱进，充分认识军工企业深化改革的重要性和紧迫性，积极创造条件推进军工企业实施股份制改造。

《指导意见》要求分类推进军工企业股份制改造。对从事战略武器装备生产、关系国家战略安全和涉及国家核心机密的少数核心重点保军企业，对从事关键武器装备总体设计、总装集成以及关键分系统、特殊配套件生产的重点保军企业做出了不同的规定。除上述两类企业外，对从事重要武器装备生产的其他重点保军企业，根据承制武器装备的重要程度，可实行国有绝对控股、相对控股、参股等多种形式的股份制改造，鼓励引入境内资本和有条件地允许外资参与企业股份制改造，鼓励符合条件的企业通过资本市场进行融资。《指导意见》鼓励和支持以民为主，从事军民两用产品、一般武器装备及配套产品生产的军工企业引入各类社会资本实施股份制改造，具备条件的军工企业可以在国内外资本市场上融资。《指导意见》指出，国有独资的军工企业要按照《公司法》的要求，逐步建立董事会制度，规范公司的组织和行为。鼓励军工集团公司之间交叉持股，经批准允许其主营业务资产整体重组改制。

《指导意见》规定要完善相关政策法规制度建设。在完善政策法规环境方面，国家为实施股份制改造的军工企业在军品市场准入、承担军品任务、投资、军工设备设施管理、税收和土地使用等方面创造良好的政策和法规环境。在建立和完善武器装备科研生产准入和退出制度方面，根据国家有关武器装备科研生产许可证管理的规定，对股份制改造后符合条件的军品生产企业，国家将继续发放武器装备科研生产许可证，并对获得许可证的企业实行动态管理。在改革和完善国防科技工业投资体制方面，国家营造有利于各类投资主体参与军品科研生产公平的市场环境，推进投资主体多元化。同时充分发挥国家投资的引导性作用和市场配置资源的基础性作用。国家对实施股份制改造的军工企业，继续给予军品科研生产必要的投资支持。

《指导意见》同时规定，为军工企业股份制改造或上市提供服务的中介机构，必须符合国家有关保密要求的规定。

扩展阅读 3-9：国防科工委部署《深化国防科技工业投资体制改革的若干意见》

国务院批准的国防科工委《深化国防科技工业投资体制改革若干意见》（以

下简称《意见》）是中华人民共和国成立以来首次针对国防科技工业的特殊性制定的投资体制改革方案。

《意见》结合国防科技工业的实际情况，提出了三个分目标和一个总目标。三个分目标：一是考虑到国防科技工业投资涉及武器装备，提出无论如何改革，都要保证政府对国防科技工业的主导作用和对军工核心能力的有效控制；二是与社会主义市场经济的要求相适应，要发挥市场配置资源的基础性作用，扩大社会对国防科技工业投资的领域，形成开放性发展格局；三是强调要加强投资全过程监管，形成规范、安全的投资和建设秩序。改革的总目标是要把国家投资体制改革的普遍性与国防科技工业的特殊性相结合，最终建立起政府调控有效、社会资本参与、中介服务规范、监督管理有力、军民良性互动的新型投资体制。

《意见》提出，政府投资的领域主要为武器装备研制生产基础和军工能力建设、支持军民结合高技术产业发展。政府投资重点是军工核心能力建设，包括战略武器、关键主战装备的技术研究开发和总体设计能力，装备系统集成、测试和总装能力，以及关键分系统和专用军品配套研制生产能力，这些能力是支撑武器装备发展的核心能力，是国防科技工业投资的根本方向。同时，考虑到军民结合产业既是武器装备发展的产业基础，又是国民经济发展的重要组成部分，《意见》提出政府投资要支持军民结合高技术产业发展。对于人才培养、政府履行公共服务和社会管理职能必需的条件及设施建设，政府投资也要给予必要支持。

3. 构建装备建设运行机制

为适应市场经济发展要求，国家出台了一系列法规制度，不断加强以竞争、评价、监督、激励机制（简称"四个机制"）为核心的运行机制建设。全国人大先后颁布了《公司法》《反不正当竞争法》《政府采购法》等法律，为"四个机制"建设创造了良好的市场环境。2000年12月，中央军委颁布《中国人民解放军装备条例》，提出积极引入以市场机制为基础的装备工作运行机制。2002年10月，中央军委颁布《中国人民解放军装备采购条例》，要求装备采购工作必须"积极引进竞争、评价、监督、激励机制"，并对装备采购的分工、计划、方式、程序和合同的订立、履行及监督检查等工作进行了全面规范[①]。此后,军委总部又相继出台了《装备采购计划管理规定》(2003)、《装备采购合同管理规定》(2003)、《装备采购方式与程序管理规定》(2003)、《装备承制单位资格审查管理规定》(2003)和《同类型装备集中采购管理规定》(2003)、《关于深化装备采购制度改革若干问题的意见》(2005)等一系列配套规章制度,使装备采购领域的"四个机制"建设日趋完备。2005年6月15日,国防科工委颁布《武器装备科研生产许可实施办法》,开始推行军品市场准入制度,允许非公有制企业进入武器装备科研生产领域,参与军品市场竞争。伴随着这些法规的实施,武器装备科研生产领域的"四个机制"建设迈上了一个新的台阶。

2002年2月以来,总后勤部根据中央军委批转的《深化军队物资、工程、服务采购改革总体方案》,相继颁布《军队物资采购管理规定》《军队物资招标管理规定》《军队物资采购合同管理规定》《军队物资采购机构审价工作管理规定》《军队物资、工程、服务集中采购资金支付暂行办法》和《军队物资、工程、服务采购审计规定》。军队物资采购遵循政府采购的基本原则,结合军队建设管理实际,全面实行分级管理体制和集中采购为主的模式,完善经费、计划、采购的分工协作、相互制约运行机制,提高了物资采购的规范化、专业化、信息化水平和规模效益。部队建设、训练、科研、生活等所需24类1 000多种物资,已纳入集中采购范围。纳入年度预算、采购金额达到限额标准以上的采购项目实施招标采购,总部物资招标限额标准为50万元。

扩展阅读3-10:《中国人民解放军装备条例》解读

《中国人民解放军装备条例》是中央军委制定和颁发的我军装备工作的第一部基本法规。《条例》共设13章180条,明确了我军装备工作的作用和任务,规定了装备工作应当遵循的指导思想和基本原则,规范了装备工作的基本内容、基本程序、基本要求和有关责任主体的基本职责,并对装备建设的中长期计划和装备体制、装备科研、装备订货、装备调配保障、装备日常管理、装备技术保障、

---

① 祝志刚,刘汉荣. 中国军事订货与采购 [M]. 北京:国防工业出版社,2007.

战时装备保障、装备技术基础、装备及其技术的对外合作与交流、装备经费管理等工作进行了宏观性、总体性规范。

《装备条例》规定了装备工作要以新时期军事战略方针为依据，以装备现代化建设为中心，以战斗力为标准，以质量和效益为重点，加快新型装备的发展，加强现役装备的管理，建立和完善具有中国特色的装备体系。这些规定，对于生成和提高部队战斗力，实现"保障有力"的总要求，保障军队各项任务的顺利完成，具有重要的促进作用。

《装备条例》为适应国家军事订货制度的需要，规定了深化装备科研、订货和技术保障等方面改革的基本原则和要求，在实施竞争、评价、监督机制等方面做出了规范，为加快形成适应社会主义市场经济要求的装备建设运行机制，提供了法规保障。

扩展阅读 3-11：《中国人民解放军装备采购条例》解读

《中国人民解放军装备采购条例》2002 年由中央军委发布，这是我军装备管理体制调整后，中央军委制定和颁布的规范我军武器装备采购工作的第一部基本法规。

《条例》从我军装备管理体制和装备采购管理实际情况出发，按照社会主义市场经济体制和政府采购制度的有关原则和要求，结合我军装备采购的特点，明确了我军装备采购工作的基本任务，规定了我军装备采购工作应当遵循的指导思想和基本原则，规范了我军装备采购工作的基本内容、基本程序、基本要求和基本职责。

《条例》共 11 章 65 条，对采购计划制定、采购方式确立、装备采购程序、采购合同订立、采购合同履行进行了宏观总体规范，体现了我军装备采购工作统一领导、分工负责和系统管理的原则，体现了国家实行政府采购制度和在社会主义市场经济环境中我军装备采购工作的新情况、新特点和新要求。

4. 重组国防科技工业管理机构

为了适应新型工业化发展要求，促进民用科技工业与国防科技工业的协调发展，2008 年 3 月，第十一届全国人大会议通过了《国务院机构改革方案》，决定撤销国防科工委和信息产业部,成立工业和信息化部,负责对整个国家工业的整体规划和统筹协调。在工业和信息化部建制下设立国家国防科技工业局和军民结合推进司。工业和信息化部的成立,为更好地统筹、规划军民建设,推进军民技术的双向转移,从体制上创造了条件。同时,为加强能源战略决策和统筹协调,原国防科工委的核电管理职能划入国家发改委新成立的国家能源局,行使包括核电在内的所有能源的宏观管理职能,主要负责拟定并组织实施核电发展规划、产业政策、技术标准,提出核电布局和重大项目审核意见等工作。

扩展阅读 3-12:国防科技工业局职责及职能机构

根据第十一届全国人大一次会议2008年03月11日第四次全体会议精神,《国务院机构改革方案》(以下简称《方案》)出台。国务院拟组建国家国防科技工业局,由新组建的工业和信息化部管理,不再保留国防科学技术工业委员会。

主要职责:研究拟定国防科技工业和军转民发展的方针、政策和法律、法规;制定国防科技工业及行业管理规章;组织研究和实施国防科技工业体制改革;组织军工企事业单位实施战略性重组;组织国防科技工业的结构、布局、能力调整,企业集团发展和企业改革工作;研究制定国防科技工业的发展规划、结构布局、总体目标;组织编制国防科技工业建设、军转民规划和行业发展规划;组织管理国防科技工业质量、安全、计量、标准、统计、档案、重大科研及其推广;拟定核、航天、航空、船舶、兵器工业的产业和技术政策、发展规划,实施行业管理;指导军工电子的行业管理;负责国家核电建设、同位素生产和民用爆破器材生产流通的行政管理;负责组织管理国防科技工业的对外交流与国际合作;代表中国政府参加有关国际组织及其有关活动;负责军工企事业单位的军品出口管理。

以中国国家原子能机构(CAEA)的名义组织协调政府和国际组织间原子能方面的交流与合作;

以中国国家航天局(CNSA)的名义组织协调政府和国际组织间航天活动方面的交流与合作。

根据主要职能,国防科技工业局内设17个职能机构(司、局):

(一)办公室:组织协调机关的政务工作;负责国防科技工业局新闻宣传、

出版工作的行政管理；组织起草重要综合性文件。

（二）政策法规司：研究拟定国防科技工业发展和军转民的方针、政策；制定行政规章；指导军工行业的法制建设。

（三）体制改革司：组织研究和实施国防科技工业体制改革；组织国防科技工业的结构、布局、能力调整工作。

（四）综合计划司：组织编制行业发展规划和计划；安排相关投资项目。

（五）经济协调司（民口配套办公室）：组织科研生产资格审查和许可；指导军转民科技开发和技术改造工作。

（六）财务与审计司：编制各项费用的年度预算、决算；负责国有资产管理、财务监督。

（七）科技与质量司：组织科研成果、专利的保护和推广；制定质量、计量标准和安全、技术规范并监督检查；组织质量保证体系认证。

（八）系统工程一司（国家航天局）：组织实施航天工业军转民发展规划和重大民品项目；指导军工电子的行业管理。

（九）系统工程二司（国家原子能机构、国家核事故应急办公室、核电办公室）：组织核电建设；组织实施核、兵器工业军转民发展规划和重大民品项目；承办国家核事故应急协调委员会的日常工作。

（十）系统工程三司（船舶行业管理办公室）：组织实施航空、船舶工业军转民发展规划和重大民品项目。

（十一）安全生产监督管理局（民爆器材监督管理局）：承担重点企事业单位安全生产的监督管理；负责民用爆破器材生产、流通的行业管理；负责民用爆破器材生产、经销的安全生产监督管理和产品质量的监督管理；负责民爆器材行政许可项目的审批。

（十二）安全保密局：组织管理国防科技工业保密工作，指导协调国防科技工业的国家安全、保卫工作。

（十三）国际合作司：组织管理对外交流与国际合作。

（十四）人事教育司：组织人才教育、培训和交流；归口管理社会团体。

（十五）机关党委：负责机关和在京直属单位的党群工作。

（十六）离退休干部局：负责机关离退休干部的管理工作；对直属单位和军工集团公司离退休干部工作进行指导。

（十七）机关服务中心（机关服务局）：负责国防科技工业局相关办公条件保障和后勤服务工作。

5. 调整武器装备建设管理体制

根据中共中央批准的《2005年前军队体制编制调整改革总体方案》，军队新一轮体制编制调整改革工作于2003年展开。在这次调整改革中，海军撤销航空兵部机关，基地改为保障基地，海军作战部队由舰队直接领导；空军撤销军（基地）机关，组建区域性指挥所，空军作战部队由军区空军直接领导。军队各级装备管理机构也相应进行了调整，调整后的海、空军武器装备管理体制，由原来的四级装备管理体制调整为军种（海、空、二炮）、舰队（军区空军、二炮基地）、作战部队三级管理体制。

二、特点分析

1. 国防科技工业融入经济社会发展体系中

尽管国防科技工业在军民结合的道路上取得了一系列成果，纳入了政府统一管理之中，结束了单纯的军事主导局面，但由于它由国务院的一个专职机构——国防科工委集中统管，没有融入国家整个工业管理体系之中，因而并没有根本解决"另外一个天地"的问题。2008年的国务院"大部制"改革，特别是工业和信息化部及国家发改委能源局的成立，把国防科技工业建设纳入国家整个工业化建设管理和发展规划，从体制结构上打破了国防科技行业与国家民用科技工业的行业壁垒，为建设军民协同式的国防科技工业奠定了坚实的组织基础，标志着国防科技工业进一步融入国家工业化发展体系之中，逐步走上与民用工业和民用能源建设协调发展的轨道。

2. 政府的宏观管理职能进一步得到强化

2008年的国务院"大部制"改革，不但以工业和信息化部国防科技工业局和国家发改委能源局取代了国防科工委，而且对其行业管理职能进行了调整，进一步强化了它的宏观管理职能。国防科技工业局和国家能源局作为国家行业管理的业务机构，只负责拟订并组织行业规划、产业政策和标准，指导行业发展，与相关军工集团公司（即国家科技工业行业的中国航空工业集团公司、中国航天科工集团公司、中国航天科技集团公司、中国电子科技集团公司、中国船舶工业集团公司、中国船舶重工集团公司、中国兵器工业集团公司、中国兵器装备集团公司和国家核电行业的中国核工业集团公司、中国核工业建设集团公司）的管理关系主要是行业指导关系，不干预它们的生产经营活动。简单地说，就是管规划、管政策、管标准。通过加强政府宏观管理职能，进一步强化了军工企业的市场主体地位。

3. 武器装备的全系统全寿命管理取得重要进展

2000年12月，中央军委颁发《中国人民解放军装备条例》，提出"坚持装备建设的集中统一领导，实行武器装备的全系统全寿命管理"原则，从更高层次明确了武器装备全系统全寿命管理的范围，为进一步深入展开武器装备的全系统全寿命管理指明了方向。同时，《中国人民解放军装备条例》还对军区、军兵种、总部及总部分管有关装备部门的职责和武器装备科研、订货、调配保障、技术保障、战时保障、日常管理等各项工作进行了规范，为在全军推行武器装备的全系统全寿命管理奠定了基本组织制度保障[①]。此后，各总部机关和军区、军兵种装备机关又在各自分管领域相继出台了一系列相关规章制度。在这些法规制度的推动下，我军武器装备的全系统全寿命管理工作不断走向规范化和常态化。

第五节 改革完善阶段

一、具有中国特色的国防科技工业改革体制及法规制度

1. 强化实施创新驱动发展战略，建设先进国防科研生产和采购体系

习近平主席高度重视国防科技创新，多场合、多次就国防科研生产体系创新、

[①] 魏刚，陈浩光. 武器装备采办制度概论 [M]. 北京：国防工业出版社，2008.

体制机制创新、国防前沿技术探索、创新战略人才培养等发表重要讲话。这些重要论述和决策部署，为我们建设先进国防科研生产及国防采购体系、提升自主创新能力提供了根本遵循、指明了方向。

推动国防科技协同创新是深入贯彻全国科技创新大会精神和全面落实创新驱动发展战略的实际举措，对于深化国防科技工业体制改革、健全国防工业体系具有重要作用。到 2020 年，国防科技工业将基本建立适应创新驱动发展战略要求的科技创新体系，真正成为国家科技创新高地和高端创新人才高地，更好履行"支撑国防军队建设、推动科学技术进步、服务经济社会发展"的光荣职责。

扩展阅读 3–13：习近平主席关于全面实施创新驱动发展战略，建设先进国防科研生产及国防采购体系的相关讲话

军事领域是竞争和对抗最为激烈的领域，也是最具创新活力、最需创新精神的领域。我们要抓住当前世界科技革命、产业革命、军事革命蓬勃发展的历史机遇，紧紧围绕"能打仗、打胜仗"的目标，深入推进中国特色军事变革，把我军建设成为"召之即来、来之能战、战之必胜"的威武之师，努力夺取我军在军事竞争中的主动权。

——习近平主席在中央军委常务会议上的讲话（2012 年 11 月 15 日）

要牢牢扭住国防科技自主创新这个战略基点，大力推进科技进步和创新，努力在前瞻性、战略性领域占有一席之地。要继续抓好基础研究这项打基础、利长远的工作，为国防科技和武器装备持续发展增强后劲。要紧贴实战、服务部队，使科技创新同部队建设发展接好轨、对好焦。要加强自主创新团队建设，搞好科研力量和资源整合，形成推进科技创新整体合力。

——习近平主席在视察国防科学技术大学时的讲话（2013 年 11 月 5 日）

科技创新是提高社会生产力和综合国力的战略支撑，必须把科技创新摆在国家发展全局的核心位置，坚持走中国特色自主创新道路，敢于走别人没有走过的路，不断在攻坚克难中追求卓越，加快向创新驱动发展转变。

——习近平主席在会见嫦娥三号任务参研参试人员代表时的讲话（2014 年 1 月 6 日）

要坚持创新驱动发展,紧跟世界军事革命特别是军事科技发展方向,超前规划布局,加速发展步伐。要坚持质量至上,把质量问题摆在关系官兵生命、关系战争胜负的高度来认识,贯彻质量就是生命、质量就是胜算的理念,建立质量责任终身追究制度,着力构建先进实用的试验鉴定体系,确保装备实战适用性。

——习近平主席出席全军装备工作会议并发表重要讲话(2014年12月4日)

核心技术靠化缘是要不来的,必须靠自力更生。科技人员要树立强烈的创新责任和创新自信,面向经济社会发展主战场,面向国际科技发展制高点,努力多出创新成果,为实施创新驱动发展战略、建设创新型国家多做贡献。

——考察中科院西安光学精密机械研究所时的讲话(2015年2月15日)

创新是引领发展的第一动力,实施创新驱动发展战略是我国发展的迫切要求,必须摆在突出位置。创新能力是一支军队的核心竞争力,也是生成和提高战斗力的加速器。攻克制约我军建设和改革的突出矛盾,需要以创新的思路办法攻坚破难。各级领导要带头解放思想、实事求是、与时俱进,推动创新、支持创新、引导创新,实现国防和军队建设更高质量、更高效益、更可持续的发展。

要把军队创新纳入国家创新体系,大力开展军民协同创新,探索建立有利于国防科技创新的体制机制,推进军民协同深度发展。中央国家机关、地方各级党委和政府要满腔热忱支持国防和军队建设、军事斗争准备,为国防和军队现代化建设创造良好条件。

——习近平主席在出席解放军代表团全体会议时的讲话(2016年3月13日)

"国家战略竞争力、社会生产力、军队战斗力的耦合关联越来越紧,国防经济和社会经济、军用技术和民用技术的融合度越来越深",这是科学技术快速发展带来的深刻变化。我们要时刻保持忧患意识和紧迫感,更新观念、解放思想,给创新创业创造以更好的环境,为强化创新驱动、加快创新步伐助力。

——习近平主席出席十三届全国人大二次会议参加福建代表团审议并发表重要讲话(2018年3月10日)

要加快实施科技兴军战略,巩固和加强优势领域,加大新兴领域创新力度,加强战略性、前沿性、颠覆性技术孵化孕育。要坚持自主创新的战略基点,坚定不移加快自主创新步伐，尽早实现核心技术突破。要坚持聚焦实战，抓好科技创新成果转化运用，使科技创新更好为战斗力建设服务。

——习近平主席在视察军事科学院发表的重要讲话（2018年5月16日）

全面深化科技体制改革，提升创新体系效能，着力激发创新活力。创新决胜未来，改革关乎国运。科技领域是最需要不断改革的领域。2014年6月9日，我在两院院士大会讲话中强调，推进自主创新，最紧迫的是要破除体制机制障碍，最大限度解放和激发科技作为第一生产力所蕴藏的巨大潜能。围绕这些重点任务，这些年来，我们大力推进科技体制改革，科技体制改革全面发力、多点突破、纵深发展，科技体制改革主体架构已经确立，重要领域和关键环节改革取得实质性突破。

——习近平主席在中国科学院第十九次院士大会、中国工程院第十四次院士大会上的讲话（2018年5月28日）

2. 强调建立和完善国防科研生产和采购政策制度

习近平主席多次强调指出全面深化改革国防科研生产及国防采购政策制度是调节军事关系、规范军事实践、保障军事发展的基础，对实现党在新时代的强军目标、把人民军队全面建成世界一流军队，对实现"两个一百年"奋斗目标、实现中华民族伟大复兴的中国梦具有重大意义。

新时代建立和完善国防科研生产及国防采购法规制度，要以新时代中国特色社会主义思想和党的十九大精神为指导，深入贯彻新时代党的强军思想，以确保党对军队绝对领导为指向，以战斗力为唯一的根本标准，以调动军事人员积极性、主动性、创造性为着力点，系统谋划、前瞻设计，创新发展、体系重塑，建立健全国防科研生产及国防采购政策制度体系，为国防科研生产及国防采购活动提供指导，为国防科技工业体系深化改革提供支撑，为我国国防法律体系建设奠定基础，为实现党在新时代的强军目标、把人民军队全面建成世界一流军队提供有力政策制度保障。

通过建立和完善国防科研生产及国防采购法规制度，可以强化和完善政府对国防科研生产及国防采购的管理，国防科研生产及国防采购法规制度建设的内容涉及国防科技生产及国防采购的各个环节，反映出政府运用法律法规来强化和完善国防科研生产的这一指导思想；引导和规范国防科研生产及国防采购过程，国防科研生产及国防采购法规制度对参与各方的权力和责任、制度执行程序、制度执行要求和监督方法等做了详细规定，为国防科研生产及国防采购系统形成规范自律的内部运行机制，使国防科研生产及国防采购规范有序进行；保护和促进国防科研生产及国防采购可持续发展，健全国防科研生产及国防采购法规制度，始终贯穿保持科研生产能力的重要思路。

扩展阅读3-14：习近平主席关于建立和完善国防科研生产及国防采购政策制度的相关讲话

要深入学习贯彻党的十八届三中全会对国防和军队改革的战略部署，充分认清深化国防和军队改革的重要性和紧迫性，准确把握改革的目标和任务，牢固树立进取意识、机遇意识、责任意识，着力解决制约国防和军队建设发展的突出矛盾和问题，为实现强军目标提供强大动力和体制机制保证。

——习近平主席在视察济南军区时的讲话（2013年11月28日）

实现强军目标，必须抓住战略契机深化国防和军队改革，解决制约国防和军队建设的体制性障碍、结构性矛盾、政策性问题，深入推进军队组织形态现代化。要坚持改革正确政治方向，坚持贯彻能打仗、打胜仗要求，坚持以军事战略创新为先导，进一步解放思想、更新观念，进一步解放和发展战斗力，进一步解放和增强军队活力，为实现强军目标提供体制机制和政策制度保障。要破除思维定势，树立与强军目标要求相适应的思维方式和思想观念。

——习近平主席在十二届全国人大二次会议解放军代表团全体会议上的讲话（2014年3月11日）

要坚持体系建设思想，统筹各军兵种装备发展，统筹各类装备发展，加强标准化、系列化、通用化建设，不断完善和优化装备体系结构，在填补体系空白、补齐短板弱项上下功夫，以网络信息体系为抓手，推动我军信息化建设实现跨越式发展。要坚持创新驱动发展，紧跟世界军事革命特别是军事科技发展方向，超前规划布局，加速发展步伐。

——习近平主席在全军装备工作会议上的讲话（2014年12月3日）

要推进军事科研领域政策制度改革,形成顺畅高效的运行机制,把创新活力充分激发出来。要深入研究理论和科技融合的内容、机制和手段,把理论和科技融合的路子走实走好。要坚持开门搞科研,加强协同创新,加强军民协同,加强国际交流合作,推动形成军事科研工作大联合、大协作的生动局面。

——习近平主席视察军事科学院并发表重要讲话(2018年5月16日)

深化政府采购制度改革要坚持问题导向,强化采购人主体责任,建立集中采购机构竞争机制,改进政府采购代理和评审机制,健全科学高效的采购交易机制,强化政府采购政策功能措施,健全政府采购监督管理机制,加快形成采购主体职责清晰、交易规则科学高效、监管机制健全、政策功能完备、法律制度完善、技术支撑先进的现代政府采购制度。

——习近平主席主持召开中央全面深化改革委员会第五次会议发表重要讲话(2018年11月14日)

创新军事力量运用政策制度,适应国家安全战略需求,聚焦能打仗、打胜仗,创新军事战略指导制度,构建联合作战法规体系,调整完善战备制度,形成基于联合、平战一体的军事力量运用政策制度,全面履行新时代我军使命任务。

推进军事管理政策制度改革,创新战略管理制度,构建军费管理制度,加强军事资源统筹安排,推进法规制度建设集成化、军事法规法典化,推进军事司法制度改革,形成精准高效、全面规范、刚性约束的军事管理政策制度,提升军事系统运行效能,推动我军高质量发展。

——习近平主席出席中央军委政策制度改革工作会议并发表重要讲话(2018年11月14日)

围绕规划明确的总体布局,突出抓好军事斗争准备急需、作战体系关键支撑、国防和军队改革配套等重点项目,确保重大建设任务落地、关键能力指标实现。要加大攻关力度,加快建设进程,把住时间节点、质量要求,实现进度和标准一起抓。要抓住政策制度改革契机,抓紧健全军事力量建设和军事管理等方面政策制度,为规划任务落实提供有力保障。

——习近平主席出席解放军和武警部队代表团全体会议并发表重要讲话(2019年3月12日)

3. 强调军民协同在国防科研生产和采购中的引领作用

国防科技和武器装备领域是军民协同的重点。

推进国防科研生产及国防采购重点领域的军民协同发展,要善于运用法治思维和法治方式推动工作,发挥好法律法规的规范、引导、保障作用,加快推进军民协同在国防科研生产及国防采购相关法律法规立改废释工作。要优化国防科研生产及国防采购重点领域军民协同发展的制度环境,坚决拆壁垒、破坚冰、去门槛,加快调整完善武器装备、军队物资等的市场准入制度,从政策导向上鼓励更多符合条件的企业、人才、技术、资本、服务等在国防科研生产及国防采购上有更大作为。

二、特点分析

经过 60 多年的改革和发展,我国国防科技工业及装备管理体制为适应国防安全的新挑战和军事变革的新要求,在国家主导的高度集中统一领导下、走军民协同发展道路。

1. 以"三位一体"模式为主体

新时代我国国防科研生产管理体制是由政治管理体系、技术管理体系和行政管理体系结合而成的一体化组织结构。"三位一体"组织管理体制突出的是以政治领导为主导。其实质就是党对国防科学技术的绝对领导,把好科研的正确方向,做好党的思想政治工作,确保行政和技术管理体系的有效运转。以技术管理为核心,确立科技民主基础上的科技责任制,确保科技研究上的决策由"内行"全权负责,免于其他因素不合理干扰。以行政管理为支撑,由行政管理体系组成了一个科研单位的基本架构,行政主官为部门最高领导,除配有一名负责技术的行政副主官外,另有若干名分管行政的副主官。"三位一体"管理体制,表现在人员设置、决策机制、执行过程和三类管理人员的合作方式上。在人员设置上,担任某一机构党委(组)书记的人,同时也是该机构行政副主官(有时直接由行政主官兼任党委书记);而行政主官和主管科研的副主官,同时又是党委成员。在决策机制上,由于行政和技术领导就是党委(组)成员,所以"党委领导下的首长分工负责"即集体领导下的责任制。在做技术决策时,包括党、行政和技术专家在内的领导都要参与,技术专家决断,党委批准。在执行过程中,"研究所一级的党组织在所内起领导核心的作用。它的主要任务是贯彻执行党的方针政策和上级指示,研究和决定所内各方面工作中的重大问题,包括业务中的重大问题,进行全所的思想政治工作。对于学术工作,应该组织科学工作者的民主讨论,通过行政领导和学术领导组织做出决定,动员科学工作者去努力实现",即政治"辅导",技术"实施"和行政"支撑"。"三位一体"组织管理体制还体现为政治、行政和技术领导者的"三结合",使政治、行政和技术从宏观到微观、从形式到内容实现了全面融合。

2. 以"国家发展战略"为主导

我国国防科研生产组织管理体制应注重从国家发展战略层面统筹,对包括国防建设与经济建设、国防科技工业与民用工业、国家科技创新战略与国防科技创新战略、军队建设需求与武器装备科研生产供给等涉及军民两用的国家重大科技活动进行统一规划、统筹安排。国务院有关部门和军队相关部门建立起以各省(市、区)级国防科技管理单位为骨干的协调机制,使各地工业管理部门、军工集团公司、企事业单位上下联动,形成分工明确的管理组织体系。值得注意的是,国家在制定和实施发展战略规划时,明确了阶段性目标、重点方向和主要任务,地方和军队在科技管理上应重视培育重点企业和重点项目,并且发挥其辐射带动作用,推进军民协同规划工作的协调合作机制,促成军地的战略合作。

3. 以"军民协同发展道路"为途径

新时代国防科研生产组织管理体制需要以军民协同发展道路为途径,将先进成熟的军用技术转移到民用领域,从单一的军品向军民结合产品结构转变,推动区域经济的发展,而社会资本也逐步有序进入军品科研生产领域,初步形成军民良性互动、协调发展的格局[1]。军民协同就是把国防和军队现代化建设深深融入经济社会发展体系之中,全面推进经济、科技、教育、人才等各个领域的军民协同,在更广范围、更高层次、更深程度上把国防和军队现代化建设与经济社会发展结合起来,为实现国防和军队现代化提供丰厚的资源和可持续发展的后劲。

---

[1] 于向军,况野. 构建军民协同式武器装备科研生产体系[N]. 国防报,2011-02-14.

扩展阅读 3-15：新时代国防采购发展趋势

规模化采购。规模化采购是集中部队需求以及购买力，通过批量采购，吸引军品供应商参与竞争，获得规模经济效应。当前，我国国防采购规模与采购军费总体支出规模还不匹配，为避免国防采购费用的分散化和采购行为短期化现象，提高国防采购的整体效益，制定和实施统一采购政策和方针，确保国家对军队实行宏观调控，达到特定的军事、经济和社会目标，理应提倡规模化采购。国防采购主管部门要树立全军一盘棋思想，统一规划，统一部署，从深度和广度上促进国防采购规模再创新高。

政策性采购。政府采购政策不仅具有宏观调控功能，而且还具有市场导向作用。国防采购作为政府采购的重要组成部分，应利用政府采购政策工具调节和引导，发挥军费在国民经济发展中的促进作用，以拉动和刺激区域经济乃至国内经济快速、和谐发展。国防采购职能部门要研究国防采购激励自主创新配套措施，制定国防采购军品认定标准，落实军品国产化政策；要树立强烈的责任意识、大局意识，坚持优先购买国产自主创新军品，优先购买环保节能军品。

规范化采购。国防采购工作在国民经济发展中的地位日益凸显，但由于相关采购法律制度不够健全，真正实现规范化采购还有待时日。立法部门要加快建立健全国防采购法规的步伐，重点加强信息发布、采购评审、采购方式申报审批、代理机构资格认定和供应商投诉处理等重要环节的规范化管理，切实将国防采购纳入法制化管理轨道。

电子化采购。在新军事变革的引领下，我国国防采购必将搭载上国家基础设施建设的列车，运用"电子化"方式助推国防采购提速。从计划审批、资格审查、开标评标、实时监管，国防采购要将"电子化"贯穿于采购活动的全流程。国防采购职能部门要充分利用"电子化"采购带来的诸多优势，积极改造传统的国防采购模式，以降低成本、提高效率、增进公平，为国防需要提供更多的物质保障。

廉洁型采购。国防采购工作必须要"廉"钟长鸣，反腐败来不得丝毫松懈。采购主管部门、采购主体利用采购谋取私利，徇私舞弊或违反有关采购规定的，要追究主要负责人和直接责任人的纪律责任、赔偿责任和刑事责任。国防采购执法部门要加大惩治腐败和监督检查工作力度，大力推进国防采购领域反腐倡廉工作；各级采购人员要时刻提防，保持清醒头脑，坚决抵制各种利益的诱惑和不正之风的侵蚀。

开放式采购。应利用市场经济杠杆，发挥竞争机制优势，择优采购，提升采购军品性价比。走出军工企业，走出国门，通过开放式渠道采购军品，已经成为共识。职能部门要加强采购信息发布平台建设，尽快实现信息资源共享，促进各类采购资源突破地域界限，在军品市场内合理流动；要鼓励民营企业参与军品研制、生产，使民用领域先进技术成果发挥军事性能；要利用我国进入WTO的有利时机，将采购视角伸向国际军品市场，取长补短，互通有无。

第六节　认识与体会

第一，要充分认识和高度重视国防科技工业和武器装备建设管理体制及法规制度在国家建设中的地位和作用。武器装备现代化是提升军队战斗力的重要途径，是国防现代化的主要标志。国防科技工业作为国防现代化的重要工业和技术基础，在为军队提供现代化武器装备的同时，对整个国民经济发展具有重大的牵引和推动作用，是国民经济发展的战略性产业和科学技术现代化的重要推动力量。必须把国防科技工业和武器装备建设作为我国现代化事业和综合国力的重要组成部分，高度重视国防科技工业和武器装备建设管理体制及法规制度的改革与建设，努力推动国防科技工业和武器装备建设又好又快发展。

第二，国防科技工业和武器装备建设管理体制必须与国家的生产力发展水平、领导体制及经济体制相适应。生产力决定生产关系，经济基础决定上层建筑。国防科技工业和武器装备建设管理体制作为国家制度的重要组成部分，无论是国防科技工业的体系门类结构，还是军工生产、装备建设的组织和管理方式，都要依赖于一定的经济科技条件，受制于国家的经济科技发展水平。为此，必须从国家生产力发展状况出发，以经济、科技实力为支撑，按照适应国家生产力发展水平的要求，来谋划和推进国防科技工业和武器装备建设管理体制的建设与发展。

在国家诸多体制中，国家领导体制处于最高层次，发挥主导作用，规定和影响着其他一切体制。军队领导体制，是军队形成战斗力的根本保证，在国防和军队建设领域的管理体制中处于核心地位。当前，我国国防科技工业和武器装备建设肩负着服务经济建设和国防建设的双重使命，要实现此目标，管理体制必须要与国家和军队的领导体制相适应。只有这样，才能有效运行、健康发展；否则，就难以发挥其应有的效能。

经济、科技是构成生产力的重要因素，经济体制和科技体制在一定程度上反映着国家在不同时期经济和科技发展的规律和特点，因而是国家诸多体制中两个重要的基础性体制，对其他体制具有一定的影响和制约作用。国防科技工业和武器装备建设管理体制必须与国家的经济、科技体制相适应，其调整改革要以经济、科技体制为基础，并与经济、科技体制的调整改革同步进行。以改革开放为分界点，在此之前和之后，我国的经济体制存在着本质的巨大差别，但国防科技工业和武器装备建设之所以能在这两个时期取得举世瞩目的成就，一个重要原因就是，我们的国防科技工业和武器装备建设管理体制适应了当时的经济体制要求，并随着经济体制的变化及时进行了调整改革。

第三，国防科技工业和武器装备建设管理体制的改革与建设必须服从和服务于国家总体战略。国家总体战略作为国家谋安全、求发展的总方略，是统领国家各项建设事业的"龙头"。包括国防科技工业和武器装备建设管理体制在内的各种体制机制，只有服从和服务于国家总体战略，才能有效促进战略目标的实现。20世纪70年代末，党的十一届三中全会根据国内外形势的变化，做出了把党和国家的工作重点转移到社会主义现代化建设上来的战略决策。在国家改革开放方针的指引下，国防科技工业和武器装备建设管理体制开始进入改革完善时期，走上了军民协同发展道路。

第四，国防科技工业和武器装备建设管理体制的改革与建设必须处理好借鉴外国经验和保持自身特色的关系。任何一个国家的国防科技工业和武器装备建设管理体制都是在其特定的生产方式、地理环境和民族传统基础上发展起来的，无不浸透着其国家和民族特点的历史印迹，有着不同于其他国家和民族的个性特征。同时，在发展过程中又不断地吸取他国优长，调整完善自己。这就要求国防科技工业和武器装备建设管理体制的改革与建设，必须处理好借鉴国外经验和保持自身特色的关系。对国外的经验，要分清哪些是共性的，哪些是个性的；对自身的特色，要分清哪些是优良传统，哪些是历史性痼疾。通过有选择地继承和借鉴，使管理体制不断趋于完善。

第四章

我国国防科研生产及国防采购法规制度概况

第一节 法规体系

国防法规体系是现代法治国家法律体系中一个不可或缺的重要分支，其完善和成熟程度也是现代民主法治国家法律体系成熟的重要标志。我国国防法规体系作为国家社会主义法律体系建设的重要构成，一方面与国家其他法律部门（体系）有着非常密切的内在联系，同时在历史渊源、制定方式、体系构成、适用范围等诸多方面又具有不同于国家其他法律部门（体系）的独特性，形成了具有中国特色的国防法规体系。

我国国防法规体系建设的一个最显著标志，就是以国家宪法为统领，形成以宪法为最高核心依据的国防法规体系。在现代民主法治国家中，任何一个法律部门或体系的建立都必须有可靠的宪法依据，并在宪法的指导和规范下完善和发展。反之，没有宪法的依据和规范，任何法律部门或体系都将失去合法性。我国的国防法规体系有充分的宪法依据，在宪法的指导和规范下，已经构成以法律和法规为主体，各类规范交叉互补、内容协调、密切衔接、结构科学和多层次、多门类、广覆盖的法律法规体系。根据我国宪法、国防法和立法法的规定，除了全国人大及其常委会制定国防和军事领域的法律外，中央军委有权根据宪法和法律制定国防军事法规，并在武装力量内部实施，这就使得国防法规体系在立法体制上具有了独特的层级性、完整性和统一性。

依据法规的效力等级可分为 5 个层次：一是宪法中的国防条款。《宪法》是我国的根本大法，具有最高的法律效力。宪法中的国防条款主要规定国家国防战略方针、基本国防和军事制度、武装力量建设的总目标、原则和任务等，在国防法规体系中具有最高的法律地位和权威，是制定一切国防法律法规的依据。二是基本国防法律。凡对国防领域重大事项的规范属于中央专属立法权，都应当由国家最高权力机关行使。基本国防法律由全国人民代表大会制定，是调整国防和军事领域中带有根本性、全局性的重大社会关系的法律。三是其他国防法律。其他国防法律由全国人民代表大会常务委员会制定，调整国防、军事领域某一方面重要社会关系的法律，主要包括国防或军事方面的单行法律和法律性决定和其他法律中的国防条款。四是国防法规。国防法规是最高军事机关与最高行政机关在职权范围内单独或联合制定的调整国防和军事领域某一方面一般社会关系的法律文件，主要包括中央军委制定的军事法规、国务院制定的军事行政法规、国务院与中央军委联合制定的军事行政法规等。五是部门规章。部门规章是有关军事机关与行政机关在职权范围内单独或联合制定的，主要包括中央军委各总部、各军兵种、各军区制定的军事规章，国务院各部委单独制定或与军委有关总部联合制定的国防行政规章。我国国防科研生产及国防采购法规制度体系如表 4-1 所示。

表 4-1 我国国防科研生产及国防采购法规制度体系

层次	制定部门	范围及作用
宪法	全国人民代表大会	规定国家国防战略方针、基本国防和军事制度、武装力量建设的总目标、原则和任务等，在国防法规体系中具有最高的法律地位和权威，是制定一切国防法律法规的依据
基本国防法律	全国人民代表大会	是调整国防和军事领域中带有根本性、全局性的重大社会关系的法律
其他国防法律	全国人大常委会	调整国防、军事领域某一方面重要社会关系的法律，主要包括国防或军事方面的单行法律和法律性决定和其他法律中的国防条款
国防法规	国务院、中央军委	包括中央军委制定的军事法规、国务院制定的军事行政法规、国务院与中央军委联合制定的军事行政法规等
部门规章	中央军委各部门、国务院各部委、审计署等	包括中央军委各总部、各军兵种、各军区制定的军事规章，国务院各部委单独制定或与军委有关总部联合制定的国防行政规章等

1.《宪法》中的国防法律条款

《宪法》是国家的根本大法，具有最高的法律效力，所以，《宪法》中的国防法律条款，是国防法律规范的最高层次是制定其他国防法律规范的根本性依据。《宪法》第八十九条规定，国务院执行领导和管理国防建设事业的职权。

扩展阅读4-1：《宪法》中的国防法律条款解读

《宪法》第八十九条规定，国务院执行领导和管理国防建设事业的职权。

释义：我国在行政机关之外，设有中央军事委员会。两者的分工是：国务院负责国防建设，中央军委负责军队的领导和指挥。国务院领导和管理国防建设事业，主要职责是：编制国防建设发展规划和计划；制定国防建设方面的方针、政策和行政法规；领导和管理国防科研生产；管理国防经费和国防资产；领导和管理国民经济动员工作和人民武装动员、人民防空、国防交通等方面的有关工作；领导和管理拥军优属工作和退出现役的军人的安置工作；领导国防教育工作；与中央军委共同领导中国人民武装警察部队、民兵的建设和征兵、预备役工作以及边防、海防、空防的管理工作；法律规定的与国防建设事业有关的其他职权。国务院和中央军委都是由全国人大产生的平行的国家机构，而国防建设和武装力量的领导和指挥又是十分密切的，如何建立起两者之间的协调沟通机制，我国的国防法对此规定：国务院和中央军委可以根据情况召开协调会议，解决国防事务的有关问题。会议议定的事项，由国务院和中央军委在各自的职权范围内组织实施。

2. 全国人大制定基本国防法律

全国人大制定的基本国防法律的效力仅低于宪法，主要规定国防领导体制，武装力量的构成、任务、建设目标和原则，国防建设与斗争的基本制度，社会组织和公民的基本国防权利与义务，对外军事关系等。在国防法律体系中，基本国防法律起着诠释、衔接宪法，统领其他国防法律法规的作用。国防科研生产及国防采购相关法规制度体系中，属于基本国防法律的有《中华人民共和国国防法》。

扩展阅读 4-2：《国防法》第五章国防科研生产和军事订货解读

第二十九条 国家建立和完善国防科技工业体系，发展国防科研生产，为武装力量提供性能先进、质量可靠、配套完善、便于操作和维修的武器装备以及其他适用的军用物资，满足国防需要。

释义：本条是关于国防科研生产基本任务的规定。

主要包括两项内容：一是明确了国家建立和完善国防科技工业体系，发展国防科研生产的责任；二是规定了国防科研生产的基本任务是，为武装力量提供性能先进、质量可靠、配套完善、便于操作和维修的武器装备以及其他适用的军用物资。

国防科技工业全称为国防科研技术和国防工业。国防科技工业体系由从事国防科研生产的单位、人员和设备设施构成。国防科技工业体系是国家科技工业的重要组成部分，存在于国家科技工业之中，而不是独立、封闭的体系。

国防科技工业是国防建设的重要物质基础，武装力量和国防科技工业构成国防力量的两大支柱，武装力量的现代化有赖于国防科技工业的发展和进步。本条中的"武器装备"是指武装力量用于实施和保障作战行动的武器、武器系统和军用技术器材。"军用物资"是指武装力量使用和消费的物质资料，通常分为武器装备、军需物资、医疗物资、油料物资、营房物资以及原材料、机电产品等物资。军用物资又可以分为武装力量专用的和军民通用的两大类。

第三十条 国防科技工业实行军民结合、平战结合、军品优先、以民养军的方针。

国家统筹规划国防科技工业建设，保持规模适度、专业配套、布局合理的国防科研生产能力。

释义：本条是关于国防科技工业基本方针的规定。

1982年1月，邓小平同志指出："国防工业有四句话：军民结合，平战结合，以军为主，以民养军。其中，以军为主改为军品优先，其他三句话不变。"军民结合"十六字"方针，深刻揭示了国防科技工业发展的客观规律，为新时期发展指明了方向，开辟了广阔的前景。国防科技工业走"军民结合、平战结合"的发展道路，这意味着国防科技工业将同时承担军品和民品的科研生产任务。而"军品优先、以民养军"的发展方针，是处理国防科技工业军品和民品科研生产关系的原则，明确民品科研生产在服务于军品科研生产的同时，强调军品与民品科研生产的优先次序。

强调强化国家主导。牢固确立国家在经济建设和国防建设融合发展中的主导地位，加强军地各领域各部门各层级的统筹协调，综合运用规划引导、体制创新、政策扶持、法治保障等手段，最大限度提升国防科研生产能力。

第三十一条 国家促进国防科学技术进步，加强高新技术研究，发挥高新技术在武器装备发展中的先导作用，增加技术储备，研制新型武器装备。

释义：本条是关于国防科技发展的规定。

国家促进科学技术进步，发展国防科学技术事业，促进国防现代化建设，增强国防实力。

国家推进高技术的研究，发挥高技术在科学技术进步、国防实力增强中的先导作用；扶持、促进高技术产业的形成和发展，运用高技术研发新型武器装备，充分发挥高技术产业在国防建设中的作用。

第三十二条 国家对国防科研生产实行统一领导和计划调控。

国家为承担国防科研生产任务的企业事业单位提供必要的保障条件和优惠政策。地方各级人民政府应当对承担国防科研生产任务的企业事业单位给予协助和支持。

承担国防科研生产任务的企业事业单位必须完成国防科研生产任务，保证武器装备的质量。

释义：本条是关于国防科研生产管理体制的规定。

国防科研生产的主体多元，包括国家机关（含地方党委、人大、人民政府）、军队机关部门及相关单位、国防企业等。

国家是国防科研生产的组织管理主体，负责国防科研生产的统筹管理、统一规划、顶层设计，为承担国防科研生产的企事业单位和科研院所提供必要、公平的保障条件和优惠政策。

地方党委、人大、人民政府对承担国防科研生产任务的企事业单位和科研院所给予协助和支持。

军队机关部门及相关单位主要负责建立制度、制定规划、下达任务、监督检查、验收成果。

军工单位、民营企业等是国防科研生产的具体实施主体,负责国防科学技术研究、武器装备生产和国防设施建设,保证科研生产任务按时、按质、按量完成,负有保密责任。

第三十三条 国家采取必要措施,培养和造就国防科学技术人才,创造有利的环境和条件,充分发挥他们的作用。

国防科学技术工作者应当受到全社会的尊重。国家逐步提高国防科学技术工作者的待遇,保护其合法权益。

释义:本条是关于国防科技工业人才培养的规定。

国防科技工业是国家战略性产业,肩负着加强国防现代化建设和推动国民经济发展的双重历史任务。国防科学技术工作者是现代化国防事业建设的重要力量。国家应采取各种措施,提高国防科学技术工作者的社会地位,逐步提高科学技术工作者的待遇,保护国防科学技术工作者的合法权益。通过各种途径,培养和造就各种专门的科学技术人才,创造有利环境和条件,充分发挥国防科学技术工作者的作用。

第三十四条 国家根据国防建设的需要和社会主义市场经济的要求,实行国家军事订货制度,保障武器装备和其他军用物资的采购供应。

释义:本条是关于军事订货制度的规定。

十一届三中全会后,邓小平提出的关于实行军事订货制度理论是邓小平理论体系的重要内容,是指导我们建立具有中国特色国家军事订货制度的重要理论基础。本条规定了实行军事订货制度的基本内容和实行军事订货制度遵循的要求。军事订货制度将军品需求部门和军品供给部门之间的关系改成订货关系,并将军事订货纳入国家规划范围内进行通盘考虑。实行军事订货制度要求军品需求部门对军品的需求要合理规划,简化军品型号,尽量扩大军品的通用性,讲求质量、提倡少而精。与此同时,要求军品供给部门必须转换科研生产体制和经营机制,严格各项规章制度,努力加强内部管理和科学研究,不断提高科学技术水平。

3. 全国人大常委会制定国防法律

全国人大常委会制定的国防法律以宪法和基本国防法律为依据，其内容主要是国防和军队建设某一方面重要的原则、制度和行为规范，它们是宪法中的国防法律条款和基本国防法律的具体化。在国防科研生产及国防采购相关法规制度体系中，属于全国人大常委会制定的法律有《中华人民共和国政府采购法》《中华人民共和国兵役法》《中华人民共和国国防动员法》《中华人民共和国军事设施保护法》等。

扩展阅读4-3：《中华人民共和国政府采购法》中的国防法律条款解读

《中华人民共和国政府采购法》第八十六条对军事采购法规的制定问题做出了明确规定，即军事采购法规由中央军事委员会另行制定。

释义：按照国际通行做法和一些市场经济发达国家的规定，一般是把军事采购中涉及民品或者保密程序不高的采购项目纳入政府采购范围。但是，从我国实际情况看，各级军事机关使用财政性资金采购军事装备和军用物资，涉及国家的安全和机密，其采购过程不可完全遵循公开透明的原则，不可能完全按照本法规定的方式和程序进行采购。因此，本法未将军事采购纳入其调整范围，而规定军事采购法规由中央军事委员会另行制定。

虽然军事采购不执行本法的规定，但是军事机关采购军事货物、工程和服务，同样需要实行规范的政府采购制度。为适应社会主义市场经济发展和打赢高技术条件下局部战争的要求，中央军委于2001年11月向全军和武警部队批转了总后勤部制定的《深化军队物资、工程、服务采购改革总体方案》，将军事采购制度改革推向了一个新的发展阶段，为逐步建立具有我国特色的军事采购制度奠定了良好的基础。

4. 中央军委制定军事法规，国务院单独或与中央军委联合制定国防行政法规

军事法规和国防行政法规以国防法律为依据，其内容主要是国防和军队建设某一方面中某一重要事项的原则、制度和行为规范。现制定的国防科研生产及国防采购法规主要包括：

2001年3月24日,中央军委颁布施行《中国人民解放军军事科学研究条例》,是我军第一部规范军事科学研究工作的基本法规,充分体现了以江泽民同志为核心的党中央、中央军委对军事科学研究工作的关怀和重视,是对发展我军军事科学理论而采取的一项重要举措,填补了我国军事法规方面的空白,对全面推动我军军事科学事业的健康发展,更好地发挥军事理论在我国国防和军队现代化建设中的先导作用,具有重要的意义。同时也为加强军事理论建设,建立具有我军特色的军事科学研究法规体系奠定了基础;2002年11月,中央军委主席江泽民(时任)签署命令,颁布实施《中国人民解放军装备采购条例》,这是中国军队装备管理体制调整后,中央军委制定和颁布的规范军队武器装备采购工作的第一部基本法规;《中国人民解放军武器装备管理条例》由中央军委主席江泽民(时任)于2003年1月签署命令并颁布施行。这部《条例》是我军武器装备管理体制调整改革后,中央军委颁布的规范全军武器装备管理工作的一部基本法规,是组织实施武器装备管理工作的基本依据。它的颁布施行,是依法治军、依法管装的一项重要举措,充分体现了江主席、中央军委对我军武器装备管理工作的高度重视,标志着我军武器装备管理法制建设进入了一个新的阶段;2004年中央军委制定的《中国人民解放军装备科研条例》是我军装备管理体制调整后,中央军委制定和颁布的规范我军装备科研工作的一部基本法规,是中国人民解放军组织实施装备科研工作的基本依据;《中国人民解放军装备预先研究条例》于2004年12月由中央军委颁布实施,这是中央军委为规范我军装备预先研究工作而制定的一部重要法规,为建立整体协调、科学高效、规范有序的装备预先研究管理体制和运行机制提供了法规依据,符合社会主义市场经济和装备管理体制调整改革的要求,充分体现了新时期我军装备预先研究工作的新特点和新要求,体现了装备预先研究的先导性、前瞻性、探索性和创新性,将对我军装备现代化建设产生重要作用和深远影响;2008年3月6日,中华人民共和国国务院、中华人民共和国中央军事委员会发布了《武器装备科研生产许可管理条例》是为了维护武器装备科研生产秩序,加强武器装备科研生产安全保密管理,保证武器装备质量合格稳定,满足国防建设的需要;《武器装备质量管理条例》是由国务院、中央军委于2010年9月30日发布,规定武器装备论证、研制、生产、试验和维修单位要严格按照规定，对武器装备质量特性的形成、保持和恢复等过程实施控制和监督，保证武器装备性能满足规定或者预期要求。

1950年12月30日，中央人民政府革命军事委员会总后方勤务部颁布了《军工生产驻厂检验代表工作条例草案》，并规定了驻兵工厂检验代表的机构、人员职责和分工、检验工作、财务制度、验收手续和统计报告制度等。此部《条例》的颁布标志着我国军事代表制度的初步建立。1964年，总参谋部根据《暂行条例》颁布三年来的情况，在进一步总结军事代表工作实践经验的基础上，制定了我国第一部《中国人民解放军驻厂军事代表工作条例》，并由中共中央、国务院于1964年10月13日正式颁布执行。《条例》肯定了军事代表在装备建设中的地位和作用，明确规定了军事代表的任务、职责、工作方法、工作作风和处理军厂关系的原则。我国现行驻厂军事代表制度，是由国务院、中央军委以法规形式予以确定的，即1989年9月26日，国务院、中央军委颁布的第五部条例《中国人民解放军驻厂军事代表工作条例》，其中第二条就明确规定"在承担军工产品型号研制和定点生产任务的企业、事业单位（以下称作'工厂'），实行军事代表工作制度，由军队向重点工厂派出驻厂军事代表。"

5. 国务院各部门、各委员会、审计署等根据法律和行政法规的规定和国务院的决定制定的部门规章

规章是行政性法律规范文件，之所以是规章，是从其制定机关进行划分的。规章主要指国务院组成部门及直属机构，省、自治区、直辖市人民政府及省、自治区政府所在地的市和经国务院批准的较大的市和人民政府，在它们的职权范围内，为执行法律、法规，需要制定的事项或属于本行政区域的具体行政管理事项而制定的规范性文件。现行的国防科研生产及国防采购法律体系中的部门规章主要包括《国防科研生产安全事故报告和调查处理办法》《武器装备科研生产许可实施办法》《竞争性装备采购管理规定》《装备采购方式与程序管理规定》《装备采购合同管理规定》《同类型装备集中采购管理规定》《国防科研试制费管理规定》等。

2003年，总装备部发布了《装备采购方式与程序管理规定》，明确了"公开招标采购、邀请招标采购、竞争性谈判采购、单一来源采购、询价采购"多种采

购方式；2009年，总装备部发布了《关于加强竞争性装备采购工作的意见》，积极适应社会主义市场经济和装备发展要求，加快建立完善以竞争为核心的竞争、评价、监督、激励机制，不断提高装备质量和采购效益，促进装备建设又好又快发展；2014年7月26日，总装备部发布《竞争性装备采购管理规定》和《装备价格方案评审规定》，将装备竞争性采购和价格评审作为深化装备工作改革的重要手段，努力在新的起点上推进装备建设科学发展，是推进军民协同深度发展的重大举措，是提高装备采购质量效益的有效途径，是实现装备采购依法管理的迫切需要，是促进国防科技创新发展的重要手段；要准确把握装备竞争性采购和价格工作的特点规律，进一步增强做好装备竞争性采购和价格工作的责任感紧迫感，从抓住竞争源头、培育竞争主体、加强监督管理、规范价格评审等方面入手，确保竞争采购和价格评审工作扎实推进。

第二节 特点分析

近年来，我国国防科研立法取得了重大进步。特别是党的十一届三中全会之后，国防科研法制建设伴随着改革开放和社会主义市场经济体制的发展而不断完善起来。鼓励自主创新，推动国防科技进步，保护国防知识产权，已成为国防科研立法的重点。随着国防科技工业管理体制和军队装备管理体制的发展，已形成了以《国防法》和国家相关基本法为主干，由法律、行政法规、部门规章形式构成的包括国防科研工业领导和管理、国防科研经费管理、国防科研许可、武器装备研制、国防科研成果管理和保护等多方面的法规体系，初步实现了国防科研领域有法可依、有章可循，为依法行政、依法管理奠定了基础，有力地保障了武器装备科研生产和行业发展的顺利进行，对我国国防科技进步、科技创新和我军武器装备的跨越式发展产生了积极的推动作用。

一、坚持科技强军，国防科研法规制度体系初步形成

科学技术是第一生产力，也是非常重要的战斗力。因而，科技强军、依法治

军已成为我军现代化的必由之路，从某种意义上说，它们如车之两轮、鸟之两翼，缺一不可。我军几代领导人一直非常重视科技强军。中华人民共和国成立之初，我国就先后成立了国防部国防科学技术委员会和中央军委国防工业办公室，负责管理国防科技发展和装备生产供应活动的法制建设相关工作。邓小平同志任军委主席时期，全面调整了国防科技管理体制，成立了国防科学技术工业委员会，负责对武器装备研制和生产的统一管理及装备科研生产的法制建设工作。当时确立的尊重知识与人才、尊重科技工作者的创造性劳动等政策，都体现了科技强军思想。

1995年12月，中央军委明确提出科技强军的重大战略，强调人民解放军要依靠科技进步和创新推动武器装备发展，依靠科技进步提高战斗力。科技强军战略为新时期的国防科研立法指明了方向。为此，国防科研立法增强了国防科技发展的针对性，确定了国防科技发展的重点，原国防科工委及相关部门颁布了《国防科研项目计价管理办法》《战略武器装备研制程序》《常规武器装备研制程序》等一批军事规章。1998年4月，隶属于中央军委领导的总装备部成立，加强了我军武器装备建设的集中统一领导和武器装备全系统、全寿命管理。

完善法规体系是法制建设的基础。当前，我国国防科研立法取得了重大进步。特别是党的十一届三中全会之后，国防科研法制建设伴随着改革开放和社会主义市场经济体制的发展而不断完善起来。鼓励自主创新，推动国防科技进步，保护国防知识产权，已成为国防科研立法的重点。随着国防科技工业管理体制和军队装备管理体制的发展，中央军委先后完成了《军事科学研究条例》《国防专利条例》《装备条例》《装备预先研究条例》《装备科研条例》《军事科学技术奖励工作规定》等多部法规的起草和修订工作。原国防科工委制定并颁布了《国防科学技术成果鉴定管理办法》《武器装备科研生产许可实施办法》《国防科技工业基础科研管理办法》《武器装备科研生产合同审核管理暂行办法》《武器装备科研生产协作配套管理暂行办法》《武器装备科研生产许可现场审查规则》《国防科技工业标准化科研管理实施细则》等一系列规章。总装备部也相继颁布了《装备预先研究合同管理规定》《国防科研试制费管理规定》等规范性文件。目前，已形成了以《国防法》和国家相关基本法为主干，由法律、行政法规、规章形式构成的包括国防科研工业领导和管理、国防科研经费管理、国防科研许可、武器装备研制、国防科研成果管理和保护等多方面的法规体系，初步实现了国防科研领域有法可依、有章可循，为依法行政、依法管理奠定了基础，有力地保障了武器装备科研生产和行业发展的顺利进行，对我国国防科技进步、科技创新和我军武器装备的跨越式发展产生了积极的推动作用。

二、坚持科学发展理念，国防科研法制建设水平全面提升

针对武器装备研制周期长、风险大、协作面广、管理系统复杂以及保密程度高等特点，国防科研法制建设坚持以科学发展理念为指导，确保武器装备研制走上一条投入较少、效益较高的武器装备发展路子[1]。

一是建立了保证国防科研长远发展的国防知识产权制度。对一个单位、一个国家来说，一次创新并不难，难的是持续创新，特别是高水平的持续创新，这就需要通过法律手段来调动创新者的积极性，同时对涉及国家安全的发明创造给予特殊的法律保护。以国防专利为核心的国防知识产权制度就集中体现了二者的统一。《国防专利条例》的制定与实施，对防止国防科技成果流失、维护国家安全具有积极的推动作用，有利于形成自主知识产权，提高科技创新能力。目前，全军和国防科技行业逐步形成了尊重国防知识产权的良好氛围，国防知识产权意识不断增强，国防专利数量和质量加速增长。

二是完善了军事效益和经济效益协调发展的成果与技术转化机制。国防科研法规很重要的一部分内容就是关于科研成果的鉴定、定型、专利转让等方面的规定，从法律上鼓励、促进技术成果的应用与推广，这对于增强军队技术保障能力和提高部队的战斗力是十分必要的。为了促进国防专利技术的推广实施，克服国防科技项目的重复研究，国务院有关主管部门、我军有关主管部门充分发挥国防专利制度的作用，加强专利战略研究，并制定了规章制度、管理办法，注重运用法律手段促进和保护国防科学技术向现实战斗力的转化，在力争创造和依法获得更多自主知识产权的同时，利用有效的利益驱动机制加速创新成果的市场化，实现了军事效益和经济效益的双丰收。

---

[1] 毛国辉，郝悦. 筑建自主创新 科技强军的法律基石——国防科研法制建设60年回眸与展望[J]. 国防技术基础，2009（12）：5-8.

三是完善了人才为本、激励自主创新的法律制度。对于肩负着国家安全使命的国防科研院所及科研人员来说，虽然他们站在科技创新的最前沿，并具备了摘金夺银的实力，但由于保密和其他特殊的原因，他们往往与许多科研奖项失之交臂。为此，原国防科工委、中央军委坚持人才为本理念，制定和颁布了《国防科学技术奖励办法》《国防科学技术奖励办法实施细则》《军事科学技术奖励工作规定》，并建立起以国防专利制度为保护的科技进步激励制度，完善对国防科技自主创新的奖励制度，营造一个尊重知识、尊重创造的氛围，调动了国防科技工作者的积极性与创造性，促进了国防科技的自主创新走向良性循环。

四是完善了监管约束国防工业生产和军队装备建设的制度。为监督工厂履行订货合同和进行产品的检验验收，军队向军工企业派驻检验代表。1989年9月26日，国务院、中央军委颁布的第五部条例《中国人民解放军驻厂军事代表工作条例》，制定了军代表工作的相关政策，解决了军代表的工作方法等问题，通过严格规范的管理，协调了军代表与工厂之间的关系，推动了军代表工作的开展。

三、国防科研法律与国家政策衔接性亟待提升

新时代下，我国在不断深化改革的过程中，要坚持改革于法有据这一基本原则。如民营企业参与军品科研生产，是我国推动军民协同深度发展的具体改革举措，而现行法律法规滞后于客观现实和形势要求。

一是先定政策后立法，造成改革于法无据。在有法可据后，制定少量的政策是可以的，可以细化法律规定，具有一定的灵活性，更具有可操作性。但在我国进行社会主义市场经济体制改革进程中，"先制定政策进行试点，然后总结经验在全国推广，再进行立法固定改革经验"已经成为一种固有的改革推动模式，这一模式有悖于法治中国原则，存在改革不规范、少数人投机等诸多弊端。改革之前制定以促进和保护为价值取向的法律法规非常重要。

二是政策与法律规范存在冲突。如施行了近30年的《中华人民共和国私营企业暂行条例》至今没有废止，该条例第十二条规定："私营企业不得从事军工、金融业的生产经营。"当前开放民营企业进入军品科研生产领域，与上述法条规

定显然存在冲突，需要修改法条，将私营企业的"禁止法"修改为"促进法"，做到相关政策与法律规定一致。

四、不同科研生产及采购主体采用不同的标准

军品科研生产领域主要有两类主体，一类是国有资本控股的国有企业，一类是民营资本控股的民营企业。当前理论界和实务界的部分人员对军品科研生产企业基本属性的认识是错位的，多数人认为军品科研生产企业是国有企业，具有公益性，而忽视其经济性的一面，不将这类企业作为市场的一般主体对待，致使这些企业没有彻底去除计划经济色彩，仍然享有"国有"的诸多特权，比如国有国防工业企业享有税收优惠。国防工业不是仅按照最终产品来确定税率的，而通常以企业的"身份"来确定是否免税减税。尽管一些民营企业事实上已经承担了部分军品的科研生产任务，但在土地税、流转税和增值税等方面并没有和国有企业一样得到应有的减免，使得他们同国有企业竞争处于相对劣势的地位。

第五章

新时代完善国防科研生产及国防采购法规制度体系的思路

加强国防科研生产及国防采购的立法工作，使得各项法规制度之间彼此协调、相互衔接、浑然一体，是新时代建立和完善国防科研生产及国防采购体系的客观要求。

第一节 必要性和要求

一、必要性

1. 新时代、新形势对国防科技工业体系建设提出新的要求

中国特色社会主义进入了新时代，我国国防和军队建设也进入了新时代，国家安全环境发生了新变化，我们党对新时代创新驱动做出了新的战略安排，这些都对国防科技工业体系建设提出了新的更高要求。

1）安全新形势把国防科技工业体系建设提升到战略新高度

当前，世界正处在国际体系加速变革和深度调整的关键时期，大国关系进入全方位角力新阶段，围绕权力和利益再分配的斗争十分激烈，我国安全和发展的国际环境更加复杂。基于当前复杂的国际安全形势，国防科技工业在国家安全中的地位和作用日益凸显。美国将国防工业基础看作战略优势的源头，视为维护国家安全的威慑力量；2017年12月发布《美国国家安全战略》提出"健康的国防

工业基础是美国军力的关键要素和国家安全创新基础"[①]。俄罗斯联邦在《国家安全战略》[②]与《军事学说》[③]中将国防工业发展作为实现战略目标的重要基础,普京总统亲自担任国防工业委员会主席,多次组织召开专题会议,与国防部及主要军工企业负责人面对面分析和解决俄军装备建设领域存在的问题。党的十九大报告把"坚持总体国家安全观",作为中国特色社会主义基本方略的重要内容,这对我国国防科技工业发展提出了更高要求。国防科技工业必须在国家安全体系中主动作为,高度重视核心能力建设,大力发展能够有效制敌的"杀手锏"和战略威慑武器,为"大安全、大防务"提供更多更好的装备和服务。

2)新时代强军目标对国防科技工业体系建设提出了新要求

习近平主席在党的十九大报告中指出,党在新时代的强军目标是建设一支听党指挥、能打胜仗、作风优良的人民军队,把人民军队建设成为世界一流军队。能打胜仗是新时代强军目标的核心,武器装备是夺取战争胜利的重要物质基础。随着世界新军事革命加速发展,武器装备在军事斗争中的重要性日益上升,如果武器装备存在代差,仗就很难打赢。建成世界一流军队是新时代对强军事业的顶层设计,一流军队需要一流武器装备做支撑。美军提出武器装备始终要超过第三世界国家10~30年、超出盟国5~10年,以保证其在世界范围内的绝对优势[④]。新时代,国防科技工业要以强军为首责,配合军队把军事战略转化为作战需求,把作战需求转化为装备需求,把装备需求物化为武器装备,加快补齐补强武器装备短板弱项,为推动国防和军队现代化奠定坚实基础。

3)创新驱动战略为国防科技工业体系建设发展提供新动能

当前,新一轮科技革命和产业革命正在孕育兴起,世界新军事革命加速推进,太空和网络攻防技术成为军事竞争新的制高点,新概念武器向实战化方向发展,武器装备远程精确化、智能化、隐身化、无人化趋势更加明显。面对军事技术创

---

① 谷国立. 特朗普政府的"印太战略"及其进展[J/OL]. 国际研究参考,2019(9). https://www.sohu.com/a/211604275_635792.

② 匡增军,欧开飞. 新时期俄罗斯国家边界政策:继承与调整——基于2018年版《俄罗斯联邦国家边界政策原则》的分析[J]. 俄罗斯东欧中亚研究,2019(3):32-44.

③ 马建光,张明. 从俄罗斯军事学说新特点看其军事战略新趋势——解读新版《俄罗斯联邦军事学说》[J]. 战略决策研究,2010(02):27-33.

④ 熊光楷. 论世界新军事变革趋势和中国新军事变革[J]. 外交评论,2004(2):8-16.

新发展新趋势，世界主要军事强国都在寻找科技创新新的突破口，抢占发展先机和战略制高点。党的十八大做出了实施创新驱动发展战略的重大部署，强调实施驱动创新最根本的是增强自主创新能力。习近平主席深刻指出，国防科技和武器装备发展必须向创新驱动发展为主转变。新时代，国防科技工业要主动面向未来，以推动武器装备跨越发展为方向，加快突破制约武器装备发展的"瓶颈"技术，快速确立创新图强、克敌制胜的科技优势。

2. 构建新时代中国特色国防法规制度体系具有时代必要性

1）健全完备的国防法规制度体系，是强化中国特色国防法治的前提

"制先定则士不乱，士不乱则刑乃明。"当前，我国涉及国防法律法规规章数量已达上百余件，但一些法规制度明显滞后于当前国防和军队建设的需要，不适应国防科技工业的内外环境。比如，有的反映现代战争形态、现代作战方式和战争制胜机理的规律不够，有的与推进中国特色军事变革的新任务新要求结合不紧，等等。构建健全完备的国防法规制度体系，应从"实用管用、科学配套、中国特色"三个方面重点入手，搞清楚"是什么"这个重大问题。

一是体现实用管用。法律是治军之重器，良法是善治之前提。良法首先是实用管用之法，是符合宪法精神，反映党和国家意志，遵循国防和军队现代化发展规律，指导国防建设、建立国防秩序、维护国防权益的法律法规。作为这些良法的组合，国防法规制度体系是构建反映我国新时代国防科技工业发展规律、适应新时代国防和军队现代化需要、充分体现中国特色的法治体系的重要基石。

二是体现科学配套。进入新时代，中国军队的领导指挥体系和编成结构发生了新变化，作战方式和治军方式有了新转变。国防法规制度体系要适应这种新格局、新形势，就必然要进行调整完善，努力形成一个门类齐全、层次分明、上下连贯、结构严谨的有机系统，实现国防法规制度稳定性和创新性、现实性和前瞻性的高度统一。这不仅标志着我国法治化的科学程度，也体现我国法治化在国防和军队建设领域的深度和广度。

三是体现中国特色。"中国特色"是坚持走中国特色强军之路在国防法规制度建设领域的自然延伸，是我们的国情军情在军队法治建设实践中的基本体现。国防法规制度体系的"中国特色"，特就特在政治优势、理论体系、行动指南上，

特就特在这三者统一于中国特色社会主义法治建设的伟大实践之中。

2）健全高效的国防法治实施体系，是全面依法治军的基本依托

习主席指出，法律的生命力在于实施，法律的权威也在于实施。不严格执法，国防法规制度就会成为"橡皮泥""稻草人"。打好消除有法不依、执法不严、违法不究等不良现象的攻坚战，是构建健全高效的国防法治实施体系的重中之重。

强化党委首长依法决策。党委首长依法决策首先要强化"党委领导是核心，首长负责是关键"的角色定位，从制度设计上保证党委议题合法、程序合法、决议合法，强化党委书记、副书记作为依法决策第一责任人的意识和能力。推动建立党委决策法律咨询保障制度，探索实行党委决策重大事项事先进行合法性审查，确保党委决策经得起法规制度的监督，经得起历史的检验。强化机关部门依法指导。对机关部门组织活动、召开会议、下发文电、派遣工作组、检查考核、评比表彰等实行量化管理，强化军队机关有权必有责、用权受监督、失职要问责、违法必追究的工作导向，重点把纠治"五多"问题的实效作为推进依法治军的"立信之木"，确保机关部门依法统筹工作，依法指导部队。强化部队依法行动。强化运用法治手段协调处理军队内外关系的工作导向，增强部队严格落实条令条例开展工作的实效性，确保军事行动"师出有名、行动有据"，让工作循于法、秩序统于法、忙乱止于法成为我军法治建设的常态。强化官兵严格守法。彻底改变过去存在的重个人威信、轻法治权威，重行政命令、轻法治手段，重经验习惯、轻依法办事等不良现象，充分发挥军队法治对维护公平公正、推进基层建设的重要作用，真正让法治思维成为官兵"潜意识"，不断促进官兵形成依法履职、依法办事的行为习惯。

3）健全严密的国防法治监督体系，是把"权力关进制度的笼子里"的根本保证

健全严密的国防法治监督体系应重点针对当前我国现有监督体制不够健全、监督制度不够完善、监督实施不够规范、责任追究不够严格等问题。综合运用党内监督、层级监督、专门监督、群众监督等监督机制和手段，切实把权力关进制度的笼子里。

党内监督要重点强化各级党组织对党员、领导干部以及下级党组织落实法规

制度情况的监督职能,在充分发挥决策监督、民主生活会、述职述廉等制度作用的基础上,着力发现党的领导弱化、党的建设缺失、全面从严治党不力等问题,强化明制度于前、重威刑于后,对存在问题既要追究直接责任、主体责任、监督责任,又要追究领导责任、党组织责任,切实维护党章党规党纪的严肃性和权威性。层级监督是一种自上而下实现权力对权力的制约过程,构建军事法治监督制度体系,应重点强化各级监督责任,坚持一级抓一级,层层抓落实,通过完善情况报告、检查督导、明察暗访、通报讲评等制度,着重解决贯彻执行军事法规制度不到位、不经常、不严格等问题。在专门监督上,要突出纪检、监察、巡视、审计等方面相关责任人守土有责、守土负责、守土尽责的意识,加强经常性监督检查,实现常抓常管常态保持,坚持令出必行、令行禁止,硬起手腕、严肃执纪,重点解决好贯彻执行法规制度不严格、不作为、乱作为等问题。在群众监督上,可以通过多种途径发挥官兵在监督法规制度执行中的主体作用,充分运用"两微一端"和网络媒体等新平台,提高监督的时代性和实效性。

4) 健全有力的国防法治保障体系,是新时代全面依法治军的客观要求

健全有力的军事法治保障体系,需要以尊重和遵循法治运行规律为核心,最大限度保证"良法"和"善治"的统一转化,为新时代全面依法治军提供理论支撑和行动引领。

创新发展国防法治理论。加强国防法治创新理论研究,要针对国防法治建设中涌现出的新情况新问题,提供正确的理论指导和学理支撑。比如,我军如何从国防立法理论上厘清作战法规与管理法规的关系;怎样从法理斗争的角度,抢占世界国防法治理论发展的战略制高点和国际国防规则制定的话语权,等等。这些都是在提高国防和军队建设法治化水平进程中亟待理论工作者回答的重大现实问题。

造就高素质国防法律人才队伍。依法治军,人才为先。要科学设定国防法律人才队伍建设的目标要求、人才规模、素质标准、类型结构、方法举措等,建好建强军事法官、军事检察官、军队专职律师和兼职法律人才队伍,加强探索建立选派优秀国防法律人才到国外交流进修机制,不断创新法律人才培养模式,努力建设一支规模适度、结构合理、素质优良、充满活力的能够担当强军重任的新型

国防法律人才队伍。

大力发展先进国防法治文化。国防法治文化作为国防法治建设实践的精神支撑,具有重要的思想教化、行为调控和文化滋养等功能。要大力营造尊法学法守法用法氛围,把法治教育训练纳入部队教育训练体系,从具备法律专长的官兵中选任兼职法治教育骨干,发挥好其"酵母"作用。努力让法治意识成为官兵的一种思维方式、生活方式、工作方式,最终成为中国特色国防法治建设中的一种文化形态。

3. 法规制度体系对科研生产及采购活动顺利开展具有重要意义

整体上,国防科研生产及国防采购法规制度体系建设和完善丰富了国防法规制度体系。国防法规制度体系对国家法制建设和国防建设有着十分重要的意义。国防科研生产及国防采购法规制度体系专门规范了国防科研生产及国防采购过程中有关方面的纵向关系和横向关系,是由不同层次和不同方面的规范组成的有机整体,它们共同构成了国防法规制度体系的一个子系统,在国家法规制度体系中具有重要的地位。多年来,在不断总结国防科研生产及国防采购实践经验的基础上,先后颁发了一系列国防科研生产及国防采购等方面的法律、法令及条例,实行了一系列行之有效的管理制度,逐步建立起具有一定特色的国防科研生产及国防采购法规制度体系。这些法规制度的建立和实行,有效地促进了我国国防科研生产及国防采购活动的规范,不断丰富、完善我国的国防法规制度体系。

1) 国防科研生产法规制度体系建设的重要性

随着国防科技工业和社会主义市场经济的不断发展,国防科研生产及在运行和管理方面面临着许多新的情况和环境。必须通过制定和完善国防科研生产及国防采购法规制度,来对整个国防科研生产及国防采购活动进行科学的调整和规范。

(1) 法规制度体系建设可强化和完善政策对国防科研生产的管理

国防科研生产法规制度全面涉及国防科研生产各方面和各环节的问题,反映出政府利用法规制度来强化和完善对国防科研生产管理的这一基本指导思想。立法内容涉及国防科研生产的各个方面。国防科研生产法规制度的内容,对政府权力和职责、从业资格管理、任务分配和指派、过程管理、资金财务、奖惩机制、军用技术国际合作管理、知识产权管理、信息保密管理、民营企业进入管理、工业能力储备与动员、战略物资储备等方面的问题均做出了明确和严格的规定。立法内容涉及国防科研生产各个环节。国防科研生产法规制度的内容,对从业资格申请批准、科研生产任务分配、科研生产合同执法监管、技术成果和武器产品验收、知识产权归属和转移、技术成果的转化应用、武器产品的移交使用等国防科研生产过程各环节的问题均做出明确和严格的规定。

(2)法规制度体系建设可引导和规范国防科研生产和国防采购的行为过程

为确保国防科研生产及国防采购始终按照国家的意志和战略健康有序地发展,除强化和完善政府的管理之外,还需要解决促进国防科研生产系统形成规范自律的内部运行机制的问题。国防科研生产法规制度对科研生产实体的权利和责任、制度执行程序、制度执行要求和监督执行的方法等进行详细规定,为科研生产实体清晰了解和准确执行制度指明方向和提供保障,使国防科研生产过程和行为有序化和规范化。

(3)法规制度体系建设可保护和促进国防科研生产能力可持续发展

国防科研生产法规制度规定从财政预算中对科研生产单位的生产和设计、使用现代设备、利用新技术、新工艺和新材料进行拨款,对科研生产先进个人和单位给予奖励等,自始至终贯穿提高和保持科研生产能力的重要思路。

2)国防采购法规制度体系建设的必要性分析

(1)法规制度体系建设可确保国防采购工作协调高效进行

国防采购法规制度规范了国防采购各项活动的流程、步骤、时限、形成等程序性要求,从而保障各阶段和各项工作按照预期目标协调有序地进行,提高了国防采购的质量和效益。国防采购,尤其是高技术武器装备类采购,周期长、费用高、风险大和质量要求严,如果管理不到位、不严格,就会出现问题,甚至造成重大的军事、经济和社会损失。因此,完善国防采购法规制度,可以保证在规定的期限内获得质量优良、价格合理的物资、服务和工程,从而提升国防采购的质量和效益。

(2)法规制度体系建设可确保采购物资、工程和服务的质量目标实现

由于国防物资、工程和服务的特殊性,党和国家历来就十分重视国防采购的

质量问题,明确提出"军工产品,质量第一"[①]的方针。邓小平同志也曾强调指出:"质量第一,是个重大政策。"影响国防采购的因素很多,"人、机、物、料、法、环"等任何方面的问题均有可能形成国防采购及其交付成果的瑕疵、缺陷,甚至失败。而要获得稳定的、可靠的、可信的质量必须通过法规制度建设,规范国防采购质量形成的全要素和全过程。

(3)法规制度体系建设可提高国防采购经费的使用效益

一般而言,国防采购的经费有限。为了能让有限的经费获取更多的性能先进、质量优良的物资、工程和服务,就需要不断提高经费使用效益。国防采购法规制度中对于经费使用的约束条款,恰恰可以通过规范经费的预算管理、成本审价、使用控制、结算和决算等经费运行全过程行为,界定相关主体的法律责任,从而规避和消除经费管理中的各种不确定因素,有效控制经费的计划、请领、流向和流量,保障合理使用国防采购经费,用有限的科研经费、购置经费和维修经费取得更好的效益。

二、建设要求

1. 新时代国防科研生产及国防采购呈现的时代特点

1)军民协同、适度开放的国防科研生产体系是未来发展的主要方向

当前,武器装备发展体系化、信息化、自主化、实战化需求愈加迫切[②③],更新换代速度加快,对技术先进性、质量与可靠性、自主可控和经济可承受性提出更高要求。国防科技工业亟须加快转变国防科研生产方式,大力发展柔性制造、网络制造、绿色制造、智能制造等新兴制造技术,构建灵活反应、快速响应的工业制造能力。

我国的国防科技工业是从计划经济体制下过渡过来的,国防科技工业已经由单纯为国防建设服务转向为国防建设和经济建设双重服务。在计划经济体制下,

---

① 许玲,刘佩军. 军工产品质量第一——国防科工局狠抓质量工作纪实[J]. 紫光阁,2008(11):43.
② 花录森,雷志强. 严格贯彻执行《军工产品质量管理条例》——为实现××型号一次发射成功而奋斗[J]. 质量与可靠性,1988(01):9-11.
③ 赵劲松,令狐昌应,张春润. 装备实战化保障基本问题研究[J]. 军事交通学院学报,2015,17(11):32-35.

国防科技工业的产、供、销、人、财、物以及管理和监管都基本"自成体系、封闭运行"，完成国家的军工生产任务是核心任务，经济效益并不是主要的考虑因素。而在市场经济条件下，伴随着新时代、新形势对我国国防科技工业体系建设产生的新需求，无论是国防科研生产还是国防采购，都需面向市场，引入竞争机制和效益导向。

军民协同适度放开的国防科研生产体系有其必然的优势：一是适度开放的国防科研生产体系更加适应武器装备生产波动性大的特点。将国防科技工业建立在强大的社会工业基础上，有利于在和平时期将过剩的国防生产能力用于开发生产民品，战时可以迅速提高国防科技工业生产能力。建立军民协同型国防科技工业制度，可以增加为军事装备提供产品和服务的企业数量，扩大国防科研生产的基础。二是适度开放的国防科研生产体系可以降低军事装备研发风险，缩短国防采办周期。国防采办部门购买民用产品和服务将降低政府的开发风险，将会缩短采办周期、加快和平时期的采办速度，提高战时动员速度，降低动员难度。促进军民协同，可以减少军事装备的使用和维修费用，扩大利用民用市场上现成的备用零部件，减少政府对库存的需求。同时也便于将民用最新技术、产品和工艺用于国防领域。三是适度开放的国防科研生产体系可以增强国家的经济竞争能力。促进军民协同，可以更有效地利用国家科技资源，避免重复配置，有利于增强国家科技综合竞争力。实行军民协同，对国防科技工业领域进行开放，将进一步提高传统军工企业的市场竞争力。同时，将民用产品用于国防产品中，有助于那些尚未问世或者刚刚问世的民用产品得以发展。

国防科研生产体系逐步向市场化推进是必然的趋势，但也要清醒地看到在开放过程中可能遇到的风险。一是军事供应链断链风险。在开放的过程中，军方难以完全掌握各方面信息资源，往往无法及时、清楚地掌握供应商的风险偏好与供应能力。而供应商为有利可图则可能拒不履行军事供给合约，或采取消极抵制的态度对待军地合作。另一方面，平战环境的显著差异，则有可能会造成供应流程以及供需对接的不稳定性。二是军队监督措施的有效性减小风险。由于更多的非传统国防科研生产单位承担军事装备研发活动，这些单位是动态变化的，这增加了军事装备使用部门的监督难度。

2）面向全社会、公平竞争的采购方式成为国防采购未来发展的主要方向

2014年总参谋部向社会公开发布108项军事需求，吸纳地方优势资源，参与部队训练领域先进技术和产品研发。公布的108项军事需求，既有预警机、航母训练模拟器等硬件设备，也有短距离无线定位、大数据处理、云仿真计算等前沿科技，均为进一步提高军事训练实战化水平的当务之需。国防部进行公开招商，意味着中国军队打破训练保障行业垄断，为社会资本介入提供重要契机。

另外，为使民企"参军"进程更加顺畅，总参谋部构建了军事训练器材体系总体框架和关键技术体系，涵盖装备模拟、指挥作业、实兵交战、靶标靶弹、空中平台、战场仿真等细分领域，有助于打破行业垄断，形成公平有序的采购竞争机制。同时，还将依托国家军民结合公共服务平台，定期发布国防和军事需求，确保地方优势资源更加有效地进行整合。

从民营经济的技术条件来看，已初步具备为研制生产现代信息化武器装备提供支撑的能力。尤其是在电子技术、计算机、高端制造和材料技术等方面，部分民企的技术水平已经超过军工部门，民用产品与军用产品的通用性、兼容性不断提高。

总体来看，在军队深化改革的背景下，政府强力推动军民协同发展，鼓励社会企业参与军事装备研制和配套，再加上军工装备升级的巨大需求，拥有核心技术的地方优势企业，将迎来新一轮发展机遇。

虽然国防采购逐步实现面向全社会，但对于不同项目，采取着不同的采购方式。对于单一来源装备采购项目，其分系统或配套产品具备开展竞争性采购条件时，应当开展竞争性采购。对于技术风险可控、研制周期不长、装备技术状态和采购数量明确、规划计划和经费落实、具备竞争条件的装备采购项目，应当区分情况优先开展预先研究与研制一体化，研制与购置一体化，购置与维修一体化，或者科研、购置、维修一体化竞争性采购。

2. 新时代国防科研生产及国防采购法规制度体系建设要求

新时代国防科研生产及国防采购法规制度体系建设应注重把握实践、实效两个要求。近几年，国家以制定实施《国防法》为龙头，大力加强国防科研生产及国防采购法规政策建设，取得了明显成效，其间也深化了对立法的规律性认知。

从战略方向实践看，重要的有"两个坚持"体会。

一是坚持以实践为源头，贯彻马克思主义认识论实践论，按照来自实践、指导实践的要求推进立法，比如国防科工委公布实施了《武器装备科研生产许可实施办法》。经过一年的实践，许可管理工作取得了积极进展，但仍有部分从事武器装备科研生产活动的单位，尚未取得许可证。为进一步加强武器装备许可管理，规范市场秩序，加强市场监管，国防科工委决定对目前尚未取得武器装备科研生产许可证，仍从事武器装备科研生产活动的单位进行登记备案。

二是坚持以实效为标准，奔着问题去立法，近几年某战略方向制定的国务院办公厅印发关于深化科技奖励制度改革方案、装备采购合同管理规定、装备采购条例等规章，都有很强的紧迫性、指向性、操作性，一出台就有力推动了工作。构建新时代国防科研生产及国防采购法规制度体系，应把握这些规律性要求，在实践、实效上下功夫。

第二节 基本思路

国防科研生产及国防采购法规制度体系建设，应主动适应国防和军队现代化的需要，着眼新时代国防科研生产及国防采购活动特点和需求，在国防科技工业法规制度体系框架下，统筹谋划、整体设计、系统构架，稳步实施。

一、指导思想

国防科研生产及国防采购法规制度体系建设，应贯彻落实习近平主席政治建军、改革强军、科技兴军、依法治军重大战略思想，紧紧围绕党在新时代的强军目标，适应军队领导管理体制和政策制度改革需要，在国防科研生产及国防采购改革的大背景下，按照抓整顿、抓备战、抓改革、抓规划和深入推进依法治军、从严治军的总体要求，围绕构建国防科研生产体系、提升国防科研生产能力、推进国防采购工作改革等具体任务，以新时代国防科研生产及国防采购活动需求为牵引，按照重塑结构、衔接配套、综合集成、统筹规划的原则，通过立改废释并举的方式,全面清理现有国防科研生产及国防采购法规制度体系的内容,及时健全完善国防科研生产及国防采购改革急需的法规制度,加速构建适应新时代新体制新形势新任务新要求的国防科研生产及国防采购法规制度体系。

二、基本原则

作战牵引、平战结合。围绕能打胜仗这个核心目标,以国防和军事斗争准备为基点,遵循一切为了打赢,一切为了作战的目标要求,统筹协调平时和战时对国防科研生产及国防采购的要求,结合新时代国防科研生产及国防采购的活动特点,在国防科研生产及国防采购法规制度体系构建上强化为作战服务、平战结合的理念,从体系的框架设计到法规文本的条款内容都要充分体现作战优先、平战结合的内在要求和措施办法,凸显国防科研生产及国防采购在整个国防科技工业体系建设中的地位作用,使国防科研生产及国防采购法规制度体系能够始终为国防和军事斗争提供法规制度遵循。

统筹规划、整体推进。国防科研生产及国防采购综合业务部门应该在国防科技工业法制部门的指导下,实施科学统筹,搞好顶层设计,着眼国防科研生产及国防采购涉及主体多、领域广等多方面特点,统一组织、分工协作,在法规制度上把错综复杂的利益格局理顺厘清,切实在转换立法重心、规范权力运行、促进程序合法、加速综合立法等方面加大建设力度,成体系分领域推进国防科研生产及国防采购法规制度建设。

突出重点、先易后难。依据国防科研生产及国防采购法规制度体系结构,结合国防科研生产及国防采购改革发展进程,区分法律、法规、规章的不同层级和具体门类,按照轻重缓急的优先顺序制定国防科研生产及国防采购立法规划和立法项目计划。当前和今后一段时期,重点是围绕顺应新时代国防科研生产及国防采购工作顺畅有序运行,以影响全局、填补空白的法规制度建设为重点,尽快安排制定目前急需的国防科研生产及国防采购法规制度,短期内无法出台的,应抓紧制定暂行规定,先易后难、急用先建,有序推进国防科研生产及国防采购法规制度建设。

信息支撑、创新驱动。加快开展国防科研生产及国防采购法规制度数据库及信息辅助系统的制作研发，用信息化手段提升国防科研生产及国防采购法规制度规划计划、制定修订、贯彻实施、检验评估和信息反馈等全过程的信息管理与服务能力；紧盯国际国内法治建设发展前沿，借鉴吸收先进理念、先进经验和先进技术，大力推进自主创新，健全完善具有中国特色的国防科研生产及国防采购法规制度体系。

军民协同、资源共享。国防科研生产及国防采购活动的本质属性决定了国防科研生产及国防采购法规制度呈现显著的军民协同特点，很多军民协同法规制度都需要由军队和国家联合制定，应加强军地间的沟通协调，完善协同机制，合理开放国防科研生产及国防采购法规制度体系，充分吸收相关国家法律法规规章，适时推动国防重点领域科研生产及采购法规制度转化为国家法规制度，实现资源共享，提高建设效益。

三、总体考虑

国防科研生产及国防采购体系建设，要着眼我国国情军情，坚持问题导向，借鉴有益经验，发挥特色优势，不断探索创新，逐步构建具有中国特色的新时代国防科研生产及国防采购法规制度体系。要贯彻落实依法治国基本方略，按照统筹谋划、总体设计，突出重点、急用先立，循序渐进、务求实效，相互衔接、体系配套的思路，有序有力有效推动国防科研生产及国防采购工作法制化进程。

1. 统——把握立法修法总体要求

国防科研生产及国防采购法规制度体系建设，必须坚持以习近平新时代中国特色社会主义思想为指导，深入贯彻习近平强军思想，牢牢把握立法修法根本指针；坚持以党和国家的路线、方针、政策为遵循，把党管科研生产、党管采购根本原则，改革强军、军民协同等重大部署，以及新时代军事战略方针等，融入国防科研生产及国防采购法制建设全过程；坚持以《宪法》和《国防法》为依据，严格在上位法的总框架内制定完善国防科研生产及国防采购相应法规；坚持以"小核心、大协作、专业化、开放型的国防科研生产体系"和"提升国防采购的质量和效益"为目标，从体系设计上厘清国防科研生产及国防采购内部作用机理和关系，为提升我国国防科研生产和国防采购能力提供可靠支撑。

2. 改——系统优化现行法规内容

部分现行国防科研生产及国防采购法规制度内容设计上的不足，影响了国防科研生产及国防采购的质量和效益，需抓紧进行优化。第一，修订完善基本法。重点是《国防法》第五章。在整体架构上，结合新时代发展形势，对国防科研生产基本任务，国防科技工业方针和国防科研生产能力，国防科学技术协同创新及应用，国防科研生产领导和国家地方各级政府、企业事业单位责任，国防科学技术人力资源制度，军事采购的对象目的、原则、政策和方式等内容进一步明确；第二，修订完善专门法。急需的有2部：一是《国防生产法》。明确规定有关国防生产的优先顺序，确立物资与设施的分配体制和征收权，同时对国防生产过程中可能出现的劳资纠纷和信用监督等问题，规定其解决的途径。二是《军事采购法》。自2003年《政府采购法》颁布以来，我国已初步形成了较为规范的政府采购法律体系，军事采购法规建设也有了长足发展。但军事采购法规还存在效力层次不高、调整范围不宽和体系不够完整等问题，现有法规只能对军队内部形成约束，在实际操作中缺乏有效的法律依据。尤其在抗震救灾中，这一问题进一步凸显。制定军事采购法十分必要和紧迫。《政府采购法》为军事采购留下了立法接口。该法明确"军事采购法规由中央军事委员会另行制定"，因此，应按照有关规定抓紧启动军事采购法立法程序，尽早制定颁布《军事采购法》。军事采购不是独立的市场行为。为更好地保障国防利益，需要对国防工业进行扶持和给予军事采购国家政策优惠，需要相关部门进行统一管理，按照法规提供优惠政策和良好服务。如国家税务、价格部门对军事采购活动的组织实施，提供税收、价格等方面的优惠政策和良好服务，对国防工业进行政策、税收、价格等方面的扶持；在市场采购无法满足重大军事行动需要时，经国家有关部门审批，军队可直接动用国家战略储备物资；国家对承担军事采购应急保障任务的供应商，实行必要的经济补偿，等等。第三，修订完善行政法规。从当前国防科研生产及国防采购的实际情况看，如，修订《武器装备采购供应法》，应明确中央军事委员会、国务院国防科技工业管理部门及其他有关部门、各级地方人民政府对于武器装备采购供应活动的权限；按照采购活动和对象的不同，进一步明确武器装备采购方式及选择要求。修订《武器装备科研生产许可实施办法》，应在《武器装备科研生产许可管理条例》框架内具体细化，修订表述不准确的内容，进一步明确国防科工局在全国的武器装备科研生产许可管理中应履行的职责，明确装备发展部武器装备科研生产许可协同管理部门应履行的职责。尽快修订、完善和制定相应的条例、法规和标准（如《中国人民解放军驻厂军事代表工作条例》），加强军事代表制度法规体系建设，为军代表有效开展工作提供法律保障，并用这些法律法规教育军代表，使其能够自觉遵照执行。另外，应以新时期军事战略方针为指导，以作战需求为牵引`，贯彻中央军委"科技强军、科技兴装"的战略思想，从我国的国情、军情出发，修订完善《政府管理国防科研生产及国防采购的职责权限制度》《国防科研生产及国防采购从业资格管理制度》《国防科研生产及国防采购招标竞争制度》《国防科研生产及国防采购过程管理制度》《国防科研生产知识产权管理制度》《国防科研生产军用技术国际合作管理制度》《国防科研生产信息保密制度》等。

3. 立——加紧填补重点领域立法空白

我国在国民经济、科技和信息等重点科研生产及装备采购领域专门法的缺失，影响了全面依法实施国防科研生产及国防采购的实施。同时，随着国家利益向海外拓展，以及新兴领域对国防科研生产及国防采购影响逐渐加大，相应领域国防科研生产及国防采购法规急需跟进建立。因此，需抓紧研究制定相关领域法规：一是借鉴世界发达国家国防科研生产及国防采购经验，明确经济领域贯彻国防要求的措施办法，尤其是在基础设施建设方面，确立军地双方共同规划设计、共同审批立项、共同检查验收的原则；在工业生产方面，强调采用共同技术、材料和标准，促进国防工业的军民一体化。二是建立与信息化战争密切相关的科技资源潜力数据库，实现地方科技人才、科研机构、科技成果等分门别类。三是着眼移动通信、卫星通信、计算机网络、电磁频谱等庞大的国防信息领域，对信息的采集、传输、处理、存取和使用办法进行系统规范，为建立完善的国防科研生产及国防采购信息机制提供法律依据。四是明确民营企业和装备技术人员在国防采购中不履行义务的处罚办法。五是着眼国防科研生产及国防采购向海洋、太空、生物、网络、人工智能等新兴领域拓展，赋予相关机构和企业参与国防科研生产及国防采购的职责义务。

4. 配——持续加强配套法规建设

通过完善配套法规建设，打通国防科研生产及国防采购各项法规落地"最后一公里"。当前，应着力抓好以下工作：一要制定《国防生产法》实施办法、《军事采购法》实施办法。按照"不抵触、不重复、有特色、可操作"的地方立法原则，加紧制定贯彻《国防生产法》实施条例、《军事采购法》实施条例，进一步细化省市县各级党政军机关、国防生产及采购机构、企事业单位、社会团体及个人的职责义务，各级国防生产及军事采购标准，组织实施的具体内容和程序，使《国防生产法》和《军事采购法》真正落到实处。二要完善地方相关性法规。在与国防科研生产及国防采购法规关联紧密的民法中，应增加或完善相应条款。比如，在《政府采购法》中，要明确地方力量参与国防科研生产及国防采购中的优待政策；对积极参与国防科研生产和国防采购的企业和个人，在《中华人民共和国税法》中要制定相应的鼓励措施。三要落实经费保障。针对经费保障经常依靠临时协调及由此带来的不稳定问题，出台国防科研生产及国防采购经费保障规定。

参考文献

[1] 邹瑜. 法学大辞典 [M]. 北京：中国政法大学出版社，1991.

[2] 总装备部情报研究所，中国国防科技研究中心. 美、英、法、德、日国防采办系统比较 [R]. 2001：7-8.

[3] 总装备部. 装备采购合同管理规定（节选）[Z]. 2003.

[4] 总装备部. 同类型装备集中采购管理规定（节选）[Z]. 2003.

[5] 总装备部. 竞争性装备采购管理规定（节选）[Z]. 2014.

[6] 总装备部，国防科技工业局，国家保密局. 关于加快吸纳优势民营企业进入武器装备科研生产和维修领域的措施意见（节选）[Z]. 2014.

[7] 宗和. 新版武器装备科研生产许可目录公布　营造鼓励竞争的制度环境[J]. 国防科技工业，2015（10）：22-23.

[8] 总装备部. 装备采购方式与程序管理规定（节选）[Z]. 2003.

[9] 祝志刚，刘汉荣. 中国军事订货与采购 [M]. 北京：国防工业出版社，2007.

[10] 朱启超. 国防工业全球化及其影响 [J]. 战略与管理，2000（5）：52-58.

[11] 朱海兴. 贯彻《国防法》发展航天国防科研生产 [J]. 航天工业管理，1997（7）.

[12] 朱殿骅，任慧敏，伍学进. 美国2017财年国防采购与研发预算简析[J]. 公共财政研究，2017（1）：73-86.

[13] 周欣欣，李征，范建芳，等. 面向内部市场的国防科研生产经费管理模式构想 [J]. 航天工业管理，2017（2）：31-35.

[14] 周璞芬. 印度国防工业发展战略探析[J]. 国际研究参考，2013（10）：30-38.

[15] 中央深改委. 深化政府采购制度改革方案（节选）[Z]. 2018.

[16] 中央军委. 中国人民解放军装备预先研究条例（节选）[Z]. 2004.

[17] 中央军委. 中国人民解放军装备科研条例（节选）[Z]. 2004.

[18] 中央军委. 中国人民解放军装备采购条例（节选）[Z]. 2002.

[19] 中央军委. 中国人民解放军军事科学研究条例（节选）[Z]. 2001.

[20] 全国人民代表大会常务委员会. 中华人民共和国政府采购法（节选）[Z]. 2014.

[21] 全国人民代表大会常务委员会. 中华人民共和国招投标法（节选）[Z]. 2017.

[22] 中华人民共和国国务院. 武器装备研制合同暂行办法（节选）[Z]. 1987.

[23] 中华人民共和国国务院. 民兵武器装备管理条例（节选）[Z]. 2011.

[24] 中华人民共和国国务院, 中央军委. 武器装备质量管理条例（节选）[Z]. 2010.

[25] 中华人民共和国国务院, 中华人民共和国中央军事委员会. 武器装备科研生产许可管理条例（节选）[Z]. 2008.

[26] 中华人民共和国国务院, 中华人民共和国中央军事委员会.《中国人民解放军驻厂军事代表工作条例》（节选）[Z]. 1964.

[27] 中华人民共和国国务院, 中华人民共和国中央军事委员会. 国务院、中央军委关于建立和完善军民结合寓军于民武器装备科研生产体系的若干意见（节选）[Z]. 2010.

[28] 中华人民共和国工业和信息化部, 中国人民解放军总装备部. 武器装备科研生产许可实施办法（节选）[Z]. 2010.

[29] 陈德第, 李轴, 库桂生, 等. 国防经济大辞典[M]. 北京：军事科学出版社, 2001.

[30] 赵咏梅, 宋志强, 罗元. 建立装备采购干部任职资格制度, 提高装备采购人才队伍建设水平[J]. 装备指挥技术学院学报, 2010（1）：39-42.

[31] 赵群力, 蒋林波, 黄毓敏. 美国国防采办中的竞争与合同（下）[J]. 航天工业管理, 2001（8）：33-37.

[32] 赵晶晶，贾怡，张楠楠. 国外国防科研设备设施共享管理制度与法律基础浅议 [J]. 中国航天，2017（11）：25-28.

[33] 赵劲松，令狐昌应，张春润. 装备实战化保障基本问题研究 [J]. 军事交通学院学报，2015，17（11）：32-35.

[34] 长城证券公司. 国外军工产业格局及其发展趋势 [J]. 国防科技工业，2007（12）：36-41.

[35] 张郁，晓桐. 从美国国防工业基础转型路线看国防采购与配套新动向 [J]. 军民两用技术与产品，2004（8）：3-5.

[36] 张晓杰. 美国政府采购支持科技创新的体制分析及启示 [J]. 中国市场，2007（8）.

[37] 张婷婷. 浅析企业采购责任监督和过程管控 [J]. 科技创新与应用，2013（1）：253.

[38] 张国凤. 近年来国外武器装备采办制度改革的特点 [J]. 国防科技工业，2007（12）：74-76.

[39] 张桂勋，董秋楠. 世界主要国家军事采购的特点及对我军的启示 [J]. 物流工程与管理，2012（4）：87-88.

[40] 翟宁，董鸿波. 新形势下全面深化国防科技工业改革的思考 [J]. 产业与科技论坛，2018，17（9）：275-276.

[41] 袁和平. 毛泽东布局新中国国防工业 [J]. 军工文化，2014（10）.

[42] 余晖. 江西省军民工业合作发展研究 [D]. 南昌：南昌大学，2007.

[43] 于向军，况野. 构建军民融合式武器装备科研生产体系. 国防报，2011-02-14.

[44] 游光荣. 加强知识产权保护与国防科研生产 [J]. 科研管理，1993（2）：25-29.

[45] 印度国防采购政策将向国内企业倾斜 [J]. 航天工业管理，2013（4）：41-41.

[46] 佚名. 论邓小平新时期治军大略——写在邓小平同志《军队要整顿》讲话二十周年之际 [J]. 军事历史，1995（1）.

[47] 叶卫平. 简述国外军事工业军民结合的模式 [J]. 电子工程信息，2008（2）.

[48] 姚怀生. 国防科研生产法律制度的理论探讨 [J]. 法制与社会, 2010 (12): 44-45.

[49] 杨未强, 李荧, 宋锐, 等. 美国空军研究实验室组织管理与科研规划分析 [J]. 国防科技, 2018, 38 (5): 86-90.

[50] 杨威, 阎莉. 国外是怎么管的?——国外国防财产管理概况 [J]. 国防科技工业, 2004 (1): 38-39.

[51] 严佳, 施剑峰. 当前形势下军事采购环境研究 [J]. 中国政府采购, 2009 (8): 25-27.

[52] 许玲, 刘佩军. 军工产品质量第一——国防科工局狠抓质量工作纪实 [J]. 紫光阁, 2008 (11): 43.

[53] 徐希悦, 姜明辉. 美日俄国防工业创新平台的模式研究 [J]. 知与行, 2017 (4).

[54] 熊光楷. 论世界新军事变革趋势和中国新军事变革 [J]. 外交评论, 2004 (2): 8-16.

[55] 新华社. 经中央军委主席胡锦涛批准——中央军委批转《关于进一步加强军队领导干部经济责任审计工作的意见》[J]. 审计文摘, 2008 (11): 2-2.

[56] 肖振华, 吕彬, 李晓松. 军民融合式武器装备科研生产体系构建与优化 [M]. 北京: 国防工业出版社, 2014.

[57] 肖渭明. 美国、欧盟的公共采购法律体系及其主要特点 [J]. 中国招标, 1997 (35): 20-23.

[58] 肖力. 论新中国的武器装备体制发展 [J]. 国防科技, 2015, 36 (2): 76-81.

[59] 肖坚勇. 军队准备打仗 军工准备保障——关于建立国防科技工业科研、生产和维修保障三位一体创新管理体制的思考 [J]. 国防科技工业, 2013 (6): 38.

[60] 武希志. 军事科学院硕士研究生系列教材: 国防经济学教程 [M]. 2版. 北京: 军事科学出版社, 2012.

[61] 武坤琳, 庞娟, 朱爱平. 俄罗斯国防工业改革与发展进程 [J]. 飞航导弹, 2016 (12).

[62] 吴向前,王莺."能力为基础"的国防科技工业转型思考[J].国防技术基础,2006(7):19-21.

[63] 吴明曦.从国家层次推进军民融合加快军民两用技术及其产业发展[J].中国军转民,2012(9):24-26.

[64] 魏刚,陈浩光.武器装备采办制度概论[M].北京:国防工业出版社,2008.

[65] 魏博宇.日本国防工业发展特点[J].现代军事,2016(8):104-108.

[66] 王习武,等.美国政府采购的国际化进程及对我国的借鉴[J].财政论丛,2002(5).

[67] 王伟.俄罗斯国防工业"军转民"的经验和教训[J].中国军转民.2006(8):72-75.

[68] 王树松.从近代科学技术发展历史辨析科学与技术的关系[J].高师理科学刊,2002,22(4):100-102.

[69] 王加为,侯莉萍.欧盟《国防指令》及中国针对欧盟装备采购的准备工作[J].装备学院学报,2016,27(2):59-62.

[70] 王槐林.采购管理与库存控制:北京:中国物资出版社,2008.

[71] 王宏玉.开放有序推动民营企业参与国防科研生产[J].国防科技工业,2018(5):38-41.

[72] 王海洪,潘泉,郑鹏.国外武器装备科研生产安全保密审查制度及对比研究[J].保密科学技术,2018(4):30-37.

[73] 王宝坤.国外国防工业军民融合的主要做法[J].国防科技工业,2007(12):70-73.

[74] 万继峰.我国军工企业产权制度创新的现实思考[J].军事经济研究,2003,24(3):35-38.

[75] 屠新泉,王辉.美国政府采购自由化的过程、现状和启示[J].亚太经济,2009(5).

[76] 田欣.我国国防科技工业发展改革之路的历史回溯与思考[J].经济研究导刊,2013(11):52-54.

[77] 田瑾,任德胜,郭凤仙.以色列国防科技工业的发展及其对我国的启示[J].

西安电子科技大学学报（社会科学版），2006（2）：138-142.

[78] 田浩. 俄罗斯国家创新体系研究 [J]. 欧亚经济，2015（2）：52-67.

[79] 腾渊. 建国后军队武器装备管理体制的沿革 [J]. 国防科技工业，2009（4）：50-51.

[80] 陶春，安孟长. 发达国家军民融合发展脉络研究 [J]. 军民两用技术与产品，2015（13）：49-52.

[81] 汤清龙. 我国军民融合军事装备科研生产法规制度的现状分析 [J]. 军民两用技术与产品，2018（16）：242-242.

[82] 谭云刚. 深入推进武器装备科研生产领域"民参军"的几点思考 [J]. 网信军民融合，2018（9）：37-42.

[83] 孙迁杰. 俄罗斯国防工业发展之路 [J]. 军工文化，2016（6）：80-82.

[84] 宋纯武，宋纯利，李汉雨. 欧洲主要国家军民融合式发展研究 [J]. 中国军转民，2015（5）：70-74.

[85] 邵敏. 法国国防采购概览（上）[J]. 中国军转民，2004（3）：79-80.

[86] 王超. 俄联邦国家采购制度的特点 [J]. 西伯利亚研究，2011（6）：30-31.

[87] 任培民，夏恩君，邵文武. 国防科技企业知识产权战略研究 [J]. 北京理工大学学报（社会科学版），2005，7（5）：9-12.

[88] 全国人民代表大会常务委员会.《中华人民共和国国防法》（修订）[Z]. 2009.

[89] 全国人民代表大会. 中华人民共和国国防法 [Z]. 1997.

[90] 邱海韬，沈忠. 联合研发的典型案例分析 [J]. 太空探索，2013（9）：50-53.

[91] 秦愚. 国防采购中不完全合约的影响及对策研究：以型号研制为例 [M]. 北京：中国物资出版社，2012.

[92] 毛国辉，郝悦. 筑建自主创新 科技强军的法律基石——国防科研法制建设60年回眸与展望 [J]. 国防技术基础，2009（12）：5-8.

[93] 马杰，郭朝蕾. 以色列国防科技工业管理体制和运行机制 [J]. 国防科技工业，2008（3）：53-56.

[94] 马建光，张明. 从俄罗斯军事学说新特点看其军事战略新趋势——解读新版

《俄罗斯联邦军事学说》[J]. 战略决策研究，2010（2）：27-33.

[95] 马福生. 中国共产党军事领导机构沿革概述[J]. 历史教学，1989（5）：28-31.

[96] 吕强，梁栋国，赵月白. 美国、欧盟、俄罗斯采取措施加强国防基础科研[J]. 国防，2013（12）：73-75.

[97] 罗军. 军事采购法的基本理论研究[J]. 军事经济研究，2009（4）：70-72.

[98] 栾恩杰，汪亚卫. 国防科技名词大典（综合卷）[M]. 北京：航空工业出版社，兵器工业出版社，原子能出版社，2002.

[99] 鲁炜中，唐蓉，仲邵铭，等. 国外军民融合协同创新发展的经验与启示[C]. HPCSS，吉隆坡：2018-04-28.

[100] 卢晓军，甘敏楠. 美国利用军事采购保护本国民族产业的经验与做法[J]. 国防科技，2012（4）：86-92.

[101] 卢小高. 基于合约理论的武器装备科研项目定价研究[D]. 北京：国防科学技术大学，2009.

[102] 刘毅，葛庆，李瑞军. 国防产业联盟协同创新网络政府治理：基于语义挖掘技术的策略向度研究[J/OL]. 科技进步与对策：1-9[2020-07-16].

[103] 刘忆宁. 俄印军事技术合作及其特点[J]. 国际研究参考，2008（1）：11-14.

[104] 刘小川. 美国政府采购政策透视[J]. 中国政府采购，2008（2）.

[105] 刘小川，王庆华. 经济全球化的政府采购[M]. 北京：经济管理出版社，2001.

[106] 刘祺. 法国国防采购立法体系概览[J]. 中国政府采购，2003（11）：67-69，4.

[107] 刘力. 试论建立国防采购制度[J]. 军事经济研究，2000（1）：23-26.

[108] 刘娇阳. 军队物资采购审计研究[D]. 大连：东北财经大学，2017.

[109] 刘浩华，李毅学. 美国防工业对国外供应源依赖风险评估与启示[C]. 军事物流学术论坛. 2010.

[110] 梁栋国. 日本国防科研机构体系及对我国国防科研机构的启示[J]. 国防

技术基础, 2007（4）: 42-44.

[111] 李宇华, 张代平, 谢冰峰. 美军承包商选择制度体系分析 [J]. 国防, 2014（9）: 43-44.

[112] 李强. 美国武器装备采办管理法律法规分析[J]. 法学杂志, 2006, 27(6): 148-150.

[113] 李其飞. 以色列推进国防工业军民融合的主要做法 [J]. 国防, 2014（5）: 12-14.

[114] 李梅. 兵之国——以色列的国防工业 [J]. 兵器知识, 2014（7）: 21-25.

[115] 李大光, 付为工. 建国 70 年的中国特色国防与强军之路 [J]. 中国军转民, 2019（10）: 31-34.

[116] 黎明, 张军昌, 李圆谊. 外国军事采购法律体系特点研究 [J]. 法制与社会, 2011（11）: 167-167.

[117] 冷欣阳, 魏博宇, 奉薇. 日本促进国防工业发展的举措 [J]. 现代军事, 2016（9）: 102-106.

[118] 匡增军, 欧开飞. 新时期俄罗斯国家边界政策: 继承与调整——基于 2018 年版《俄罗斯联邦国家边界政策原则》的分析 [J]. 俄罗斯东欧中亚研究, 2019（3）: 32-44.

[119] 江有灼. 军代表谈新武器装备形成战斗力 [J]. 福建质量管理, 2001（2）: 18-19.

[120] 佳晨, 钱中. 印度国防创新能力现状及前景浅析[J]. 现代军事, 2017(9): 92-96.

[121] 吉炳安. 国防采购 R&D 成本补偿研究 [D]. 武汉: 华中科技大学, 2007.

[122] 姬文波. 20 世纪五六十年代中国国防科技工业领导管理体制的形成和发展 [J]. 当代中国史研究, 2018, 25（2）: 54-65.

[123] 黄钟. 国外国防科技工业军转民的现状和前景 [J]. 中国军转民, 2002（1）: 43-45.

[124] 黄毓敏, 黄培生, 刘守训. 国外国防科技工业结构调整研究（下）[J]. 航

天工业管理，2002（2）：27-30.

[125] 黄洁萍，北京理工大学管理与经济学院，北京. 日本国防科技工业发展困境对我国的启示[J]. 中国工程科技论坛第 123 场——2011 国防科技工业科学发展论坛，2012.

[126] 黄海涛. 俄罗斯国防工业改革的经验教训及对中国的启示[J]. 俄罗斯中亚东欧市场.2009（3）：17-24.

[127] 黄朝峰. 中国国防采购全球化的风险与防范[J]. 国际经济评论，2013（5）：86-97.

[128] 黄朝峰. 国防采购全球化的趋势与动因[J]. 军事经济研究，2013（4）：18-21.

[129] 怀国模. 投身原子能工业的初创时期（下）[J]. 中国军转民，2014（3）：57-59.

[130] 怀国模，石世印. 建设现代化国防科技工业的强大思想武器——关于毛泽东国防科技工业思想的探讨[C]. 毛泽东生平和思想研讨会.

[131] 花录森，雷志强. 严格贯彻执行《军工产品质量管理条例》——为实现××型号一次发射成功而奋斗[J]. 质量与可靠性，1988（1）：9-11.

[132] 胡运权，王秀强，蒋龙成. 武器装备研制合同中的风险分析[C]. 中国系统工程学会第七届年会，2016.

[133] 胡向春. 印度国防工业体制与发展模式[J]. 现代军事，2016（11）：100-105.

[134] 侯娜，胥宝俊. 美国 2019 财年国防采购与研发预算[J]. 国防科技，2019，40（2）：36-44.

[135] 侯光明. 国防科技工业军民融合发展研究[M]. 北京：科学出版社，2009.

[136] 贺昕. 美德日韩的国防创新体系与军民融合研究的发展[J]. 军民结合研究，2016.

[137] 何斌，梁毅雄. 论军事采购合同中的优益权及其法律控制[J]. 西安政治学院学报，2008（6）：90-93.

[138] 韩一丁，满璇，徐熙阳，等. 新时期世界武器装备科研生产趋势及对我国

国防科技工业的发展要求［J］．中国航天，2017（6）：66-68.

［139］ 韩庆贵．我国国防科技工业和武器装备建设管理体制沿革研究（续完）［J］．国防，2017（12）：72-77.

［140］ 国务院发展研究中心"军民融合产业发展政策研究"课题组．美国推进国防科技工业军民融合发展的经验与启示［J］．发展研究，2019（2）：14-18.

［141］ 国务院办公厅．国务院办公厅印发关于深化科技奖励制度改革方案的通知（节选）［Z］．2017.

［142］ 国防科学技术预先研究成果管理暂行规定（节选）［Z］．1989.

［143］ 国防科学技术工业委员会．国防科工委关于印发《武器装备科研生产协作配套管理办法》的通知（节选）［Z］．2006.

［144］ 国防科学技术工业委员会．国防基础科研管理办法（节选）［Z］．2002.

［145］ 国防科工委关于国防科学技术预先研究基金管理暂行规定（节选）．1991.

［146］ 国防科工委办公厅政策研究室，中国的国防科研生产法制建设［J］．中国法律年鉴，1989.

［147］ 国防科工局党组副书记、副局长张克俭作2017年国防科技工业工作会报告 牢记使命 攻坚克难 为加快国防科技工业改革发展努力奋斗（摘登）［J］．国防科技工业，2017（1）：14-18.

［148］ 郭二忠，马振宁．略论国防科研生产管理立法［C］．中国科协优秀博士生学术年会．2006.

［149］ 谷颖，纪建强．亚洲主要国家军民融合式国防科研投资情况分析——以日本和印度为例［J］．科技风，2011（19）：241-241.

［150］ 谷国立．特朗普政府的"印太战略"及其进展［J/OL］．国际研究参考，2019（9）．https://www.sohu.com/a/211604275_635792.

［151］ 龚边疆．军队物资集中采购管理研究［D］．成都：电子科技大学，2008.

［152］ 高鸿业．西方经济学［M］．北京：中国人民大学出版社，2011.

［153］ 傅全有．中国军事大辞海［M］．北京：线装书局，2010.

［154］ 傅明耀，陈良猷．冷战后西方国防科研生产的新战略［J］．北京航空航天大学学报（社会科学版），1994（1）：54-60.

[155] 范肇臻. 中国军工改革与发展金融支持研究 [M]. 北京：北京经济科学出版社，2008.

[156] 范肇臻. 俄罗斯国防工业"寓军于民"实践及对我国的启示 [J]. 东北亚论坛，2011（1）：84-91.

[157] 范肇臻. 印度扶持和引导风险投资业进入军工科研生产研究 [J]. 中外企业家，2014（8）：264-264，266.

[158] 段琼. 关于推进新时代国防科研生产体系"五位一体"建设的几点思考 [J]. 中国航天，2019（5）：34-37.

[159] 杜人淮. 以色列国防工业发展的军民融合战略 [J]. 海外投资与出口信贷，2017（6）：31-34.

[160] 杜人淮. 新中国成立以来国防工业运行中的政府职能变迁及启示 [J]. 经济研究参考，2009（38）：23-29.

[161] 杜人淮. 国防工业市场化改革的历史沿革 [J]. 中国军转民，2005（6）：25-28.

[162] 崔凡，王笑西. "买美国货"条款与新贸易保护主义 [J]. 国际贸易，2009（3）.

[163] 丛文胜. 论我国军事法规体系的基本特色 [J]. 法学杂志，2010（9）：23-27；32-35.

[164] 从保国强军到强国富民——国防科技工业发展综述，中国政府网，2011

[165] 程健民. 美国国防采购中的标准经工作（中）[J]. 标准科学，1993（11）：27-30.

[166] 陈应勇. 我国国防科技工业管理体制改革研究 [D]. 杭州：浙江大学.

[167] 陈晓和，马士群. 中美国防科研投资模式比较及经验借鉴 [J]. 军事经济研究，2013（3）：5-7.

[168] 陈海峰. 基于全寿命周期项目管理的军品型号二维成本核算体系研究 [D]. 哈尔滨：哈尔滨工业大学，2014.

[169] 柴亚光，胡华安，刘辉. 国防采购应急管理策略研究 [J]. 军事经济研究，2007，28（9）：32-35.

[170] 柴亚光，段志云. 国防采购市场开放对产业安全的影响 [J]. 军事经济研究，2012，33（8）：45–48.

[171] 曾昊，赵超阳，姬鹏宏. 国外推进军民融合武器装备科研生产体系建设的做法及启示 [J]. 装备学院学报，2013，24（1）：16–20.

[172] 曹青，黄天明，李莉萍. 军事采购的法律调整问题探析 [J]. 军事经济研究，2004（9）：67–68.

[173] 艾克武. 军品市场准入制度导论 [M]. 北京：国防工业出版社，2009

[174] 金大龙. 我国军代表制度创新研究 [D]. 北京：国防科学技术大学，2005.

[175] 赵治金，程享明，刘江平. 欧美军代表制度之比较 [J]. 现代军事，2005（5）：68–70.

[176] 阮安路. 浅谈军代表如何在装备采购中规避质量风险 [J]. 军用标准化，2012（3）：54–56.